2019年度全国会计专业技术资格考试辅导教材

初级会计资格

经济法基础

恒企教育产品技术中心 编写

中国商业出版社

图书在版编目（CIP）数据

2019年度全国会计专业技术资格考试辅导教材．初级会计资格．经济法基础 / 恒企教育产品技术中心编写．— 北京：中国商业出版社，2018.8

ISBN 978-7-5208-0538-4

Ⅰ．① 2… Ⅱ．①恒… Ⅲ．①经济法 – 中国 – 资格考试 – 自学参考资料 Ⅳ．① F23

中国版本图书馆 CIP 数据核字（2018）第 179961 号

责任编辑：唐伟荣

中国商业出版社出版发行
010-63180647　www.c-cbook.com
（100053　北京广安门内报国寺 1 号）
新华书店经销
三河市国英印务有限公司印刷
*
787×1092 毫米　1/16　16 印张　320 千字
2018 年 8 月第 1 版　2018 年 8 月第 1 次印刷
定价：57.00 元

*　*　*　*

（如有印装质量问题可更换）

前　言

　　本套辅导教材由恒企教育产品技术中心，根据初级会计资格考试涉及的相关知识内容和新颁布的法律法规，结合当代初级会计专业技术人员所应掌握知识与技能的要求精心编写，旨在帮助广大考生提前备战 2019 年度全国初级会计专业技术资格考试，同时切实地理解与掌握初级会计专业技术人才必备的知识技能。

　　本套教材包括《初级会计实务》和《经济法基础》两册，内容系统全面，考点讲解精细，知识结构明确，理解难度适中，每科还附赠有 20 个出自恒企教育名优教师的知识点精讲视频，是初级备考者绝佳的辅导教材。

　　本套辅导教材的编写组本着严谨认真、精益求精的态度编写内容，但由于时间有限，书中难免出现错漏与不足。读者如需对本书内容提出意见或建议，可拨打客服热线：010 - 52479895。

　　祝所有应试考生顺利通关！

恒企教育产品技术中心
2018 年 7 月

目 录

第一章　总论 ··· 1
　　第一节　法律基础 ··· 1
　　第二节　经济纠纷的解决途径 ··· 7
　　第三节　法律责任 ·· 20

第二章　会计法律制度 ·· 22
　　第一节　会计法律制度概述 ·· 22
　　第二节　会计核算与监督 ··· 23
　　第三节　会计机构和会计人员 ··· 32
　　第四节　会计职业道德 ·· 36
　　第五节　违反会计法律制度的法律责任 ····································· 39

第三章　支付结算法律制度 ·· 43
　　第一节　支付结算概述 ·· 43
　　第二节　银行结算账户 ·· 44
　　第三节　票据 ·· 55
　　第四节　银行卡 ··· 73
　　第五节　网上支付 ·· 78
　　第六节　结算方式和其他支付工具 ··· 80
　　第七节　结算纪律与法律责任 ··· 87

第四章　增值税、消费税法律制度 ··· 90
　　第一节　税收法律制度概述 ·· 90
　　第二节　增值税法律制度 ··· 92
　　第三节　消费税法律制度 ··· 111

第五章　企业所得税、个人所得税法律制度 ······························· 121
　　第一节　企业所得税法律制度 ··· 121
　　第二节　个人所得税法律制度 ··· 137

第六章　其他税收法律制度 ·· 160
　　第一节　房产税法律制度 ··· 160
　　第二节　契税法律制度 ·· 164

第三节　土地增值税法律制度……………………………………………………… 166
　　第四节　城镇土地使用税法律制度………………………………………………… 172
　　第五节　车船税法律制度…………………………………………………………… 176
　　第六节　印花税法律制度…………………………………………………………… 179
　　第七节　资源税法律制度…………………………………………………………… 184
　　第八节　其他相关税收法律制度…………………………………………………… 189

第七章　税收征收管理法律制度……………………………………………………… 202
　　第一节　税务管理…………………………………………………………………… 202
　　第二节　税款征收与税务检查……………………………………………………… 208
　　第三节　税务行政复议……………………………………………………………… 213
　　第四节　税收法律责任……………………………………………………………… 215

第八章　劳动合同与社会保险法律制度……………………………………………… 218
　　第一节　劳动合同法律制度………………………………………………………… 218
　　第二节　社会保险法律制度………………………………………………………… 236

第一章 总论

第一节 法律基础

一、法和法律

（一）法和法律的概念

法是由国家制定或认可，以权利义务为主要内容，由国家强制力保证实施的社会行为规范及其相应的规范性文件的总称。

狭义的法律专指拥有立法权的国家机关（国家立法机关）依照法定权限和程序制定颁布的规范性文件；广义的法律则指法的整体，即"法"。

（二）法的本质与特征

1. 法的本质

（1）法是统治阶级的国家意志的体现，但不是统治阶级的所有意志都能上升为法。

（2）法是由统治阶级的物质生活条件决定的，是社会客观需求的反映。

（3）法体现的是统治阶级的整体意志和根本利益，而不是统治阶级每个成员个人意志的简单相加。

2. 法的特征

（1）法是经过国家制定或认可才得以形成的规范，具有国家意志性。制定、认可，是国家创制法的两种形式。

（2）法是凭借国家强制力的保证而获得普遍遵行的效力，具有国家强制性。

（3）法是确定人们在社会关系中权利和义务的行为规范，具有规范性。具体表现为：

①概括性：法是调节人们行为的一种社会规范，具有能为人们提供一个行为模式、标准的属性。

②利益导向性：法通过规定人们的权利和义务来分配利益，从而影响人们的动机和行为，进而影响社会关系，实现统治阶级的意志和要求，维持社会秩序。

（4）法是明确而普遍适用的规范，具有明确公开性和普遍约束性。

①可预测性：法具有明确的内容，能使人们预知自己或他人一定行为的法律后果。

②普遍适用性：凡是在国家权力管辖和法律调整的范围、期限内，对所有社会成员（包括统治阶级和被统治阶级）及其活动都普遍适用。

【例1·判断】法凭借国家强制力的保证而获得普遍遵行的效力。（　　）（2015年）

【答案】√

【解析】法凭借国家强制力的保证而获得普遍遵行的效力，具有强制性。

二、法律关系

（一）法律关系的概念

法律关系是指被法律规范所调整的权利与义务关系。

（二）法律关系的要素

法律关系是由法律关系的主体、法律关系的内容和法律关系的客体三个要素构成的。缺少其中任何一个要素，都不能构成法律关系。

1. 法律关系的主体

（1）概念：是指参加法律关系，依法享受权利和承担义务的当事人。任何一个法律关系至少要有两个主体。

（2）种类：

自然人（公民）		中国公民、外国公民和无国籍人
法人组织	营利法人	包括有限责任公司、股份有限公司和其他企业法人等
	非营利法人	包括事业单位、社会团体、基金会、社会服务机构等
	特别法人	包括机关法人、农村集体经济组织法人、城镇农村的合作经济组织法人、基层群众性自治组织法人
非法人组织		包括个人独资企业、合伙企业、不具有法人资格的专业服务机构
国家		国家可以作为一个整体成为法律关系主体。如在国内，国家是国家财产所有权唯一和统一的主体；在国际上，如国家作为主权者是国际公法关系的主体，也可以成为对外贸易关系中的债权人或债务人

【例2·多选】下列各项能成为法律关系主体的有（　　）。（2018年）
A.农业合作社　　　　　　　　B.甲市财政局
C.智能机器人阿尔法　　　　　D.大学生张某
【答案】ABD
【解析】法律关系的主体包括自然人（公民）、组织、国家。

（3）法律关系的主体资格：包括权利能力和行为能力两个方面。

①权利能力：是自然人或组织能够成为法律关系主体的资格。

权利能力	分类标准	内容
公民权利能力	享受权利能力的主体范围的不同	一般权利能力（基本的权利能力）：所有公民均具有
		特殊权利能力：公民在特定条件下具有的法律资格，如国家机关及其工作人员行使职权的资格
	法律部门的不同	可分为民事权利能力、政治权利能力、行政权力能力、劳动权利能力、诉讼权利能力等
法人权利能力	—	法人权利能力由法人成立的宗旨和业务范围决定，自法人成立时产生，至法人终止时消灭

②行为能力：是指法律关系主体能够通过自己的行为实际取得权利和履行义务的能力。法人的行为能力和权利能力是一致的，同时产生、同时消灭。自然人的行为能

力不同于其权利能力，具有行为能力必须首先具有权利能力，但具有权利能力并不必然具有行为能力。

a. 自然人的民事行为能力。

行为能力划分	在民法上的界定
完全民事行为能力人	18周岁以上（≥18周岁）的成年人
	16周岁以上的未成年人（16≤X＜18周岁），以自己的劳动收入为主要生活来源的，视为完全民事行为能力人
限制民事行为能力人	8周岁以上（≥8周岁）的未成年人
	不能完全辨认自己行为的成年人
无民事行为能力人	不满8周岁（＜8周岁）的未成年人
	8周岁以上（≥8周岁）的未成年人，不能辨认自己行为的
	不能辨认自己行为的成年人

【例3·单选】下列自然人，属于无民事行为能力人的是（   ）。（2018年）

A. 15周岁的小赵，先天腿部残疾

B. 70周岁的老钱，已经不能完全辨认自己的行为

C. 8周岁的小孙，智力超常

D. 20周岁的小李，先天智障，完全不能辨认自己的行为

【答案】D

【解析】选项ABC属于限制民事行为能力人。

b. 自然人的刑事责任能力。

负刑事责任	已满16周岁的人犯罪，应当负刑事责任
	14周岁≤X＜16周岁的人，犯故意杀人、故意伤害致人重伤或者死亡、强奸、抢劫、贩卖毒品、放火、爆炸、投毒罪的，应当负刑事责任
	间歇性的精神病人在精神正常的时候犯罪，应当负刑事责任
从轻或者减轻处罚	尚未完全丧失或者控制自己行为的精神病人犯的，应当负刑事责任，但是可以从轻或者减轻处罚
	14周岁≤X＜18周岁的人犯罪，应当从轻或者减轻处罚
	已满75周岁的人故意犯罪的，可以从轻或者减轻处罚；过失犯罪的，应当从轻或者减轻处罚
不负刑事责任	精神病人在不能辨认或者不能控制自己行为的时候造成危害结果，经法定程序鉴定确认的，不负刑事责任

2. 法律关系的内容

法律关系的内容是指法律关系主体所享有的权利和承担的义务。

3. 法律关系的客体

法律关系的客体是指法律关系主体的权利和义务所指向的对象。主要包括：

（1）物：
①自然物：如土地、矿藏、水流、森林。
②人造物：如建筑、机器、各种产品等。
③货币及有价证券。
（2）人身、人格：人身和人格分别代表着人的物质形态（人的部分非整体）和精神利益（权利义务）。
（3）非物质财富：
①知识产品（智力成果）：著作、发明、实用新型、外观设计、商标等。
②荣誉产品：荣誉称号、奖章、奖品等。
（4）行为（行为结果）：生产经营行为、经济管理行为、完成一定工作的行为、提供一定劳务的行为等。

三、法律事实

法律事实是法律关系发生、变更和消灭的直接原因。按照是否以当事人的意志为转移作标准，可以将法律事实划分为两大类：法律事件和法律行为。

（一）法律事件

法律事件是指不以当事人的主观意志为转移的，能够引起法律关系发生、变更和消灭的法定情况或者现象。事件可以是自然现象也可是社会现象。

自然现象（绝对事件）：如水灾、地震、台风等自然灾害或者生老病死、意外事故。
社会现象（相对事件）：如社会革命、战争、重大政策的改变。

（二）法律行为

法律行为是指以法律关系主体意志为转移，能够引起法律关系发生、变更和消灭的人们有意识的活动。根据不同的标准，可以对法律行为作不同的分类。

分类标准	具体类别
行为是否符合法律规范的要求	合法行为与违法行为
行为的表现形式不同	积极行为（作为，如签发支票）与消极行为（不作为，如不能抢夺他人财产）
行为是否通过意思表示	意思表示行为（如签订合同）与非表示行为（如拾得遗失物、发现埋藏物）
主体意思表示的形式	单方行为（如遗嘱、行政命令）与多方行为（如合同行为）
行为是否需要特定形式或实质要件	要式行为（如票据行为）与非要式行为（如口头订立的合同）
主体实际参与行为的状态	自主行为与代理行为

【例4·单选】甲公司与乙公司签订租赁合同，约定甲公司承租乙公司一台挖掘机，租期1个月，租金1万元。引起该租赁法律关系发生的法律事实是（　　）。（2016年）
A.租赁的挖掘机　　　　　　　　B.甲公司和乙公司
C.1万元租金　　　　　　　　　D.签订租赁合同的行为

【答案】D
【解析】法律事实根据是否以人的意志为转移分为法律行为和法律事件，签订租赁合同的行为属于以人的意志为转移，属于法律行为。

【例5·多选】引起法律关系发生、变更或者消灭的下列各项中，属于法律行为的有（　　）。（2018年）
A.订立合同　　　　　　　　B.发生海啸
C.销售货物　　　　　　　　D.签发支票
【答案】ACD
【解析】选项B，属于法律事件（绝对事件）。

四、法的形式和分类

(一) 法的形式

法的形式，即法学上所称的法的形式渊源，是指法的具体的表现形态，即法是由何种国家机关，依照什么方式或程序创制出来的，并表现为何种形式、具有何种效力等级的规范性法律文件。

1. 我国法的主要形式

我国法的主要形式有宪法；法律；行政法规；地方性法规、自治条例和单行条例；特别行政区的法；规章；国际条约等。

形式		制定机关	效力等级
(1) 宪法		全国人大	最高法律效力
(2) 法律		全国人大及其常委会	仅次于宪法
(3) 法规	①行政法规	国务院	仅次于宪法和法律
	②地方性法规	地方人大及其常委会	a.效力高于本级和下级地方政府规章 b.地位低于宪法、法律、行政法规，不得与它们相抵触
	③自治条例、单行条例	自治区（州、县）人大	
(4) 规章	①部门规章	国务院各部门、各委员会等	地位低于宪法、法律、行政法规，不得与它们相抵触
	②地方性政府规章	有立法权的地方政府	a.不得与宪法、法律和行政法规相抵触 b.不得与上级和同级地方性法规相抵触
(5) 其他	①特别行政区的法		
	②国际条约		

【注意】宪法＞法律＞行政法规＞地方性法规＞本级和下级地方政府规章。

【例6·单选】下列规范性文件中，属于行政法规的是（　　）。（2017年）
A.国务院发布的《企业财务会计报告条例》
B.全国人民代表大会通过的《中华人民共和国民事诉讼法》

C. 中国人民银行发布的《支付结算办法》
D. 全国人民代表大会常务委员会通过的《中华人民共和国会计法》

【答案】A

【解析】（1）选项BD属于法律，其中选项B属于基本法律，选项D属于一般法律；（2）选项C属于部门规章。

2. 法律效力适用原则

不同形式规范性法律文件之间是有效力等级和位阶划分的，在适用时有不同的效力。

（1）效力原则：①上位法＞下位法；②特别法＞一般法；③新法＞旧法。

（2）新的一般规定与旧的特别规定不一致时：

①法律之间规定不一致，不能确定如何适用，由全国人民代表大会常务委员会裁决。

②行政法规之间规定不一致，不能确定如何适用，由国务院裁决。

③同一机关制定的地方性法规或规章不一致，由制定机关裁决。

（3）同一位阶的法规定不一致时（找老大）：

①部门规章之间、部门规章与地方政府规章不一致时，由国务院裁决。

②地方性法规与部门规章之间对同一事项的规定不一致时：

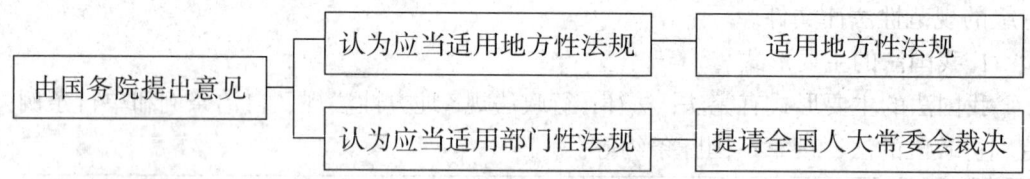

【例7·判断】部门规章之间、部门规章与地方政府规章之间对同一事项的规定不一致时，由国务院裁决。（　　）（2016年）

【答案】√

（二）法的分类

标准	分类
1.法的创制方式和发布形式	成文法和不成文法
2.法的内容、效力和制定程序	根本法和普通法
3.法的内容	实体法和程序法
4.法的空间效力、时间效力或对人的效力	一般法和特别法
5.法的主体、调整对象和渊源	国际法和国内法
6.法律运用的目的	公法和私法

五、法律部门与法律体系

法律部门划分的标准首先是法律调整的对象，即法律调整的社会关系；其次是法律调整的方法。

一个国家现行的法律规范分类组合为若干法律部门，由这些法律部门组成的具有内在联系的、互相协调的统一整体即为法律体系。

我国现行法律体系大体可以划分为宪法及宪法相关法、民商法、行政法、经济法、社会法、刑法、诉讼与非诉讼程序法等主要法律部门。

第二节　经济纠纷的解决途径

一、经济纠纷的概念与解决途径

（一）经济纠纷的概念

经济纠纷是指市场经济主体之间因经济权利和经济义务的矛盾而引起的权益争议，包括平等主体之间涉及经济内容的纠纷和公民、法人或者其他组织作为行政管理相对人与行政机关之间因行政管理所发生的涉及经济内容的纠纷。

（二）经济纠纷的解决途径

解决经济纠纷的途径和方式主要有仲裁、民事诉讼、行政复议和行政诉讼。

仲裁与民事诉讼适用于解决横向关系的经济纠纷，即平等民事主体之间的经济纠纷；但二者不可并用。

行政复议和行政诉讼是适用于纵向关系经济纠纷的解决方式，即"民与官"之间的经济纠纷。

二、仲裁

（一）仲裁的概念和特征

仲裁是指由经济纠纷的各方当事人共同选定仲裁机构，对纠纷依法定程序作出具有约束力的裁决的活动。

仲裁具有三个要素或者特征：（1）仲裁以双方当事人自愿协商为基础；（2）仲裁由双方当事人自愿选择的中立第三者（仲裁机构）进行裁判；（3）仲裁裁决对双方当事人都具有约束力。

（二）仲裁的适用范围

	内容
1.适用	平等主体之间发生的合同纠纷和财产权益纠纷，可以仲裁
2.不适用	劳动争议的仲裁、农业集体经济组织内部的农业承包合同纠纷的仲裁
3.不能仲裁	（1）婚姻、收养、监护、扶养、继承纠纷 （2）依法应当由行政机关处理的行政争议

【例1·多选】根据《中华人民共和国仲裁法》的规定，下列纠纷中，不能提请仲裁的有（　　）。（2016年）

A.租赁合同纠纷　　　　　　　　B.继承纠纷

C.监护权归属纠纷　　　　　　　D.离婚纠纷

【答案】BCD

【解析】不能提请仲裁的情况包括婚姻、收养、监护、扶养、继承纠纷、行政争议。

（三）仲裁的基本原则

基本原则	内容
1.自愿原则	双方自愿，达成仲裁协议
2.公平合理原则	坚持以事实为根据，以法律为准绳
3.独立仲裁原则	仲裁机关独立存在，仲裁依法独立进行，不受任何行政机关、社会团体和个人干涉
4.一裁终局原则	仲裁庭作出的仲裁裁决为终局裁决

（四）仲裁机构

1. 仲裁机构不按行政区划层层设立

2. 仲裁委员会独立于行政机关，与行政机关没有隶属关系

3. 仲裁委员会之间也没有隶属关系

【记忆口诀】仲裁不按行政设，独立行政无隶属。

（五）仲裁协议

1. 概念

仲裁协议应当以书面形式订立，口头达成仲裁的表示意思无效。

2. 应当具有的内容

（1）请求仲裁的意思表示。

（2）仲裁事项。

（3）选定的仲裁委员会。

【注意】仲裁协议对仲裁事项或者仲裁委员会没有约定或者约定不明确的，当事人可以补充协议；达不成补充协议的，仲裁协议无效。

【例2·多选】根据《中华人民共和国仲裁法》的规定，下列各项中，属于仲裁协议必备内容的有（　　）。

A.请求仲裁的意思表示　　　　　B.选定的仲裁委员会

C.选定的仲裁员　　　　　　　　D.仲裁事项

【答案】ABD

3. 效力

（1）仲裁协议一经依法成立，即具有法律约束力。仲裁协议独立存在，合同的变更、解除、终止或者无效，不影响仲裁协议的效力。

（2）对仲裁协议的效力有异议时，可以请求仲裁委员会作出决定或者请求人民法

院作出裁定。一方请求仲裁委员会作出决定，另一方请求人民法院作出裁定的，由人民法院裁定。对仲裁协议的效力有异议，应当在仲裁庭"首次开庭前"提出。

（3）当事人达成仲裁协议，一方向法院起诉未声明有仲裁协议，法院受理后，另一方在人民法院首次开庭前提交仲裁协议的，人民法院应当驳回起诉，但仲裁协议无效的除外；另一方在首次开庭前未对人民法院受理该案提出异议的，视为放弃仲裁协议，人民法院应当继续审理。

【例3·多选】根据《中华人民共和国仲裁法》的规定，下列关于仲裁协议的表述中，正确的有（　　）。
A.当事人对仲裁协议的效力有异议，应当在仲裁庭首次开庭前提出
B.当事人双方没有订立仲裁协议，一方申请仲裁的，仲裁委员会不予受理
C.合同的变更、解除、终止或无效，不影响仲裁协议的效力
D.仲裁协议可以采用书面形式，也可以采用口头形式
【答案】ABC
【解析】仲裁协议应当以书面形式订立，口头达成仲裁的意思表示无效。

【例4·多选】根据《中华人民共和国仲裁法》的规定，下列关于仲裁协议的表述中，正确的有（　　）。
A.仲裁协议一经依法成立就具有法律约束力
B.仲裁协议独立存在，合同的变更、解除、终止或者无效，不影响仲裁协议的效力
C.当事人对仲裁协议的效力有异议的可以请求仲裁委员会作出决定
D.当事人对仲裁协议的效力有异议的可以请求人民法院作出裁定
【答案】ABCD
【解析】（1）仲裁协议一经依法成立，即具有法律约束力；（2）仲裁协议独立存在，合同的变更、解除、终止或者无效，不影响仲裁协议的效力；（3）当事人对仲裁协议的效力有异议的，可以请求仲裁委员会作出决定或者请求人民法院作出裁定。

（六）仲裁裁决
1.开庭不公开
（1）仲裁应当开庭进行；当事人协议不开庭的，仲裁庭可以根据仲裁申请书、答辩书及其他材料作出裁决。
（2）仲裁不公开进行；当事人协议公开的，可以公开进行，但涉及国家秘密的除外。
2.仲裁和解
（1）当事人申请仲裁后，可以自行和解。
（2）达成和解协议的，可以请求仲裁庭根据和解协议作出裁决书，也可以撤回仲裁申请。
（3）当事人达成和解协议，撤回仲裁申请后又反悔的，可以根据仲裁协议（再次）仲裁。

3. 仲裁调解

（1）仲裁庭在作出裁决前，可以先行调解。当事人自愿调解的，仲裁庭应当调解；调解不成的，仲裁庭应当及时作出裁决。

（2）调解书经双方当事人签收后，即发生法律效力。调解书与裁决书具有同等法律效力。

4. 仲裁裁决

（1）仲裁不实行级别管辖和地域管辖，仲裁委员会应当由当事人协议选定。仲裁庭可以由3名仲裁员或者1名仲裁员组成。

（2）仲裁员有下列情形之一的，必须回避，当事人也有权提出回避申请：

①是本案当事人或者当事人、代理人的近亲属。

②与本案有利害关系。

③与本案当事人、代理人有其他关系，可能影响公正仲裁的。

④私自会见当事人、代理人，或者接受当事人、代理人的请客送礼的。

（3）仲裁裁决按照多数仲裁员意见作出；不能形成多数意见时，裁决应当按照首席仲裁员的意见作出。

（4）裁决书自作出之日起发生法律效力。

（5）一方当事人不履行的，另一方当事人可以按照《中华人民共和国民事诉讼法》的有关规定向人民法院申请执行。

【例5·单选】根据《中华人民共和国仲裁法》规定，下列各项中，不正确的是（　　）。（2018年）

A. 仲裁实行自愿原则

B. 当事人不履行仲裁裁决的，另一方当事人可以依照《中华人民共和国民事诉讼法》的规定向人民法院申请执行

C. 当事人不服仲裁裁决的，可以向人民法院提起诉讼

D. 仲裁不实行级别管辖和地域管辖

【答案】C

【解析】仲裁实行一裁终局原则，裁决作出后，当事人就同一纠纷再申请仲裁或向人民法院起诉的，仲裁委员会或者人民法院不予受理。

三、民事诉讼

(一) 民事诉讼的适用范围

公民之间、法人之间、其他组织之间以及他们相互之间因财产关系和人身关系发生纠纷，可以提起民事诉讼。

适用范围	因民法、婚姻法、收养法、继承法等调整的平等主体之间的财产关系和人身关系发生的民事案件，如合同纠纷、房产纠纷、侵害名誉权纠纷等案件
	因经济法、劳动法调整的社会关系发生的争议，法律规定适用民事诉讼程序审理的案件，如劳动合同纠纷案件等
	适用特别程序审理的选民资格案件和宣告公民失踪、死亡等非讼案件
	按照督促程序解决的债务案件
	按照公示催告程序解决的宣告票据和有关事项无效的案件

（二）公开审判制度

审判制度	内容
1.合议制度	是指由3名以上审判人员组成审判组织对案件进行审判并作出裁决的制度
2.回避制度	（1）对象：审判人员、书记员、翻译人员、鉴定人、勘验人 （2）以下情形，当事人有权用口头或者书面方式申请他们回避 ①案件当事人或者当事人、诉讼代理人的近亲属 ②与案件有利害关系 ③与案件当事人、诉讼代理人有其他关系，可能影响对案件公正审理的 ④上述人员接受当事人、诉讼代理人请客送礼或者违反规定会见当事人、诉讼代理人
3.公开审判制度	（1）法院审理民事或行政案件，除涉及国家机密、个人隐私或法律另有规定的以外，应当公开进行 （2）离婚案件、涉及商业秘密的案件当事人申请不公开审理的，可以不公开审理 （3）公开审判包括审判过程公开和审判结果公开两项内容，不论案件是否公开审理，一律公开宣告判决
4.两审终审制度	（1）是指一个诉讼案件经过两级法院审判后即终结的制度 （2）两审终审制度除外 ①适用特别程序、督促程序、公示催告程序和简易程序中的小额诉讼程序审理的案件，实行一审终审 ②最高人民法院所作的一审判决、裁定，为终审判决、裁定

【例6·多选】根据民事诉讼法律制度的规定，下列关于公开审判制度的表述中，正确的有（　　）。（2017年、2018年）

A.涉及商业秘密的民事案件，当事人申请不公开审理的，可以不公开审理

B.不论民事案件是否公开审理，一律公开宣告判决

C.涉及国家秘密的民事案件应当不公开审理

D.涉及个人隐私的民事案件应当不公开审理

【答案】ABCD

（三）诉讼管辖

1.级别管辖

级别管辖是根据案件性质、案情繁简、影响范围，来确定上、下级法院受理第一审案件的分工和权限。大多数民事案件均归基层人民法院管辖。

2.地域管辖

地域管辖是按照地域标准,也即按照人民法院的辖区和民事案件的隶属关系,确定同级人民法院之间受理第一审民事案件的分工和权限。地域管辖又分为一般地域管辖、特殊地域管辖和专属管辖等。管辖的特殊情况:协议管辖、共同管辖和选择管辖。

(1)一般地域管辖。

①原告就被告原则(被告住所地)。

【注意】被告住所地与经常居住地不一致的,由经常居住地人民法院管辖。

②被告就原告原则(原告住所地)。

【注意】以下情形适合被告就原告原则:被告居住在国外、找不到被告(有关身份关系的诉讼)、被告被关押。

(2)特殊地域管辖。

类型	管辖法院
①因合同纠纷提起的诉讼	被告住所地或合同履行地人民法院
②因票据纠纷提起的诉讼	票据支付地或被告住所地人民法院
③因保险合同纠纷提起的诉讼	被告住所地或保险标的物所在地人民法院
④因侵权行为提起的诉讼	侵权行为地(包括侵权行为实施地、侵权结果发生地)或被告住所地人民法院
⑤因铁路、公路、水上和航空事故请求损害赔偿提起的诉讼	事故发生地或者车辆、船舶最先到达地、航空器最先降落地或被告住所地人民法院
⑥因铁路、公路、水上、航空运输和联合运输合同纠纷提起的诉讼	运输始发地、目的地或被告住所地人民法院
⑦因公司设立、确认股东资格、分配利润、解散等纠纷提起的诉讼	公司住所地人民法院
⑧因船舶碰撞或其他海事损害事故请求损害赔偿提起的诉讼	碰撞发生地、碰撞船舶最先到达地、加害船舶被扣留地或者被告住所地人民法院
⑨因海难救助费用提起的诉讼	救助地或者被救助船舶最先到达地人民法院
⑩因共同海损提起的诉讼	船舶最先到达地、共同海损理算地或者航程终止地的人民法院

【例7·判断】因确认股东资格纠纷引起的民事诉讼,由公司住所地人民法院管辖。( )(2017年)

【答案】√

(3)专属管辖。

类型	管辖法院
①因不动产纠纷提起的诉讼	不动产所在地人民法院
②因港口作业中发生纠纷提起的诉讼	港口所在地人民法院
③因继承遗产纠纷提起的诉讼	被继承人死亡时住所或主要遗产所在地人民法院

【例8·判断】因不动产提起的诉讼,由不动产所有权人住所地人民法院管辖。( )

【答案】×

【解析】因不动产提起的诉讼,由"不动产所在地"人民法院管辖。

(4)选择管辖和共同管辖。

两个以上法院都有管辖权的诉讼,原告可以向其中一个法院起诉;原告向两个以上有管辖权的法院起诉的,由最先立案的法院管辖。

(四)诉讼时效

1. 概念

诉讼时效是指权利人在法定期间内不行使权利而失去诉讼保护的制度。诉讼时效期间是指权利人请求人民法院或仲裁机关保护其民事权利的法定期间。

诉讼时效期间届满,权利人丧失的是胜诉权,即丧失依诉讼程序强制义务人履行义务的权利;权利人的实体权利并不消灭,债务人自愿履行的,不受诉讼时效限制。

2. 诉讼时效期间的具体规定

(1)普通诉讼时效期间。向人民法院请求保护民事权利的诉讼时效期间为3年。法律另有规定的,依照其规定。

(2)最长诉讼时效期间。诉讼时效期间自权利人知道或者应当知道权利受到损害以及义务人之日起计算。法律另有规定的,依照其规定。但是自权利受到损害之日起超过20年的,人民法院不予保护;有特殊情况的,人民法院可以根据权利人的申请决定延长。

3. 诉讼时效的中止和中断

	情形	发生时间	效果
(1)中止	①不可抗力 ②无民事行为能力人或者限制民事行为能力人没有法定代理人,或者法定代理人死亡、丧失民事行为能力、丧失代理权 ③继承开始后未确定继承人或者遗产管理人 ④权利人被义务人或者其他人控制 ⑤其他导致权利人不能行使请求权的障碍	在诉讼时效期间的最后6个月内	暂停计算;自中止时效的原因消除之日起满6个月,诉讼时效期间届满
(2)中断	①权利人向义务人提出履行请求的 ②义务人同意履行义务的 ③权利人提起诉讼或者申请仲裁的 ④与提起诉讼或者申请仲裁具有同等效力的其他情形	诉讼时效进行中	从中断、有关程序终结时起,诉讼时效期间重新计算

【例9·单选】2017年11月份甲公司与乙公司之间发生租赁合同纠纷,甲公司请求保护其民事权利诉讼时效期间不超过( )。(2018年)

A. 3年　　　　　B. 4年　　　　　C. 2年　　　　　D. 1年

【答案】A

【解析】普通诉讼时效期间为3年。

【例10·单选】根据民事法律制度的规定，在诉讼时效期间的一定期间内，因不可抗力或者其他障碍致使权利人不能行使请求权的，诉讼时效期间暂停计算，该期间为诉讼时效的（　　）。（2016年）

A．最初1个月　　　　　　　　B．最初3个月
C．最后6个月　　　　　　　　D．最后9个月

【答案】C

【解析】诉讼时效期间的中止，是指在诉讼时效期间的最后6个月内，因不可抗力或者其他障碍致使权利人不能行使请求权的，诉讼时效期间暂时停止计算。

4．不适用诉讼时效的情形

下列请求权不适用诉讼时效的规定：

（1）请求停止侵害、排除妨碍、消除危险。
（2）不动产物权和登记的动产物权的权利人请求返还财产。
（3）请求支付抚养费、赡养费或者扶养费。
（4）依法不适用诉讼时效的其他请求权。

【例11·多选】根据民事法律制度的规定，在诉讼时效期间的最后6个月内，因特定情形，不能行使请求权的，诉讼时效中止，下列各项中，属于该特定情形的有（　　）。

A．无民事行为能力人没有法定代理人
B．义务人同意履行义务
C．继承开始后未确定继承人或者遗产管理人
D．权利人被义务人控制

【答案】ACD

【解析】注意区分诉讼时效中止和中断，诉讼时效中止是指在诉讼时效期间的最后6个月内，因特定障碍不能行使请求权而导致诉讼时效中止，自障碍消除之日起满6个月，诉讼时效期间届满。而诉讼时效中断是指在诉讼时效期间内，因发生特定事由而使已经过的时效期间统归无效，从中断、有关程序终结时起，诉讼时效期间重新计算。

（五）判决和执行

人民法院审理民事案件，根据当事人自愿的原则，在事实清楚的基础上，分清是非，进行调解。适用特别程序、督促程序、公示催告程序的案件，婚姻等身份关系确认案件以及其他根据案件性质不能调解的案件，不得调解。

当事人不服地方人民法院第一审判决的，有权在判决书送达之日起15日内向上一级人民法院提起上诉。最高人民法院的一审判决，以及依法不准上诉或者超过上诉期没有上诉的一审判决，是发生法律效力的判决。第二审人民法院的判决是终审的判决，也就是发生法律效力的判决。

发生法律效力的民事判决、裁定,调解书和其他应当由人民法院执行的法律文书,当事人必须履行。

四、行政复议

(一)行政复议范围

公民、法人或者其他组织认为行政机关的具体行政行为侵犯其合法权益,符合《中华人民共和国行政复议法》规定范围的,可以申请行政复议。

1.可申请行政复议	(1)对行政机关作出的警告、罚款、没收违法所得、没收非法财物、责令停产停业、暂扣或者吊销许可证、暂扣或者吊销执照、行政拘留等行政处罚决定不服的
	(2)对行政机关作出的限制人身自由或者查封、扣押、冻结财产等行政强制措施决定不服的
	(3)对行政机关作出的有关许可证、执照、资质证、资格证等证书变更、中止、撤销的决定不服的
	(4)对行政机关作出的关于确认土地、矿藏、水流、森林、山岭、草原、荒地、滩涂、海域等自然资源的所有权或者使用权的决定不服的
	(5)认为行政机关侵犯其合法的经营自主权的
	(6)认为行政机关变更或者废止农业承包合同,侵犯其合法权益的
	(7)认为行政机关违法集资、征收财物、摊派费用或者违法要求履行其他义务的
	(8)认为符合法定条件,申请行政机关颁发许可证、执照、资质证、资格证等证书,或者申请行政机关审批、登记有关事项,行政机关没有依法办理的
	(9)申请行政机关履行保护人身权利、财产权利、受教育权利的法定职责,行政机关没有依法履行的
	(10)申请行政机关依法发放抚恤金、社会保险金或者最低生活保障费,行政机关没有依法发放的
2.行政复议的排除事项	(1)当事人不服行政机关作出的行政处分或其他人事处理决定时,不能提起行政复议 (2)当事人不服行政机关对民事纠纷的调解或其他处理,可以依法申请仲裁或者向人民法院提起民事诉讼,但不能提起行政复议

【例12·单选】下列情形中,当事人不能申请行政复议的是( )。(2016年)
A.甲公司不服市环保局对其作出的罚款决定
B.王某不服所任职的市教育局对其作出的降级决定
C.赵某不服市公安局对其作出的行政拘留决定
D.乙公司不服市工商局对其作出的责令停产停业决定
【答案】B
【解析】不服行政机关作出的行政处分或者其他人事处理决定,可依照有关法律、行政法规的规定提出申诉，不能申请行政复议。

【例13·单选】下列各项中，属于行政复议范围的是（　　）。（2017年）
A. 赵某对工商局暂扣其营业执照的决定不服而引起的纠纷
B. 王某对税务局将其调职到其他单位的决定不服而引起的纠纷
C. 张某对交通局解除劳动合同的决定不服而引起的纠纷
D. 李某对环保局给予其撤职处分决定不服而引起的纠纷
【答案】A
【解析】（1）选项BD，不服行政机关作出的行政处分或者其他人事处理决定，不能申请行政复议，可以依法提出申诉；（2）选项C，因解除劳动合同发生的争议，按照劳动争议的解决办法处理，不能申请行政复议（如可申请劳动仲裁）。

（二）行政复议申请和受理
公民、法人或者其他组织认为具体行政行为侵犯其合法权益的，可以自知道该具体行政行为之日起60日内提出行政复议申请；但是法律规定的申请期限超过60日的除外。
1. 申请人申请行政复议，可以书面申请，也可以口头申请
2. 行政复议机关受理行政复议申请，不得向申请人收取任何费用
3. 行政复议期间有下列情形之一的，可以停止执行具体行政行为
（1）被申请人认为需要停止执行的。
（2）行政复议机关认为需要停止执行的。
（3）申请人申请停止执行，行政复议机关认为其要求合理，决定停止执行的。
（4）法律规定停止执行的。

【例14·判断】行政复议要收费。（　　）（2018年）
【答案】×
【解析】行政复议机关受理行政复议申请，不得向申请人收取任何费用。

（三）行政复议参加人和行政复议机关
1. 行政复议参加人
行政复议参加人包括申请人、被申请人和第三人。
【注意】行政复议参加人不包括行政复议机关。
2. 行政复议机关

行政机关	复议机关	"找爹"
(1) 县级以上地方各级人民政府工作部门	本级人民政府 上一级主管部门	"两个爹"
(2) 海关、金融、国税、外汇管理、国家安全机关	上一级主管部门	"一个爹"
(3) 地方各级人民政府	上一级人民政府	
(4) 省、自治区人民政府依法设立的派出机关所属的县级地方人民政府	该派出机关	
(5) 国务院部门或者省级人民政府	国务院部门或省级人民政府或国务院依照规定作出最终裁决	"没爹"

【例15·多选】根据行政复议法律制度的规定，下列关于行政复议机关的表述中，正确的有(   )。(2014年)

A.对地方各级人民政府的具体行政行为不服的，向上一级人民政府申请行政复议

B.对某县国家税务局的具体行政行为不服的，向上一级主管部门申请行政复议

C.对国家税务总局的具体行政行为不服的，向国家税务总局申请行政复议

D.对县级以上各级人民政府工作部门的具体行政行为不服的，可以向本级人民政府申请行政复议

【答案】ABCD

【例16·单选】对国家税务总局的具体行政行为不服的，向(   )申请行政复议。

A.国务院　　　　　　　　B.国家税务总局
C.人民法院　　　　　　　D.向上一级税务机关

【答案】B

(四)行政复议决定

行政复议原则上采取书面审查的方法，但是申请人提出要求或者行政复议机关负责法制工作的机构认为有必要时，可以向有关组织和人员调查情况，听取申请人、被申请人和第三人的意见。行政复议的举证责任，由被申请人承担。

行政复议机关应当自受理申请之日起60日内作出行政复议决定；但是法律规定的行政复议期限少于60日的除外。情况复杂，不能在规定期限内作出行政复议决定的，经行政复议机关的负责人批准，可以适当延长，并告知申请人和被申请人，但延长期限最多不得超过30日。

行政复议机关应当对被申请人作出的具体行政行为进行审查，提出意见，经行政复议机关的负责人同意或者集体讨论通过后，按照下表中规定作出行政复议决定。

情形	行政复议决定
1.具体行政行为认定事实清楚，证据确凿，适用依据正确，程序合法，内容适当	决定维持
2.被申请人不履行法定职责	决定在一定期限内履行
3.具体行政行为有下列情形之一 （1）主要事实不清、证据不足的 （2）适用依据错误的 （3）违反法定程序的 （4）超越或者滥用职权的 （5）具体行政行为明显不当的	决定撤销、变更或者确认违法

行政复议机关责令被申请人重新作出具体行政行为的，被申请人不得以同一事实和理由作出与原具体行政行为相同或者基本相同的具体行政行为。

行政复议决定书一经送达，即发生法律效力。

五、行政诉讼

（一）行政诉讼的适用范围

公民、法人或者其他组织认为行政机关和行政机关工作人员的行政行为侵犯其合法权益，有权向法院提起行政诉讼。

适用范围	1.对行政拘留、暂扣或吊销许可证和执照、责令停产停业、没收违法所得、没收非法财物、罚款、警告等行政处罚不服的
	2.对限制人身自由或者对财产的查封、扣押、冻结等行政强制措施和行政强制执行不服的
	3.申请行政许可时，行政机关拒绝或者在法定期限内不予答复，或者对行政机关作出的有关行政许可的其他决定不服的
	4.对行政机关作出的关于确认土地、矿藏、水流、森林、山岭、草原、荒地、滩涂、海域等自然资源的所有权或者使用权的决定不服的
	5.对征收、征用决定及其补偿决定不服的
	6.申请行政机关履行保护人身权、财产权等合法权益的法定职责时，行政机关拒绝履行或者不予答复的
	7.认为行政机关侵犯其经营自主权或者农村土地承包经营权、农村土地经营权的
	8.认为行政机关滥用行政权力排除或者限制竞争的
	9.认为行政机关违法集资、摊派费用或者违法要求履行其他义务的
	10.认为行政机关没有依法支付抚恤金、最低生活保障待遇或者社会保险待遇的
	11.认为行政机关不依法履行、未按照约定履行或者违法变更、解除政府特许经营协议、土地房屋征收补偿协议等协议的
	12.认为行政机关侵犯其他人身权、财产权等合法权益的

人民法院不受理当事人对下表中事项提起的诉讼。

1. 国防、外交等国家行为
2. 行政法规、规章或行政机关制定、发布的具有普遍约束力的决定、命令
3. 行政机关对其工作人员的奖惩、任免决定
4. 法律规定由行政机关最终裁决的具体行政行为

【例17·单选】根据行政诉讼法律制度的规定，下列纠纷中，不属于人民法院行政诉讼受理范围的是（   ）。（2017年）

A. 对税务机关采取的阻止纳税人出境措施不服引发的纠纷
B. 对公安机关作出的行政拘留决定不服引发的纠纷
C. 对工商行政管理机关作出的任免决定不服引发的纠纷
D. 对环境保护管理部门作出的罚款决定不服引发的纠纷

【答案】C
【解析】行政机关对行政机关工作人员的奖惩、任免等决定，不属于行政诉讼的受案范围。

(二)诉讼管辖

1. 级别管辖
（1）基层人民法院管辖第一审行政案件。
（2）中级人民法院管辖下列第一审行政案件：
①对国务院部门或者县级以上地方人民政府所作的行政行为提起诉讼的案件。
②海关处理的案件。
③本辖区内重大、复杂的案件。
④其他法律规定由中级人民法院管辖的案件。

2. 地域管辖

案件	管辖法院
（1）未经复议的行政案件	最初作出行政行为的行政机关所在地人民法院
（2）经复议的行政案件	①最初作出行政行为的行政机关所在地人民法院 ②复议机关所在地人民法院
（3）对限制人身自由的行政强制措施不服提起的诉讼	①被告所在地人民法院 ②原告所在地人民法院
（4）因不动产提起的行政诉讼	不动产所在地人民法院

【例18·判断】经过行政复议的行政诉讼案件，均由行政复议机关所在地人民法院管辖。（   ）（2017年）

【答案】×
【解析】行政案件由最初作出行政行为的行政机关所在地人民法院管辖。经复议的案件，也可以由行政复议机关所在地人民法院管辖。

（三）起诉和受理

对属于人民法院受案范围的行政案件，公民、法人或者其他组织可以先向行政机关申请复议，对复议决定不服的，再向人民法院提起诉讼；也可以直接向人民法院提起诉讼。

法律、法规规定应当向行政复议机关申请行政复议，对行政复议不服再向人民法院提起诉讼的，行政复议机关决定不予受理或者受理后超过行政复议期限不做答复的，公民、法人或者其他组织可以自收到不予受理决定书之日起或者行政复议期满之日起 15 日内起诉。

公民、法人或者其他组织直接向人民法院提起诉讼的，应当自知道或者应当知道作出行政行为之日起 6 个月内提出。法律另有规定的除外。因不动产提起诉讼的案件自行政行为作出之日起超过 20 年，其他案件自行政行为作出之日起超过 5 年提起诉讼的，人民法院不予受理。

（四）审理和判决

人民法院公开审理行政案件，但涉及国家秘密、个人隐私和法律另有规定的除外。涉及商业秘密的案件，当事人申请不公开审理的，可以不公开审理。

当事人认为审判人员、书记员、翻译人员、鉴定人、勘验人与本案有利害关系或者有其他关系可能影响公正审判，有权申请上述人员回避。上述人员认为自己与本案有利害关系或者有其他关系，应当申请回避。

人民法院审理行政案件，不适用调解。但是，行政赔偿、补偿以及行政机关行使法律、法规规定的自由裁量权的案件可以调解。

当事人不服人民法院第一审判决的，有权在判决书送达之日起 15 日内向上一级人民法院提起上诉。当事人不服人民法院第一审裁定的，有权在裁定书送达之日起 10 日内向上一级人民法院提起上诉。逾期不提起上诉的，人民法院的第一审判决或者裁定发生法律效力。

第三节　法律责任

一、法律责任的概念

法律责任是指法律关系主体由于违反法定的义务而应承受的不利的法律后果。

二、法律责任的种类

法律责任	具体形式
1.民事责任	（1）停止侵害；（2）排除妨碍；（3）消除危险；（4）返还财产；（5）恢复原状；（6）修理、重作、更换；（7）继续履行；（8）赔偿损失；（9）支付违约金；（10）消除影响、恢复名誉；（11）赔礼道歉

续表

法律责任		具体形式
2.行政责任	（1）行政处罚	①警告；②罚款；③没收违法所得、没收非法财物；④责令停产停业；⑤暂扣或吊销许可证、暂扣或者吊销执照；⑥行政拘留；⑦法律、行政法规规定的其他行政处罚
	（2）行政处分	①警告；②记过；③记大过；④降级；⑤撤职；⑥开除
3.刑事责任	（1）主刑	①管制：期限为3个月以上2年以下 数罪并罚最高不能超过3年 ②拘役：期限为1个月以上6个月以下 数罪并罚最高不能超过1年 ③有期徒刑：期限为6个月以上15年以下 数罪并罚时，有期徒刑总和刑期不满35年的，最高不能超过20年，总和刑期在35年以上的，最高不能超过25年 ④无期徒刑 ⑤死刑（包括死刑立即执行和死刑缓期2年执行）
	（2）附加刑	①罚金；②剥夺政治权利；③没收财产；④驱逐出境（适用于外国人）

【注意】附加刑可以附加于主刑之后作为主刑的补充，同主刑一起适用，也可以独立适用。

【易混点】

（1）违约金属于民事责任，罚款属于行政责任，罚金属于刑事责任。

（2）没收违法所得属于行政责任，没收财产属于刑事责任。

（3）行政拘留属于行政责任，拘役属于刑事责任。

【例1·多选】下列选项中，属于民事责任的有（ ）。（2018年）

A.继续履行　　　　　　　　B.没收违法所得

C.停止侵害　　　　　　　　D.没收财产

【答案】AC

【解析】选项B属于行政责任，选项D属于刑事责任。

【例2·多选】下列行政责任形式中，属于行政处罚的有（ ）。（2017年）

A.撤职　　　　　　　　　　B.行政拘留

C.没收非法财物　　　　　　D.开除

【答案】BC

【解析】选项AD属于行政处分。

【例3·单选】根据刑事法律制度的规定，下列各项中，属于拘役法定量刑期的是（ ）。（2015年）

A.15天以下　　　　　　　　B.1个月以上6个月以下

C.3个月以上2年以下　　　　D.6个月以上15年以下

【答案】B

第二章 会计法律制度

第一节 会计法律制度概述

一、会计法律制度的概念

会计法律制度，是指国家权力机关和行政机关制定的关于会计工作的法律、法规、规章和规范性文件的总称。

二、会计法律制度的适用范围

（一）会计法律制度的适用范围

国家机关、社会团体、公司、企业、事业单位和其他组织（以下统称单位）办理会计事务必须依照《中华人民共和国会计法》办理。

（二）国家统一的会计制度

国家统一的会计制度是由国务院财政部门根据《中华人民共和国会计法》制定并公布。

三、会计工作管理体制

（一）会计工作的行政管理

国务院财政部门主管全国的会计工作。县级以上地方各级人民政府财政部门管理本行政区域内的会计工作。

（二）单位内部的会计工作管理

1. 单位负责人对本单位的会计工作和会计资料的真实性、完整性负责
2. 单位负责人应当保证会计机构、会计人员依法履行职责
3. 单位负责人不得授意、指使、强令会计机构、会计人员违法办理会计事项

【例1·单选】下列各项中，属于对本单位的会计工作和会计资料的真实性、完整性负责的是（　　）。（2016年）

A.总会计师　　　　　　　　B.会计机构负责人
C.主管会计人员　　　　　　D.单位负责人

【答案】D

【解析】单位负责人对本单位的会计工作和会计资料的真实性、完整性负责。

【例2·多选】单位负责人负责单位内部会计工作管理，应当（　　）。（2016年）

A.保证会计机构和会计人员依法履行职责
B.不得授意、指使、强令会计机构和会计人员违法办理会计事项
C.对单位会计工作负责

D. 对单位会计资料的真实性、完整性负责

【答案】ABCD

【解析】（1）单位负责人对本单位的会计工作和会计资料的真实性、完整性负责。（2）单位负责人应当保证会计机构、会计人员依法履行职责。（3）单位负责人不得授意、指使、强令会计机构、会计人员违法办理会计事项。

第二节　会计核算与监督

一、会计核算

（一）会计核算基本要求

1. 依法建账

（1）各单位应当按照《中华人民共和国会计法》的规定设置会计账簿，进行会计核算。

（2）设置会计账簿的种类和具体要求，应当符合《中华人民共和国会计法》、会计法规和国家统一的会计制度的规定。

（3）各单位发生的各项经济业务事项应当统一进行会计核算，不得违反规定私设会计账簿进行登记、核算。

2. 根据实际发生的经济业务进行会计核算

会计核算以实际发生的经济业务为依据，体现了会计核算的真实性和客观性要求。

3. 保证会计资料的真实和完整

（1）真实性：主要是指会计资料所反映的内容和结果，应当同单位实际发生的经济业务的内容及其结果相一致。

（2）完整性：主要是指构成会计资料的各项要素都必须齐全，以使会计资料如实、全面地记录和反映经济业务发生情况，便于会计资料使用者全面、准确了解经济活动情况。

4. 正确采用会计处理方法

前后各期应当一致，不得随意变更。确需变更，按照国家统一的会计制度规定变更，并将变更的原因、情况及影响在财务会计报告中说明。

5. 正确使用会计记录文字

会计记录的文字应当使用中文。在民族自治地方，会计记录可以同时使用当地通用的一种民族文字。在中国境内的外商投资企业、外国企业和其他外国组织的会计记录可以同时使用一种外国文字。

6. 使用电子计算机进行会计核算必须符合法律规定

（1）使用的会计软件必须符合国家统一的会计制度的规定。

（2）生成的会计凭证、会计账簿、财务会计报告和其他会计资料，必须符合国家统一的会计制度的规定。

（3）其会计账簿的登记、更正，应当符合国家统一的会计制度的规定。

(二)会计核算的内容

1. 款项和有价证券的收付
2. 财物的收发、增减和使用
3. 债权债务的发生和结算
4. 资本、基金的增减
5. 收入、支出、费用、成本的计算
6. 财务成果的计算和处理
7. 需要办理会计手续、进行会计核算的其他事项

【例1·多选】下列各项中，属于会计核算内容的有（　　）。
A. 财物的收发、增减和使用
B. 资本、基金的增减
C. 财务成果的计算和处理
D. 债权债务的发生和结算

【答案】ABCD

【解析】根据《中华人民共和国会计法》的规定，对于款项和有价证券的收付，财物的收发、增减和使用，债权债务的发生和结算，资本、基金的增减，收入、支出、费用、成本的计算，财务成果的计算和处理，以及需要办理会计手续、进行会计核算的其他事项，均应当办理会计手续、进行会计核算。

(三)会计年度

我国是以公历年度为会计年度，即以每年公历的1月1日起至12月31日止为一个会计年度。一个会计年度还可以分为半年度、季度、月度。

(四)记账本位币

1. 会计核算以人民币为记账本位币。
2. 业务收支以人民币以外的货币为主的单位，可以选定其中一种货币作为记账本位币，但是编报的财务会计报告应当折算为人民币。

(五)会计凭证和会计账簿

1. 会计凭证

会计凭证按其来源和用途，分为原始凭证和记账凭证两种。

（1）原始凭证填制的基本要求：
①取得：由业务经办人员直接取得或填制。
②用途：表明经济业务已经发生或完成情况，明确经济责任。
③审核：
a. 对于不真实、不合法的有权不予接受，并向单位负责人报告。
b. 对记载不准确、不完整的予以退回，并要求按规定更正、补充。
④更正：

a. 记载的各项内容，不得涂改。
b. 原始凭证有错误的，由出具单位重开或更正，更正处应当加盖出具单位印章。
c. 金额有错误，只能由出具单位重开，不得在原始凭证上更正。
（2）记账凭证填制的基本要求：
①记账凭证应当根据经过审核的原始凭证及有关资料编制。
②记账凭证必须附有原始凭证并注明原始凭证所附的张数，部分转账业务及结账、更正错误除外。
③一张原始凭证所列的支出需要由两个以上的单位共同负担时，应当由保存该原始凭证的单位开具原始凭证分割单给其他应负担的单位。
2. 会计账簿
（1）会计账簿的种类：
①总账：根据会计科目开设的账簿，用于分类登记单位的全部经济业务事项，提供资产、负债、所有者权益、费用、成本、收入等总括核算的资料。形式上一般有订本账和活页账两种。
②明细账：根据总账科目所属的明细科目设置的，用于分类登记某一类经济业务事项，提供有关明细核算资料。通常使用活页账。
③日记账：按照经济业务事项发生的时间先后顺序，逐日逐笔地进行登记的账簿。包括现金日记账和银行存款日记账，通常使用订本账。
④其他辅助账簿（备查账簿）：为备忘备查而设置的，主要包括各种租借设备、物资的辅助登记或有关应收款项的备查簿，担保、抵押备查簿等。
（2）登记会计账簿的基本要求：
①必须依据经过审核的会计凭证登记会计账簿。
②必须按照记账规则进行，应当按照连续编号的页码顺序登记；会计账簿记录发生错误或者隔页、缺号、跳行的，应当按照国家统一的会计制度规定的方法更正，并由会计人员和会计机构负责人（会计主管人员）在更正处盖章等。
③任何单位都不得在法定会计账簿之外私设会计账簿。
（六）会计报告
1. 企业财务会计报告的构成
（1）企业财务会计报告包括会计报表、会计报表附注和财务情况说明书。会计报表应当包括资产负债表、利润表、现金流量表及相关附表。
（2）企业财务会计报告按编制时间分为年度、半年度、季度和月度财务会计报告。

【例2·判断】附注是财务报表不可或缺的组成部分。（   ）
【答案】√
2. 企业财务会计报告的对外提供
（1）企业对外提供的财务会计报告应当由企业负责人和主管会计工作的负责人、会计机构负责人（会计主管人员）签名并盖章。设置总会计师的企业，还应由总会计师签名并盖章。

（2）国有企业、国有控股的或者占主导地位的企业，应当至少每年一次向本企业的职工代表大会公布财务会计报告。

【例3】甲公司是一家国有大型企业。2016年12月，公司召开董事会。董事长兼总经理李某提出，财务会计报告专业性很强，其精力有限，以前在财务会计报告上签字盖章，也只是履行程序而已。从今以后公司对外报送的财务会计报告一律改由公司总会计师范某一人签字盖章后报出。分析甲公司董事长兼总经理李某的观点有无不妥之处。

【答案】李某的观点不符合《中华人民共和国会计法》的规定。

【解析】《中华人民共和国会计法》规定，公司对外报出的财务会计报告应当由企业负责人和主管会计工作的负责人、会计机构负责人（会计主管人员）签名并盖章；设置总会计师的，还须由总会计师签名并盖章。董事长李某作为单位法定代表人，应当依法对本单位的会计工作和会计资料的真实性、完整性负责，也应当依法在本单位对外出具的财务会计报告上签名并盖章。

（七）核对及财产清查

1. 账务核对

账务核对又称账账核对、账表核对、账证核对或对账，是保证会计账簿记录质量的重要程序。

2. 财产清查

财产清查是通过定期或不定期、全面或部分地对各项财产物资进行实地盘点，以及对库存现金、银行存款、债权债务进行清查核实的一种制度。

二、会计档案管理

（一）档案概念

具有保存价值的文字、图表等各种形式的会计资料，包括通过计算机等电子设备形成、传输和存储的电子会计档案。各单位的预算、计划、制度等文件材料属于文书档案，不属于会计档案。

（二）档案的归档

1. 会计档案的归档范围

（1）会计凭证：原始凭证、记账凭证。

（2）会计账簿类：总账、明细账、日记账、固定资产卡片及其他辅助性账簿。

（3）财务会计报告类：月度、季度、半年度财务会计报告和年度财务会计报告。

（4）其他会计资料：银行存款余额调节表、银行对账单、纳税申报表、会计档案移交清册、会计档案保管清册、会计档案销毁清册、会计档案鉴定意见书及其他具有保存价值的会计资料。

2. 档案的归档要求

（1）满足条件的，单位内部形成的属于归档范围的电子会计资料可仅以电子形式保存，形成电子会计档案。满足条件的，单位从外部接收的电子会计资料附有符合《电子签名法》规定的电子签名的，可仅以电子形式归档保存。

（2）单位会计管理机构按照归档范围和归档要求，负责定期将应当归档的会计资料整理立卷，编制会计档案保管清册。

（3）当年形成的会计档案，在会计年度终了后，可由单位会计管理机构临时保管一年，再移交单位档案管理机构保管。临时保管期限最长不超过3年。

【注意】出纳不得兼管会计档案。

【例4·单选】会计档案可以在会计管理部门放置（　　）之后移交档案部门。
A.一年　　　　B.三年　　　　C.两年　　　　D.五年
【答案】A
【解析】当年形成的会计档案，在会计年度终了后，可暂由会计管理机构保管一年。

(三)会计档案的移交和利用

1.会计档案的移交

（1）单位会计管理机构在办理会计档案移交时，应当编制会计档案移交清册，并按照国家档案管理的有关规定办理移交手续。

（2）特殊格式的电子会计档案应当与其读取平台一并移交。

（3）单位档案管理机构接收电子会计档案时，应当对电子会计档案的准确性、完整性、可用性、安全性进行检测，符合要求的才能接收。

2.会计档案的利用

（1）单位应当严格按照相关制度利用会计档案，在进行会计档案查阅、复制、借出时履行登记手续，严禁篡改和损坏。

（2）单位保存的会计档案一般不得对外借出。确因工作需要且根据国家有关规定必须借出的，应当严格按照规定办理相关手续。

(四)档案的保管期限

1.类别

分为永久和定期。

2.定期

分为10年和30年。

3.具体内容

（1）永久保存的会计档案：年度财务报告、会计档案保管清册、会计档案销毁清册、会计档案鉴定意见书。

（2）保存30年的会计档案：会计凭证、会计账簿、会计档案移交清册。

（3）保存10年的会计档案：月度、季度、半年度财务报告，银行存款余额调节表、银行对账单、纳税申报表。

（4）固定资产卡的保存：固定资产报废后5年。

【例5·多选】企业应永久保存的是（　　）。（2016年）
A.年度财务报告　　　　　　B.现金日记账
C.原始凭证　　　　　　　　D.会计档案保管清册
【答案】AD
【解析】企业永久保存的档案有年度财务报表、会计档案保管清册、会计档案销毁清册、会计档案鉴定意见。

【例6·多选】下列会计档案中，最低保管期限为30年的有（　　）。
A.银行存款余额调节表　　　B.总账
C.会计档案保管清册　　　　D.原始凭证
【答案】BD
【解析】根据会计档案管理有关规定，银行存款余额调节表最低保管期限为10年，会计档案保管清册保管期限为永久。

（五）会计档案的鉴定和销毁
1. 会计档案的鉴定
（1）对保管期满的会计档案应当进行鉴定，并形成会计档案鉴定意见书。
（2）由单位档案管理机构牵头，组织会计、审计、纪检监察等机构或人员共同审查鉴定。
2. 会计档案的销毁
（1）单位档案管理机构编制会计档案销毁清册，列明拟销毁会计档案的名称、卷号、册数、起止年度、档案编号、应保管期限、已保管期限和销毁时间等内容。
（2）单位负责人、档案管理机构负责人、会计机构负责人及档案和会计机构的经办人员在会计档案销毁清册上签署意见。销毁后，监销人在会计档案销毁清册上签名或盖章。
（3）一般档案：单位档案管理机构、会计管理机构共同派人监销。
（4）电子档案：单位档案管理机构、会计管理机构和信息系统管理机构共同派员监销。
3. 不得销毁的会计档案
（1）保管期满但未结清的债权债务原始凭证和涉及其他未了事项的会计凭证不得销毁，纸质会计档案应单独抽出立卷，电子会计档案单独转存，保管到未了事项完结时为止。
（2）单独抽出立卷或转存的会计档案，应当在会计档案鉴定意见书、会计档案销毁清册和会计档案保管清册中列明。

【例7·判断】会计档案销毁后，监销人需要在会计档案销毁清册上签字或盖章。（　　）
【答案】√

(六)特殊情况下的会计档案处置

1.单位分立情况下的会计档案处置

(1)单位分立后原单位存续,会计档案由分立后的存续方统一保管,其他方可查阅、复制。

(2)单位分立后原单位解散,会计档案经各方协商后由其中一方代管或按照国家档案管理的有关规定处置,各方可查阅、复制。

【注意1】单位分立中未结清的会计事项所涉及的会计凭证,应当单独抽出由业务相关方保存,并按照规定办理交接手续。

【注意2】单位因业务移交其他单位办理所涉及的会计档案,应当由原单位保管,承接业务单位可以查阅、复制与其业务相关的会计档案。对其中未结清的会计事项所涉及的会计凭证,应当单独抽出由承接业务单位保存,并按照规定办理交接手续。

2.单位合并情况下的会计档案处置

合并后原各单位解散或者一方存续其他方解散的,原各单位的会计档案应当由合并后的单位统一保管。单位合并后原各单位仍存续的,其会计档案仍应当由原各单位保管。

3.建设单位项目建设会计档案的交接

建设单位在项目建设期间形成的会计档案,需要移交给建设项目接受单位的,应当在办理竣工财务决算后及时移交,并按照规定办理交接手续。

4.单位之间交接会计档案的手续

(1)交接双方应办理交接手续,交接双方的"单位有关负责人"负责监交。

(2)移交的单位,应当编制会计档案移交清册,列明应当移交的会计档案名称、卷号、册数、起止年度、档案编号、应保管期限和已保管期限等内容。

(3)交接完毕后,交接双方经办人和监督人应当在会计档案移交清册上签名或盖章。

【注意】电子会计档案应当与其元数据一并移交,特殊格式的电子会计档案应当与其读取平台一并移交。

三、会计监督

(一)单位内部会计监督

1.单位内部会计监督的概念

(1)主体:各单位的会计机构、会计人员。

(2)对象:单位经济活动的合法性、合理性、有效性。

2.单位内部会计监督的要求

(1)会计机构、会计人员对违反《中华人民共和国会计法》和国家统一的会计制度规定的会计事项,有权拒绝办理或者按照职权予以纠正。

(2)会计账簿记录与实物、款项及有关资料不相符的,按照国家统一的会计制度的规定进行处理。

①有权处理的:应当及时处理。

②无权处理的：上报单位负责人，请求查明原因，作出处理。
3. 单位内部控制制度
（1）内部控制的概念与原则：

概念	指单位为实现控制目标，通过制定制度、实施措施和执行程序，对经济活动的风险进行防范和管控
原则	①单位建立与实施内部控制应当遵循的原则 a.全面性原则：指内部控制应当贯穿单位经济活动的决策、执行和监督全过程 b.重要性原则：在全面控制的基础上，关注单位重要经济活动和经济活动的重大风险 c.制衡性原则：指内部控制应当在治理结构、机构设置及权责分配、业务流程等方面形成相互制约、相互监督 d.适应性原则：指内部控制应当符合国家有关规定和单位的实际情况，并随着情况变化及时调整 e.成本效益原则：指企业内部控制应当权衡实施成本与预期效益，以实现有效控制
	②小企业建立与实施内部控制应当遵循的原则 a.风险导向原则：内部控制应当以防范风险为出发点，重点关注对实现内控目标造成重大影响的风险领域 b.适应性原则：内部控制应当与企业发展阶段、经营规模、管理水平等相适应，并随着情况变化及时调整 c.实质重于形式原则：内部控制需注重实际效果，不局限于特定表现形式和实现手段 d.成本效益原则：内部控制应当权衡实施成本与预期效益，达到实现有效控制

【例8·单选】下列各项中，属于企业内部控制应当遵循的原则是（　　）。（2016年）
A.独立性　　　B.制衡性　　　C.准确性　　　D.谨慎性
【答案】B
【解析】内部控制原则包括：全面性原则、重要性原则、制衡性原则、适应性原则、成本效益原则。

（2）企业内部控制措施。
①不相容职务分离控制（不相容职务包括：授权批准与业务经办、业务经办与会计记录、会计记录与财产保管、业务经办与稽核检查、授权批准与监督检查等）；②授权审批控制；③会计系统控制；④财产保护控制；⑤预算控制；⑥运营分析控制；⑦绩效考评控制。

（3）行政事业单位内部控制方法。
①不相容岗位相互分离；②内部授权审批控制；③归口管理；④预算控制；⑤财产保护控制；⑥会计控制；⑦单据控制；⑧信息内部公开。

【注意】企业的内部控制制度没有归口管理、单据控制、信息内部公开。行政事业单位没有运营分析控制、绩效考评控制。

【例9·多选】单位内部会计监督是会计监督的重要组织部分，建立健全单位内部控制制度对企业至关重要。下列各项属于单位内部控制制度的方法有（　　）。（2016年）
A.预算控制　　　　　　　　　　　　　　B.决算控制

C.财产保护控制　　　　　　D.内部报告控制

【答案】AC

【解析】单位内部控制制度的方法主要有：不相容职务分离控制；授权审批控制；会计系统控制；财产保护控制；预算控制；运营分析控制和绩效考评控制。

（二）会计工作的政府监督

1. 会计工作的政府监督的概念

（1）财政部门代表国家对各单位和单位中相关人员的会计行为实施的监督检查，以及对发现的违法会计行为实施行政处罚。

（2）审计、税务、中国人民银行、银行监管、证券监管、保险监管等部门依照有关法律、行政法规规定的职责和权限，可以对有关单位的会计资料实施监督检查。

【注意】财政部门指国务院财政部门、国务院财政部门的派出机构和县级以上人民政府财政部门。

2. 财政部门会计监督的主要内容

（1）各单位是否依法设置会计账簿。

（2）会计凭证、会计账簿、财务会计报告和其他会计资料是否真实、完整。

（3）会计核算是否符合《中华人民共和国会计法》和国家统一的会计制度的规定。

（4）从事会计工作的人员是否具备专业能力、遵守职业道德等情况。

【注意】财政部门发现被监督单位存在重大违法嫌疑时，国务院财政部及其派出机构可以向与被监督单位有经济业务往来的单位和被监督单位开立账户的金融机构查询有关情况，有关单位和金融机构应予以支持。

（三）会计工作的社会监督

1. 会计工作的社会监督的概念

（1）是指由注册会计师及其所在的会计师事务所等中介机构接受委托，依法对单位的经济活动进行审计，出具审计报告，发表审计意见的监督制度。

（2）任何单位和个人对违反《中华人民共和国会计法》和国家统一会计制度规定的行为，有权检举。

2. 注册会计师审计报告

（1）审计报告的概念和要素：

①审计报告，是指注册会计师根据审计准则的规定，在执行审计工作的基础上，对被审计单位财务报表发表审计意见的书面文件。

②审计报告要素：标题；收件人；引言段；管理层对财务报表的责任段；注册会计师的责任段；审计意见段；注册会计师的签名和盖章；会计师事务所的名称、地址和盖章；报告日期。

（2）审计报告的种类和审计意见的类型：

①标准审计报告，是指不含有说明段、强调事项段、其他事项段或其他任何修饰性用语的无保留意见的审计报告。包含其他报告责任段，但不含有强调事项段或其他事项段的无保留意见的审计报告也被视为标准审计报告。

②非标准审计报告，是指带强调事项段或其他事项段的无保留意见的审计报告和非无保留意见的审计报告。非无保留意见，包括保留意见、否定意见和无法表示意见三种类型。

　　a.无保留意见，指当注册会计师认为财务报表在所有重大方面按照适用的财务报告编制基础编制并实现公允反映时发表的意见。

　　b.保留意见，存在以下情形之一时发表：在获取充分、适当的审计证据后，注册会计师认为错报单独或汇总起来对财务报表影响重大，但不具有广泛性。无法获取充分、适当的审计证据以作为形成审计意见的基础，但认为未发现的错报（如存在）对财务报表可能产生的影响重大，但不具有广泛性。

　　c.否定意见，在获取充分、适当的审计证据以作为形成审计意见的基础，但认为未发现的错报（如存在）对财务报表可能产生的影响重大且具有广泛性。

　　d.无法表示意见，如果无法获取充分、适当的审计证据以作为形成审计意见的基础，但认为未发现的错报（如存在）对财务报表可能产生的影响重大且具有广泛性。

第三节　会计机构和会计人员

一、会计机构

　　各单位应当根据会计业务的需要，设置会计机构，或者在有关机构中设置会计人员并指定会计主管人员；不具备设置条件的，应当委托经批准从事会计代理记账业务的中介机构代理记账。

二、代理记账

（一）代理记账机构的审批

　　会计师事务所及其分所可以依法从事代理记账业务。

　　除会计师事务所以外的机构从事代理记账业务，应当经县级以上人民政府财政部门（简称审批机关）批准，领取由财政部统一规定样式的代理记账许可证书。

（二）代理记账的业务范围

　　一是根据委托人提供的原始凭证和其他资料，按照国家统一的会计制度的规定进行会计核算，包括审核原始凭证、填制记账凭证、登记会计账簿、编制财务会计报告等。

　　二是对外提供财务会计报告。

　　三是向税务机关提供税务资料。

　　四是委托人委托的其他会计业务。

　　【例1·多选】根据会计法律制度的规定，下列业务中单位可以委托代理记账机构办理的有（　　）。（2018年）

A.对外提供财务会计报告　　　　B.向税务机关提供税务资料
C.登记会计账簿　　　　　　　　D.审核原始凭证

【答案】ABCD

(三)委托人、代理记账机构及其从业人员各自的义务

1. 委托合同的内容

委托合同除应具备法律规定的基本条款外，还应明确以下内容：

(1)双方对会计资料真实性、完整性各自应当承担的责任。

(2)会计资料传递程序和签收手续。

(3)编制和提供财务会计报告的要求。

(4)会计档案的保管要求及相应的责任。

(5)终止委托合同应当办理的会计交接事宜。

2. 委托人的义务

(1)对本单位发生的经济业务事项，应当填制或者取得符合国家统一的会计制度规定的原始凭证。

(2)应当配备专人负责日常货币收支和保管。

(3)及时向代理记账机构提供真实、完整的原始凭证和其他相关资料。

(4)对于代理记账机构退回的，要求按照国家统一的会计制度规定进行更正、补充的原始凭证，应当及时予以更正、补充。

3. 代理记账机构及其从业人员的义务

(1)遵守有关法律、法规和国家统一的会计制度的规定，按照委托合同办理代理记账业务。

(2)对在执行业务中知悉的商业秘密予以保密。

(3)对委托人要求其作出不当的会计处理，提供不实的会计资料，以及其他不符合法律、法规和国家统一的会计制度行为的，予以拒绝。

(4)对委托人提出的有关会计处理相关问题予以解释。

【注意】代理记账机构为委托人编制的财务会计报告，经代理记账机构负责人和委托人负责人签名并盖章后，按照有关法律、法规和国家统一的会计制度的规定对外提供。

【例2·单选】下列各项中，不属于代理记账形式下委托人应履行的义务的是( )。

A.对本单位发生的经济业务事项，应当填制或者取得符合国家统一的会计准则制度规定的原始凭证

B.应当配备专人负责日常货币收支和保管

C.向税务机关提供税务资料

D.对于代理记账机构退回的，要求按照国家统一的会计准则制度的规定进行更正、补充的原始凭证，应当及时予以更正、补充

【答案】C

【解析】委托人应当履行以下义务：对本单位发生的经济业务事项，应当填制或

者取得符合国家统一的会计准则制度规定的原始凭证；应当配备专人负责日常货币收支和保管；及时向代理记账机构提供真实、完整的原始凭证和其他相关资料；对于代理记账机构退回的，要求按照国家统一的会计准则制度的规定进行更正、补充的原始凭证，应当及时予以更正、补充。

三、会计岗位的设置

（一）会计岗位的设置要求

根据会计业务需要设置会计工作岗位，可以一人一岗、一人多岗或一岗多人。

【注意】会计工作岗位可分为：会计机构负责人或者会计主管人员、出纳、财产物资核算、工资核算、成本费用核算、财务成果核算、资金核算、往来结算、总账报表、稽核、档案管理等。

出纳人员不得兼任稽核、会计档案保管和收入、支出、费用、债权债务账目的登记工作。

【注意】档案管理部门的人员管理会计档案，不属于会计岗位。

担任单位会计机构负责人（会计主管人员）的，应当具备会计师以上专业技术职务资格或者从事会计工作3年以上经历。

【注意】因提供虚假财务会计报告，做假账，隐匿或者故意销毁会计凭证、会计账簿、财务会计报告，贪污，挪用公款，职务侵占等与会计职务有关的违法行为被依法追究刑事责任的人员，不得再从事会计工作。

【例3·单选】单位会计机构负责人，应当具备会计师以上专业技术职务资格或者从事会计工作（　　）年以上。

A.1　　　　　B.2　　　　　C.5　　　　　D.3

【答案】D

【解析】单位会计机构负责人，应当具备会计师以上专业技术职务资格或者从事会计工作3年以上。

（二）会计人员回避制度

国家机关、国有企业、事业单位任用会计人员应当实行回避制度。

单位领导人的直系亲属不得担任本单位的会计机构负责人、会计主管人员。

会计机构负责人、会计主管人员直系亲属不得在本单位会计机构中担任出纳工作。

【注意】直系亲属为：夫妻关系、直系血亲关系、三代以内旁系血亲以及配偶亲关系。

（三）会计工作交接

会计人员调动工作、离职或因病不能工作，应与接管人员办清交接手续。

一般会计人员办理交接手续，由会计机构负责人（会计主管人员）监交。

会计机构负责人（会计主管人员）办理交接手续，由单位负责人负责监交，必要时主管单位可以派人会同监交。

交接完毕后，交接双方和监交人要在移交清册上签名或者盖章。

移交清册一般应当填制一式三份，交接双方各执一份，存档一份。

【注意1】接替人员应当继续使用移交的会计账簿，不得自行另立新账，以保持会计记录的连续性。

【注意2】移交人员对所移交的会计凭证、会计账簿、会计报表和其他有关资料的合法性、真实性承担法律责任。

【例4·判断】会计工作交接后，接替人员不得使用移交前的账簿，应该另立新账簿。（　　）

【答案】×

【解析】本题考核会计人员工作交接。根据规定，接替人员应当继续使用移交前的账簿，不得擅自另立账簿，以保证会计记录的连续性。

【例5·单选】一般会计人员办理会计工作交接时，负责监交的人员应当是（　　）。

A.其他会计人员　　　　　　　B.会计机构负责人、会计主管人员

C.单位负责人　　　　　　　　D.主管单位有关人员

【答案】B

【解析】本题考核会计工作交接时负责监交的人员。一般会计人员办理会计工作交接手续时，由会计机构负责人（会计主管人员）负责监交。

(四)会计专业职务与会计专业技术资格

1.会计专业职务

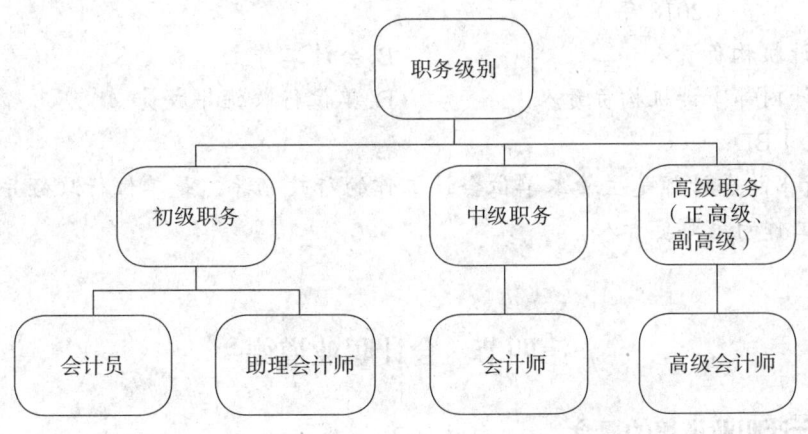

2.会计专业技术资格

（1）会计专业技术资格分为初级资格、中级资格和高级资格三个级别。

（2）已取得中级会计资格并符合国家有关规定的，可聘任会计师职务。

（3）已取得初级会计资格的人员，如具备大专毕业且担任会计员职务满2年，或中专毕业担任会计员职务满4年，或不具备规定学历的，担任会计员职务满5年，并

符合国家有关规定的,可聘任助理会计师职务。不符合以上条件的人员,可聘任会计员职务。

【例6·多选】会计专业职务有( )。
A.高级会计师 B.会计师
C.助理会计师 D.会计员
【答案】ABCD

(五)会计专业技术人员继续教育

公需科目包括专业技术人员应当普遍掌握的法律法规、理论政策、职业道德、技术信息等基本知识。

专业科目包括专业技术人员从事专业工作应当掌握的新理论、新知识、新技术、新方法等专业知识。

专业技术人员参加继续教育的时间,每年累计不少于90学时,其中,专业科目一般不少于总学时的2/3。

(六)总会计师

总会计师是主管本单位会计工作的行政领导,是单位行政领导成员,是会计工作的主要负责人。全面负责单位的财务会计管理和经济核算,参与单位的重大经营决策活动,是单位主要行政领导人的参谋和助手。

国有和国有资产占控股地位或者主导地位的大、中型企业必须设置总会计师。

【例7·多选】根据会计法律制度的规定,下列关于总会计师地位的表述中,正确的有( )。(2018年)
A.会计机构负责人 B.会计工作主要负责人
C.会计内部审计机构负责人 D.单位行政领导成员
【答案】BD
【解析】总会计师是主管本单位会计工作的行政领导,是单位行政领导成员,是单位会计工作的主要负责人。

第四节 会计职业道德

一、会计职业道德的概念

(一)会计职业道德的概念

会计职业道德是指在会计职业活动中应当遵循的、体现会计职业特征、调整会计职业关系的职业行为准则和规范。

(二)会计法律与会计职业道德的关系

关系		会计法律制度	会计职业道德
区别	性质	通过国家行政权力强制执行，具有很强的他律性	依靠会计从业人员的自觉性，具有很强的自律性
	作用范围	侧重于调整会计人员外在行为和结果的合法性，具有较强的客观性	不仅调整会计人员外在行为，还调整会计人员的内在精神世界
	表现形式	通过一定的程序由国家立法部门或行政管理部门制定、颁布，其表现形式是具体的、明确的、正式形成文字的成文规定	出自于会计人员的职业生活和职业实践，其表现形式既有成文的规范，也有不成文的规范
	实施保障机制	依靠国家强制力保证其贯彻执行	主要依靠道德教育、社会舆论、传统习俗和道德评价来实现
	评价标准	法律规定	道德评价
联系		内容上相互渗透、相互吸收；作用上相互补充、相互协调；会计职业道德是对会计法律制度的重要补充，会计法律制度是对会计职业道德的最低要求	

【例1·单选】会计职业道德与会计法律制度的主要区别不包括（　　）。
A.实施保障机制不同　　　　　　　B.性质不同
C.表现形式不同　　　　　　　　　D.目标不同
【答案】D

二、会计职业道德的主要内容

（一）会计职业道德的主要内容

会计职业道德主要包括爱岗敬业、诚实守信、廉洁自律、客观公正、坚持准则、提高技能、参与管理、强化服务八个方面内容。

1.爱岗敬业的基本要求
（1）正确认识会计职业，树立职业荣誉感。
（2）热爱会计工作，敬重会计职业。
（3）安心工作，任劳任怨。
（4）严肃认真，一丝不苟。
（5）忠于职守，尽职尽责。

【例2·多选】以下符合会计职业道德"爱岗敬业"基本要求的有（　　）。
A.忠于职守，尽职尽责　　　　　　B.实事求是，如实反映
C.严肃认真，一丝不苟　　　　　　D.热爱会计工作，敬重会计职业
【答案】ACD
【解析】选项B是客观公正的基本要求。

2.诚实守信的基本要求
（1）做老实人，说老实话，办老实事，不搞虚假。

（2）保密守信，不为利益所诱惑。
（3）职业谨慎，信誉至上。
3. 廉洁自律的基本要求
（1）树立正确的人生观和价值观。
（2）公私分明，不贪不占。
（3）遵纪守法，一身正气。
4. 客观公正的基本要求
（1）端正态度，依法办事。
（2）实事求是，不偏不倚。
（3）如实反映，保持应有的独立性。
5. 坚持准则的基本要求
（1）熟悉准则，对于国家法律、法规和国家统一的会计制度要熟悉。
（2）遵循准则，始终坚持按法律、法规和国家统一的会计制度要求进行会计核算，实施会计监督。
（3）敢于同违法行为作斗争，在发生道德冲突时，坚持准则，维护国家利益、社会公众利益和正常的经济秩序。
6. 提高技能的基本要求
（1）具有不断提高会计专业技能的意识和愿望。
（2）具有勤学苦练精神和科学学习方法，刻苦钻研，不断进取，提高业务水平。
7. 参与管理的基本要求
（1）努力钻研业务，全面熟悉本单位经营活动和业务流程。
（2）主动提出合理化建议，积极参与管理。
（3）提出合理化建议，积极参与管理。
8. 强化服务的基本要求
（1）树立服务意识。
（2）提高服务质量，努力维护和提升会计职业的良好社会形象。

【例3·多选】下列各项中，属于会计职业道德内容规范的有（　　）。
A. 爱岗敬业　　　　　　　　B. 参与管理
C. 提高技能　　　　　　　　D. 廉洁自律
【答案】ABCD
【解析】会计职业道德主要包括爱岗敬业、诚实守信、廉洁自律、客观公正、坚持准则、提高技能、参与管理、强化服务八个方面内容。

第五节 违反会计法律制度的法律责任

一、违反国家统一的会计制度行为的法律责任

1. 违反国家统一的会计制度行为

（1）不依法设置会计账簿的。

（2）私设会计账簿的。

（3）未按照规定填制、取得原始凭证或者填制、取得的原始凭证不符合规定的。

（4）以未经审核的会计凭证为依据登记会计账簿或者登记会计账簿不符合规定的。

（5）随意变更会计处理方法的。

（6）向不同的会计资料使用者提供的财务会计报告编制依据不一致的。

（7）未按照规定使用会计记录文字或者记账本位币的。

（8）未按照规定保管会计资料，致使会计资料毁损、灭失的。

（9）未按照规定建立并实施内部会计监督制度或拒绝依法实施监督或不如实提供有关会计资料及有关情况的。

（10）任用会计人员不符合《中华人民共和国会计法》规定的。

【注意】会计人员有上述所列行为之一，依照法律规定承担法律责任、罚款等。情节严重的，五年内不得从事会计工作。

2. 法律责任

责令限期改正、行政处分、依法追究刑事责任、罚款。

3. 罚款

对单位处 3 000~50 000 元的罚款；对其直接主管人员和其他直接责任人员，处 2 000~20 000 元的罚款。

二、伪造、变造会计凭证、会计账簿，编制虚假财务会计报告行为的法律责任

构成犯罪的，依法追究刑事责任。

尚不构成犯罪的，予以通报、撤职直至开除的行政处分（对国家工作人员）、罚款等。其中罚款的，对单位：处 5000~100 000 元的罚款；对其直接负责的主管人员和其他直接责任人员：处 3 000~50 000 元的罚款。其中的会计人员 5 年内不得从事会计工作。

【例1·单选】对于变造、伪造会计凭证，下列说法正确的是（　　）。（2018年）

A. 对单位罚款三千元以上五万元以下

B. 对个人罚款三千元以上五万元以下

C. 对单位罚款五千元以上五万元以下

D. 对个人罚款五千元以上十万元以下

【答案】B

【解析】伪造、变造会计凭证、会计账簿，编制虚假财务会计报告行为的法律责任，

对单位处五千元以上十万元以下的罚款,对其直接负责的主管人员和其他直接责任人员处三千元以上五万元以下的罚款。

三、隐匿或者故意销毁依法应当保存的会计凭证、会计账簿、财务会计报告行为的法律责任

构成犯罪的,依法追究刑事责任。

尚不构成犯罪的,予以通报、罚款、撤职直至开除的行政处分(对国家工作人员)。其中的会计人员5年内不得从事会计工作。对于罚款的,单位:处5 000~100 000元的罚款;直接负责的主管人员和其他直接责任人员:处3 000~50 000元的罚款。

情节严重的,处5年以下有期徒刑或拘役,并处或单处20 000~200 000元罚金。单位犯前款罪的,对单位判处罚金,并对其直接负责的主管人员和其他直接责任人员,依照前款的规定处罚。

四、授意、指使、强令会计机构、会计人员及其他人员伪造、变造会计凭证、会计账簿,编制虚假财务会计报告或者隐匿、故意销毁依法应当保存的会计凭证、会计账簿、财务会计报告行为的法律责任

构成犯罪的,依法追究刑事责任。

尚不构成犯罪的,对违法行为人处5 000~50 000元的罚款。属于国家工作人员的,给予降级、撤职、开除的行政处分。

【例2·多选】授意、指使、强令会计机构、会计人员及其他人员伪造、变造会计凭证,会计账簿,编制虚假财务会计报告或者隐匿、故意销毁依法应当保存的会计凭证、会计账簿、财务会计报告行为的法律责任,属于国家工作人员的,应当由其所在的单位或者有关单位依法给予(　　)的行政处分。

A.降级　　　　B.撤职　　　　C.开除　　　　D.罚款

【答案】ABC

五、单位负责人对依法履行职责、抵制违反《中华人民共和国会计法》规定行为的会计人员实行打击报复的法律责任

对会计人员实行打击报复的,情节恶劣的,处3年以下有期徒刑或者拘役,依法追究刑事责任。

不构成犯罪的,由其所在单位或有关单位依法给予行政处分。对受打击报复的会计人员恢复其名誉,恢复原有职务、级别。

六、财政部门及有关行政部门工作人员职务违法行为的法律责任

1.刑事责任

实施监督管理的工作人员滥用职权、玩忽职守、徇私舞弊或泄露国家秘密、商业秘密，构成犯罪的，依法追究刑事责任。

2. 行政处分

尚不构成犯罪的，依法给予行政处分。

【例3•多选】下列各项中，属于隐匿或者故意销毁依法应当保存的会计凭证、会计账簿、财务会计报告，情节严重的犯罪人可能承担的法律责任有（　　）。

A. 5年以下有期徒刑

B. 2万元以上20万元以下罚金

C. 拘役

D. 2 000元以上2万元以下的罚款

【答案】ABC

【解析】根据《中华人民共和国刑法》第一百六十二条第二款的规定，隐匿或者故意销毁依法应当保存的会计凭证、会计账簿、财务会计报告，情节严重的，处5年以下有期徒刑或者拘役，并处或者单处2万元以上20万元以下罚金。单位犯前款罪的，对单位判处罚金，并对其直接负责的主管人员和其他直接责任人员，依照前款的规定处罚。

【例4•不定项】2018年4月，某国有企业的会计工作发生以下情况：

（1）厂长李某将朋友的女儿张某调入该厂会计科担任出纳，兼管稽核、会计档案保管和债权债务账目的登记工作。

（2）该厂档案科组织销毁会计档案，其中有部分是保管期满但未结清的债权债务会计凭证。

（3）任命王某为会计机构负责人。

（4）企业负责人召集本单位的会计工作人员，对上年度的财务支出流水账、凭证等会计资料进行审核，确认无误后，将余额转到新账簿上，并指使会计工作人员将审核过的会计资料予以销毁。

要求：根据上述资料，分析回答下列问题。

1. 将张某调入该厂会计科任出纳的事项中违反会计法律制度规定的是（　　）。

A. 张某与厂长李某有密切关系，是其朋友的女儿

B. 张某既担任出纳又兼管稽核工作

C. 张某既担任出纳又兼管会计档案保管

D. 张某既担任出纳又兼管债权债务账目

【答案】BCD

【解析】（1）选项A，"朋友的女儿"不属于回避范围；（2）选项BCD，出纳人员不得兼任稽核、会计档案保管和收入、支出、费用、债权债务账目的登记工作。

2. 有关该厂档案科销毁会计档案的事项，下列说法正确的是（　　）。

A. 销毁会计档案时，应当编制会计档案销毁清册
B. 销毁会计档案时，应当与会计管理机构共同派员监销
C. 会计档案中保管期满但未结清的债权债务会计凭证不得销毁
D. 会计档案销毁清册无须经单位负责人签署意见

【答案】ABC

【解析】单位负责人、档案管理机构负责人、会计管理机构负责人、档案管理机构经办人应当在会计档案销毁清册上签署意见。

3. 有关王某是否具备担任会计机构负责人的资格，下列说法符合会计法律制度规定的是（　　）。

A. 王某应当具备注册会计师资格
B. 王某应当具备会计师以上专业技术职务资格
C. 王某应当具备会计师以上专业技术职务资格或者从事会计工作3年以上经历
D. 王某应当具备会计师以上专业技术职务资格或者从事会计工作5年以上经历

【答案】C

【解析】担任单位会计机构负责人（会计主管人员）的，应当具备会计师以上专业技术职务资格或者从事会计工作3年以上经历。

4. 对于该国有企业负责人指使会计工作人员故意销毁会计凭证、会计账簿等会计资料的行为，如果不构成犯罪，应由县级以上人民政府财政部门对其处以（　　）的罚款。

A. 3 000元以上5万元以下
B. 5 000元以上5万元以下
C. 5 000元以上10万元以下
D. 1万元以上10万元以下

【答案】B

第三章　支付结算法律制度

第一节　支付结算概述

一、支付结算的概念

支付结算是指单位、个人在社会经济活动中使用票据、银行卡和汇兑、托收承付、委托收款等结算方式进行货币给付及其资金清算的行为。

银行是支付结算和资金清算的中介机构。

二、支付结算的工具

我国目前使用的人民币非现金支付工具主要有"三票一卡"（汇票、本票、支票、银行卡）、结算方式（汇兑、托收承付和委托收款）、网上银行、第三方支付以及预付卡和国内信用证等。

【例1·多选】根据支付结算法律制度的规定，下列非现金支付工具中，属于结算方式的有（　　）。（2015年）
A.票据　　　　　　B.银行卡　　　　　　C.汇兑　　　　　　D.委托收款
【答案】CD

三、支付结算的原则

恪守信用，履约付款原则；谁的钱进谁的账，由谁支配原则；银行不垫款原则。
【记忆口诀】"款谁垫"。

【例2·判断】付款人账户内资金不足的，银行应当为付款人垫付资金。（　　）
【答案】×
【解析】付款人账户内资金不足的，银行没有为付款人垫付资金的义务。

四、支付结算的基本要求

单位、个人和银行办理支付结算，必须使用按中国人民银行统一规定印制的票据凭证和结算凭证。

单位、个人和银行应当按照规定开立、使用账户。

票据和结算凭证上的签章和其他记载事项应当真实，不得伪造、变造。

伪造：指无权限人假冒他人或虚构他人名义签章的行为。（无中生有）

变造：指无权更改票据内容的人，对票据上签章以外的记载事项加以改变的行为。（篡改事实）

出票金额、出票日期、收款人名称不得更改，更改的票据无效；更改的结算凭证，银行不予受理。

填写各种票据和结算凭证应当规范。票据和结算凭证填写要求见下表。

填写内容	填写要求
1.签章	单位、银行在票据上的签章和单位在结算凭证上的签章，为该单位、银行的盖章加其法定代表人（或其授权的代理人）的签名或者盖章
	个人在票据和结算凭证上的签章，为该个人本人的签名或盖章
2.收款人名称	单位和银行的名称应当记载全称或者规范化简称
3.出票日期	出票日期必须使用中文大写：汉语规律，数字构成，防止涂改 【注意】填写月、日时，月为"壹"、"贰"和"壹拾"的，日为"壹"至"玖"和"壹拾"、"贰拾"、"叁拾"的，应当在其前加"零"；日为"拾壹"至"拾玖"的，应当在其前加"壹"
4.金额	（1）票据和结算凭证金额以中文大写和阿拉伯数码同时记载，二者必须一致 （2）二者不一致的票据无效，二者不一致的结算凭证银行不予受理

【例3·单选】某票据的出票日期为"2013年7月15日"，其规范写法是（　　）。
A.贰零壹叁年零柒月壹拾伍日　　　　B.贰零壹叁年柒月壹拾伍日
C.贰零壹叁年零柒月拾伍日　　　　　D.贰零壹叁年柒月拾伍日
【答案】B
【解析】（1）月为"壹"、"贰"和"壹拾"的，应当在其前加"零"；（2）日为"壹"至"玖"和"壹拾"、"贰拾"、"叁拾"的，应当在其前加"零"；（3）日为"拾壹"至"拾玖"的，应当在其前加"壹"。

【例4·判断】办理支付结算时，单位和银行的名称应当记载全称或者规范化简称。（　　）（2015年）
【答案】√

第二节　银行结算账户

一、银行结算账户的概念和种类

银行结算账户是指银行为存款人开立的办理资金收付结算的活期存款账户。

银行结算账户按存款人不同分为单位银行结算账户和个人银行结算账户。

单位银行结算账户按用途分为基本存款账户、一般存款账户、专用存款账户、临时存款账户。

个人银行账户分为Ⅰ类银行账户、Ⅱ类银行账户和Ⅲ类银行账户。

二、银行结算账户的开立、变更和撤销

(一) 银行结算账户的开立

存款人应在注册地或住所地开立银行结算账户。符合异地开户条件的,也可以在异地开立银行结算账户。

存款人开立单位银行结算账户,自正式开立之日起 3 个工作日后,方可使用该账户办理付款业务。但注册验资的临时存款账户转为基本存款账户和因借款转存开立的一般存款账户除外。

1.核准类账户	正式开立之日是指中国人民银行当地分支行的核准日期	中国人民银行当地分支行应于2个工作日内对开户银行报送的核准类账户的开户资料的合规性予以审核。符合开户条件的,予以核准,颁发开户许可证;不符合的,应在开户申请书上签署意见,连同有关证明文件一并退回报送银行,由报送银行转送存款人	(1) 基本存款账户 (2) 临时存款账户(因注册验资和增资验资开立的除外) (3) 预算单位专用存款账户 (4) QFII专用存款账户
2.备案类账户	正式开立之日是指银行为存款人办理开户手续的日期	符合开户条件的,开户行应办理开户手续,并于开户之日起5个工作日内向中国人民银行当地分支行备案	(1) 一般存款账户 (2) 个人银行结算账户 (3) 其他专用存款账户

开立银行结算账户时,银行应与存款人签订银行结算账户管理协议。

对存在法定代表人或者负责人对单位经营规模及业务背景等情况不清楚、注册地和经营地均在异地等情况的单位,银行应当与其法定代表人或者负责人面签银行结算账户管理协议,并留存视频、音频资料等,开户初期原则上不开通非柜面业务,待后续了解后审慎开通。

银行为存款人开通非柜面转账业务时,双方应签订协议,约定非柜面渠道向非同名银行账户和支付账户转账的日累计限额、笔数和年累计限额,超过限额和笔数的,应到银行柜面办理。

银行应建立存款人预留签章卡片,并将签章式样和有关证明文件的原件或复印件留存归档。

存款人	预留签章
单位	单位的公章或财务专用章加其法定代表人(单位负责人)或其授权的代理人的签名或者盖章
个人	个人的签名或者盖章

【例1·判断】因借款转存开立的一般存款账户,自开立之日起 3 个工作日后方可办理付款业务。(   )(2017 年)

【答案】×

【解析】存款人开立单位银行结算账户,自正式开立之日起 3 个工作日后,方可使用该账户办理付款业务;但是,注册验资的临时存款账户转为基本存款账户、因借款转存开立的一般存款账户除外。

【例2·判断】开户许可证是由中国人民银行依法准予申请人在银行开立核准类银行结算账户的行政许可文件。（ ）（2018年）

【答案】√

【例3·单选】以下需要提交中国人民银行审核的账户有（ ）。（2018年）

A.个人银行结算账户Ⅰ类　　　　　B.公安局专用存款账户
C.公司开立临时存款账户　　　　　D.公司开立一般存款账户

【答案】C

【解析】需要中国人民银行核准的账户包括基本存款账户、临时存款账户（因注册验资和增资开立的除外）、预算单位专用存款账户和合格境外机构投资者在境内从事证券投资开立的人民币特殊账户和人民币结算资金账户。

（二）银行结算账户的变更

变更是指存款人的账户信息资料发生变化或改变。

存款人变更账户名称、单位的法定代表人或主要负责人、地址等其他开户资料后，应及时向开户银行办理变更手续，填写变更银行结算账户申请书。

属于申请变更单位银行结算账户的，应加盖单位公章和法定代表人（单位负责人）或其授权代理人签名或盖章；属于申请变更个人银行结算账户的，应加盖其个人签章；属于变更开户许可证记账事项的，存款人办理变更手续时，应交回开户许可证，由中国人民银行当地分支行换发新的开户许可证。

存款人更改账户名称但不改变开户银行及账号的，应于5个工作日内向开户银行提出银行结算账户的变更申请，并出具有关部门的证明文件。

单位的法定代表人或主要负责人、住址以及其他开户资料发生变更时，应于5个工作日内书面通知开户银行并提供有关证明。

【例4·多选】根据支付结算法律制度的规定，关于单位存款人申请变更预留银行的单位财务专用章的下列表述中，正确的有（ ）。（2014年、2016年）

A.需提供原预留的单位财务专用章
B.需提供单位书面申请
C.需重新开立单位存款账户
D.可由法定代表人直接办理，也可授权他人办理

【答案】ABD

【解析】（1）选项AB，更换预留公章或财务专用章时，应向开户银行出具书面申请、原预留公章或财务专用章等相关证明文件。（2）选项C，申请更换单位预留签章的，无需重新开立单位存款账户。（3）选项D，单位存款人申请变更预留公章或财务专用章，可由法定代表人或单位负责人直接办理，也可授权他人办理。

(三)银行结算账户的撤销

存款人撤销银行结算账户,必须与开户银行核对银行结算账户存款余额,交回各种重要空白票据及结算凭证和开户许可证,银行核对无误后方可办理销户手续。存款人尚未清偿其开户银行债务的,不得申请撤销该银行结算账户。

拥有多个银行结算账户的,应先撤销一般存款账户、专用存款账户、临时存款账户,将账户资金转入基本存款账户后,方可办理基本存款账户的撤销。

银行在收到存款人撤销银行结算账户申请后,对于符合销户条件的,应当在2个工作日内办理撤销手续。

存款人应提出撤销账户申请情形	存款人	银行
1.被撤并、解散、宣告破产或关闭的	应于5个工作日内向开户银行提出撤销银行结算账户的申请	得知存款人有此情形的,存款人超过规定期限未主动办理撤销银行结算账户手续的,银行有权停止其银行结算账户的对外支付
2.注销、被吊销营业执照的		
3.因迁址需要变更开户银行的	申请撤销基本存款账户后,需要重新开立基本存款账户的,应当在撤销原基本存款账户后10日内申请重新开立基本存款账户	—
4.其他原因需要撤销银行结算账户的		

对于按照账户管理规定应撤销而未办理销户手续的单位银行结算账户,银行通知该单位银行结算账户的存款人自发出通知之日起30日内办理撤销账户手续,逾期视同自愿销户,未划转款项列入久悬未取专户管理。

【例5·多选】甲公司在P银行开立基本存款账户,在Q银行开立一般存款账户。因公司注销,甲公司法定代表人李某拟办理的下列银行结算账户撤销手续中,正确的有( )。

A. 李某向P银行交回开户许可证
B. 李某先向P银行申请撤销基本存款账户,再向Q银行申请撤销一般存款账户
C. 李某在P银行填写的撤销银行结算账户申请书上,加盖财务专用章和李某的个人名章
D. 李某分别向P银行和Q银行交回空白票据

【答案】AD
【解析】选项B,撤销银行结算账户时,应先撤销一般存款账户、专用存款账户、临时存款账户,将账户资金转入基本存款账户后,方可办理基本存款账户的撤销。选项C,属于申请撤销单位银行结算账户的,应加盖单位公章和法定代表人(单位负责人)或其受理人的签名或盖章。

三、各类银行结算账户的开立和使用

(一) 基本存款账户

1. 基本存款账户概念及使用

(1) 概念：是存款人因办理日常转账结算和现金收付需要开立的银行结算账户。

存款人	企业法人；非法人企业；机关、事业单位；个体工商户
	团级（含）以上军队、武警部队及分散执勤的支（分）队
	社会团体；民办非企业组织；异地常设机构；外国驻华机构
	居民委员会、村民委员会、社区委员会
	单位设立的独立核算的附属机构，包括食堂、招待所、幼儿园
	其他组织（如业主委员会、村民小组等）

(2) 使用：基本存款账户是存款人的主办账户，一个单位只能开立一个基本存款账户。存款人日常经营活动的资金收付以及工资、奖金和现金的支取，应通过该账户办理。

【例6·判断】个体工商户可以开立基本存款账户。（　）（2018年）
【答案】√

【例7·单选】根据支付结算法律制度的规定，关于基本存款账户的下列表述中，不正确的是（　）。（2017年）
A. 基本存款账户可以办理现金支取业务
B. 一个单位只能开立一个基本存款账户
C. 单位设立的独立核算的附属机构不得开立基本存款账户
D. 基本存款账户是存款人的主办账户
【答案】C
【解析】单位设立的独立核算的附属机构，包括食堂、招待所、幼儿园，可以申请开立基本存款账户。

2. 开户证明文件（以企业法人为例）

(1) 企业法人营业执照正本。
(2) 法定代表人身份证件。
(3) 法定代表人授权书、代办人员身份证件（如果委托办理）。

(二) 一般存款账户

1. 一般存款账户的概念及使用

(1) 概念：是存款人因借款或其他结算需要，在基本存款账户开户银行以外的银行营业机构开立的银行结算账户。

(2) 使用：
①办理存款人借款转存、借款归还和其他结算的资金收付。

②可以办理现金缴存，但不得办理现金支取。
③没有数量限制，但须在基本存款账户开户行以外的银行营业机构开立。

2. 开户证明文件

（1）基本存款账户开户许可证。
（2）开立基本存款账户规定的证明文件。
（3）其他相关证明文件：
①存款人因向银行借款需要：出具借款合同。
②存款人因其他结算需要：出具有关证明。

（三）专用存款账户

1. 专用存款账户的概念及使用

（1）概念：是存款人按照法律、行政法规和规章，对其特定用途资金进行专项管理和使用而开立的银行结算账户。

（2）使用：

专用存款账户	使用要求
单位银行卡账户的资金（备用金）	由基本存款账户转账存入，不得办理现金收付业务
证券交易结算资金；期货交易保证金；信托基金	不得支取现金
基本建设资金；更新改造资金；政策性房地产开发资金	需要支取现金的，应在开户时报中国人民银行当地分支行批准
粮、棉、油收购资金；社会保障基金；住房基金；党、团、工会等专用存款账户	对应专用存款账户支取现金应按照国家现金管理的规定办理
收入汇缴资金	除向其基本存款账户或者预算外资金财政专用存款账户划缴款项外，只收不付，不得支取现金
业务支出资金	除从其基本存款账户拨入款项外，只付不收，其现金支取必须按照国家现金管理的规定办理

2. 开户证明文件

存款人申请开立专用存款账户，应向银行出具其开立基本存款账户规定的证明文件、基本存款账户开户许可和其他相关证明文件。

专用存款账户	应出具其他相关证明文件
基本建设资金、更新改造资金、政策性房地产开发资金、社会保障基金、住房基金	主管部门批文
粮、棉、油收购资金	
证券交易结算资金	证券公司或证券管理部门的证明
期货交易保证金	期货公司或期货管理部门的证明
单位银行卡账户的资金（备用金）	按照中国人民银行批准的银行卡章程的规定出具有关证明和资料
收入汇缴资金和业务支出资金	基本存款账户存款人有关的证明
党、团、工会设在单位的组织机构经费	该单位或有关部门的批文或证明
其他按规定需要专项管理和使用的资金	有关法规、规章或者政府部门的有关文件

【注意】对于合格境外机构投资者在境内从事证券投资开立的人民币特殊账户和人民币结算资金账户,均纳入专用存款账户管理(QFII专用存款账户)。其开立人民币特殊账户时应出具国家外汇管理部门的批复文件;开立人民币结算资金账户时,应出具证券管理部门的证券投资业务许可证。

(四)预算单位零余额账户

预算单位使用财政性资金,应当按照规定的程序和要求,向财政部门提出设立零余额账户的申请,财政部门审核同意后通知代理银行。

预算单位零余额账户用于财政授权支付,可以办理转账、提取现金等结算业务,可以向本单位按账户管理规定保留的相应账户划拨工会经费、住房公积金及提租补贴,以及财政部门批准的特殊款项,不得违反规定向本单位其他账户和上级主管单位、所属下级单位账户划拨资金。

一个基层预算单位开设一个零余额账户。

【例8·单选】根据支付结算法律制度的规定,下列关于预算单位零余额账户使用的表述中,正确的是( )。(2014年)

A. 不得支取现金
B. 可以向所属下级单位账户划拨资金
C. 可以向上级主管单位账户划拨资金
D. 可以向本单位按账户管理规定保留的相应账户划拨工会经费

【答案】D

【例9·单选】根据支付结算法律制度的规定,预算单位应向( )申请开立零余额账户。

A. 中国人民银行   B. 财政部门
C. 上级主管部门   D. 社保部门

【答案】B

【解析】预算单位使用财政性资金,应当按照规定的程序和要求,向财政部门提出设立零余额账户的申请,财政部门审核同意后通知代理银行。

(五)临时存款账户

1. 临时存款账户的概念

临时存款账户是指存款人因临时需要并且在规定期限内使用而开立的银行结算账户。

2. 临时存款账户的使用

(1)临时存款账户用于办理临时机构以及存款人临时经营活动发生的资金收付,适用范围如下:

①设立临时机构。例如工程指挥部、筹备领导小组、摄制组等。
②异地临时经营活动。例如建筑施工及安装单位等在异地的临时经营活动。
③注册验资、增资。

④军队、武警单位承担基本建设，或者异地执行作战、演习、抢险救灾、应对突发事件等临时任务。

（2）临时存款账户应根据有关开户文件确定的期限或存款人的需要确定其有效期限，最长不得超过2年。

（3）支取现金应按照国家现金管理的规定办理，但注册验资的临时存款账户在验资期间只收不付。

3.开户证明文件

除设立临时机构、境外机构在境内从事临时经营、武警临时任务和注册验资外，开立临时存款账户须出具基本存款账户开户许可证。

【例10·单选】根据支付结算法律制度的规定，企业临时到外地进行摄影3个月，可以开设的账户为（　　）。（2016年）

A.专用存款账户　　　　　　B.基本存款账户
C.一般存款账户　　　　　　D.临时存款账户

【答案】D

【解析】设立临时机构，例如工程指挥部、筹备领导小组、摄制组等，因临时需要并在规定期限内使用，可以申请开立临时存款账户。

（六）个人银行结算账户

1.个人银行结算账户的概念

个人银行结算账户是指存款人因投资、消费、结算等需要而凭个人身份证件以自然人名称开立的银行结算账户。

个人银行账户分为Ⅰ类银行户、Ⅱ类银行户和Ⅲ类银行户（以下分别简称Ⅰ类户、Ⅱ类户和Ⅲ类户）。

种类		Ⅰ类户	Ⅱ类户	Ⅲ类户
银行可提供的主要服务种类		（1）存款 （2）购买投资理财产品等金融产品 （3）转账 （4）消费和缴费支付 （5）支取现金	（1）存款 （2）购买投资理财产品等金融产品 （3）限额消费和缴费 （4）限额向非绑定账户转出资金 （5）支取现金 （6）日累计额1万元、年累计额20万元的非绑定账户转入资金、存入现金	（1）消费和缴费 （2）向非绑定账户转出资金 （3）非绑定账户资金转入 【注意】（1）、（2）日累计限额合计5 000元，年累计限额合计10万元，（3）日累计额为5 000元、年累计限额为10万元
开户方式	柜面开户	√	√	√
	自助机具开户	银行工作人员现场核验开户申请人身份信息，则可开立Ⅰ类户	银行工作人员未现场核验开户申请人身份信息的，银行可为其开立Ⅱ类户和Ⅲ类户	
	电子渠道开户	×	√	√

【注意1】银行通过电子渠道非面对面为个人开立Ⅱ类户或Ⅲ类户时,应当向绑定账户开户行验证Ⅱ类户或Ⅲ类户与绑定账户为同一人开立,绑定账户为本人Ⅰ类户或者信用卡账户,不得绑定非银行支付机构开立的支付账户进行身份验证。

【注意2】通过电子渠道开户时,银行应当要求开户申请人登记验证的手机号码与绑定账户使用的手机号码保持一致。

【例11·判断】通过手机银行受理个人银行账户开户申请的,可开立Ⅱ类账户。( )
【答案】√

2. 代理开户

(1) 开户申请人开立个人银行账户或者办理其他个人银行账户业务,原则上应当由开户申请人本人亲自办理;符合条件的,可以由他人代理办理。

(2) 由他人代理开户:他人代理开立个人银行账户的,代理人应出具代理人、被代理人的有效身份证件以及合法的委托书等。银行认为有必要的,应出具证明代理关系的公证书。

(3) 所在单位代理开户:

①存款人开立代发工资、教育、社会保障(如社保、医保、军保)、公共管理(如公共事业、拆迁、捐助、助农扶农)等特殊用途个人银行账户时,可由所在单位代理办理。

②单位代理个人开立银行账户的,应提供单位证明资料、被代理人有效身份证件的复印件或影印件。

③单位代理开立的个人银行账户,在被代理人持本人有效身份证件到开户银行办理身份确认、密码设(重)置等激活手续前,该银行账户只收不付。

3. 开户证明文件

根据个人银行账户实名制的要求,存款人申请开立个人银行账户时,应向银行出具本人有效身份证件,银行通过有效身份证件仍无法准确判断开户申请人身份的,应要求其出具辅助身份证明材料。

4. 个人银行结算账户的使用

(1) 用于办理个人转账收付和现金存取。下列款项可以转入个人银行结算账户:①工资、奖金收入;②稿费、演出费等劳务收入;③债券、期货、信托等投资的本金和收益;④个人债权或产权转让收益;⑤个人贷款转存;⑥证券交易结算资金和期货交易保证金;⑦继承、赠与款项;⑧保险理赔、保费退还等款项;⑨纳税退还;⑩农、副、矿产品销售收入;⑪其他合法款项。

(2) 单位从其银行结算账户支付给个人银行结算账户的款项,每笔超过5万元(不包含5万元)的,应向其开户银行提供相关的付款依据。付款单位若在付款用途栏或备注栏注明事由,可不再另行出具付款依据,但付款单位应对支付款项事由的真实性、合法性负责。

(3) 当个人持出票人为单位的支票向开户银行委托收款,将款项转入其个人银行结算账户的,或个人持申请人为单位的银行汇票和银行本票向开户银行提示付款,将款项转入其个人银行结算账户的,个人应当出具有关收款依据。存款人应对其提供的收款依据或付款依据的正确性、合法性负责。

【例12·单选】根据支付结算法律制度的规定,下列款项不可以转入个人人民币银行结算账户的是( )。(2013年、2014年)

A.工资、奖金收入　　　　　　B.个人投资股票所得
C.持有的外币　　　　　　　　D.纳税退还

【答案】C

【解析】个人银行结算账户包括人民币账户和外币账户,个人持有的外币可以存入其外币账户,而不能存入其人民币账户。

(七)异地银行结算账户

1.异地银行结算账户的概念

异地银行结算账户是指存款人在其注册地或住所地行政区域之外(跨省、市、县)开立的银行结算账户。

2.适用范围

(1)营业执照注册地与经营地不在同一行政区域(跨省、市、县)需要开立基本存款账户的。

(2)办理异地借款和其他结算需要开立一般存款账户的。

(3)存款人因附属的非独立核算单位或派出机构发生的收入汇缴或业务支出需要开立专用存款账户的。

(4)异地临时经营活动需要开立临时存款账户的。

(5)自然人根据需要在异地开立个人银行结算账户的。

3.开户证明文件

(1)存款人需要在异地开立单位银行结算账户,除出具开立基本存款账户、一般存款账户、专用存款账户和临时存款账户规定的有关证明文件和基本存款账户开户许可证外,还应当出具下列相应的证明文件:①异地借款的存款人在异地开立一般存款账户的,应出具在异地取得贷款的借款合同;②因经营需要在异地办理收入汇缴和业务支出的存款人在异地开立专用存款账户的,应出具隶属单位的证明。

(2)存款人需要在异地开立个人银行结算账户,应出具在住所地开立账户所需的证明文件。

【例13·不定项】甲公司于2013年1月7日成立,王某为法定代表人。2013年1月10日,甲公司因办理日常结算需要,在P银行开立了基本存款账户。2015年2月10日,甲公司因资金需求,在Q银行借款300万元,开立了一般存款账户。2016年5月19日,甲公司因被吊销营业执照而撤销其基本存款账户。已知:甲公司只有上述两个银行结算账户。

要求：根据上述资料，不考虑其他因素，分别回答下列小题。

1. 甲公司在P银行开立基本存款账户应出具的证明文件是（   ）。

A. 企业法人营业执照正本

B. 财政部门同意其开户的证明

C. 甲公司章程

D. 政府主管部门的批文

【答案】A

【解析】一般生产经营性单位申请开立基本存款账户的，需要提供营业执照正本、法定代表人身份证件以及法定代表人授权书、代办人员身份证件（如果委托办理）。

2. 甲公司在P银行预留的签章可以是（   ）。

A. 甲公司发票专用章加王某的签名

B. 甲公司财务专用章加王某的个人名章

C. 甲公司合同专用章加王某的个人名章

D. 甲公司单位公章加王某的签名

【答案】BD

【解析】存款人为单位的，其预留签章为该单位的公章或财务专用章加其法定代表人（单位负责人）或其授权的代理人的签名或者盖章。

3. 甲公司在Q银行开立的一般存款账户可以办理的业务是（   ）。

A. 缴存现金5万元　　　　　　　B. 归还借款100万元

C. 转存借款300万元　　　　　　D. 支取现金10万元

【答案】ABC

【解析】（1）选项BC，一般存款账户用于办理存款人借款转存、借款归还和其他结算的资金收付；（2）选项AD，一般存款账户可以办理现金缴存，但不得办理现金支取。

4. 关于甲公司撤销其基本存款账户的下列表述中，符合法律规定的是（   ）。

A. 应清偿在Q银行的债务，并将在Q银行的账户资金转入基本存款账户

B. 应与P银行核对该基本存款账户存款余额

C. 应先撤销在Q银行开立的一般存款账户

D. 应将各种重要空白票据、结算凭证和开户许可证文件交回银行

【答案】ABCD

【解析】（1）选项AC，撤销银行结算账户时，应先撤销一般存款账户、专用存款账户、临时存款账户，将账户资金转入基本存款账户后，方可办理基本存款账户的撤销；（2）选项BD，存款人撤销银行结算账户，必须与开户银行核对银行结算账户存款余额，交回各种重要空白票据及结算凭证和开户许可证，银行核对无误后方可办理销户手续。

四、银行结算账户的管理

（一）银行结算账户的实名制管理

存款人应以实名开立银行结算账户，并对其出具的开户（变更、撤销）申请资料实质内容的真实性负责，法律、行政法规另有规定的除外。

存款人应按照账户管理规定使用银行结算账户办理结算业务，不得出租、出借银行结算账户，不得利用银行结算账户套取信用或进行洗钱活动。

（二）银行结算账户的对账管理

银行结算账户的存款人应与银行按规定核对账务。存款人收到对账单或对账信息后，应及时核对账务并在规定期限内向银行发出对账回单或确认信息。

第三节　票据

一、票据的概念与特征

（一）票据的含义和种类

票据是指由出票人签发的、约定自己或者委托付款人在见票时或指定的日期向收款人或持票人无条件支付一定金额的有价证券。包括汇票、银行本票和支票。

（二）票据当事人

票据当事人是指在票据法律关系中，享有票据权利、承担票据义务的主体。

票据当事人分为基本当事人和非基本当事人。

票据当事人	含义	具体包括
基本当事人	票据作成和交付时就已经存在的当事人	出票人、付款人和收款人
非基本当事人	票据作成并交付后，通过一定的票据行为加入票据关系的当事人	承兑人、背书人、保证人等

（三）票据的特征和功能

1. 票据的特征

票据的特征	含义
完全有价证券	票据权利完全证券化，与票据本身融为一体
文义证券	票据上的一切票据权利义务必须严格依照票据记载的文义而定，文义之外的任何理由、事项均不得作为依据，即使文义记载有错，也不得用票据之外的其他证明方法变更和补充
无因证券	票据如果符合《票据法》规定的条件，票据权利就成立，持票人不必证明取得票据的原因，仅以票据文义请求履行票据权利

续表

票据的特征	含义
金钱债权证券	票据上体现的权利性质是财产权,财产权的内容是请求支付一定的金钱而不是物品
要式证券	票据的制作、形式、文义都有规定的格式和要求,必须符合《票据法》的规定
流通证券	票据可以流通转让且无须通知债务人,通过背书行为直接转让

2.票据的功能

票据的功能	含义
支付功能	票据可以充当支付工具,代替现金使用
汇兑功能	票据可以代替货币在不同地方之间运送,方便异地之间的支付
信用功能	票据当事人可以凭借自己的信誉,将未来获得的金钱作为现在的金钱来使用
结算功能	债务抵销功能
融资功能	通过票据的贴现、转贴现和再贴现实现其融资功能

二、票据权利与责任

（一）票据权利的概念和分类

票据权利是指票据持票人向票据债务人请求支付票据金额的权利,包括付款请求权和追索权。

付款请求权,是指持票人向汇票的承兑人（付款人）、本票的出票人（付款人）、支票的付款人出示票据要求付款的权利。行使付款请求权的当事人可以是票据记载的收款人或者最后被背书人。

行使追索权的当事人除票据记载的收款人和最后被背书人之外,还可能是代为清偿票据债务的保证人、背书人。

（二）票据权利的取得

1.基本规定

签发、取得和转让票据,应当遵守诚实信用的原则,具有真实的交易关系和债权债务关系。票据的取得,必须给付对价。因税收、继承、赠与可以依法无偿取得的票据,则不受给付对价的限制,但是所享有的票据权利不得优于其前手的权利。

2.取得票据享有票据权利的情形

（1）依法接受出票人签发的票据。

（2）依法接受背书转让的票据。

（3）因税收、继承、赠与可以依法无偿取得的票据。

3.取得票据不享有票据权利的情形

（1）以欺诈、偷盗或者胁迫等手段取得票据的,或者明知有上述情形,出于恶意取得票据的。

（2）持票人因重大过失取得不符合《中华人民共和国票据法》规定的票据的。

【例1·单选】张某因采购货物签发一张票据给王某，胡某从王某处窃取该票据，陈某明知胡某系窃取所得但仍受让该票据，并将其赠与不知情的黄某。下列取得票据的当事人中，享有票据权利的是（　　）。（2016年）

A.王某　　　　B.胡某　　　　C.陈某　　　　D.黄某

【答案】A

【解析】（1）以欺诈、偷盗或者胁迫等手段取得票据的，或者明知有上述情形，出于恶意取得票据的，不享有票据权利，故胡某、陈某均不享有票据权利；（2）因税收、继承、赠与可以依法无偿取得的票据，其所享有的票据权利不得优于其前手的权利，黄某虽是善意不知情，其票据权利不优于其前手陈某，故不享有票据权；（3）王某依法从张某处取得票据，因此享有票据权利的是王某。

（三）票据权利的行使与保全

票据权利的行使是指持票人请求票据的付款人支付票据金额的行为。

票据权利的保全是指持票人为了防止票据权利的丧失而采取的措施，如按照规定期限提示付款承兑等。

票据权利的保全行为大都又是票据权利的行使行为。票据权利行使和保全的方法通常包括"按期提示"和"依法证明"。

（四）票据权利丧失补救

票据丧失是指票据因灭失、遗失、被盗等原因而使票据权利人脱离其对票据的占有。票据丧失后，可以采取挂失止付、公示催告和普通诉讼三种形式进行补救。

1.挂失止付

（1）挂失止付是指失票人将丧失票据的情况通知付款人或代理付款人，由接受通知的付款人或代理付款人审查后暂停支付的一种方式。这不是票据丧失后采取的必经措施，是一种暂时性的预防措施，最终要申请公示催告或提起普通诉讼。

（2）适用挂失止付：确定付款人或代理付款人的票据。具体如下：①已承兑的商业汇票；②支票；③填明现金字样和代理付款人的银行汇票；④填明现金字样的银行本票。

【例2·多选】根据支付结算法律制度的规定，下列选项所述票据丢失后，可以挂失止付的有（　　）。（2015年）

A.未承兑的商业汇票　　　　B.转账支票
C.现金支票　　　　　　　　D.填明"现金"字样的银行本票

【答案】BCD

【解析】只有确定付款人或者代理付款人的票据丧失时，才可进行挂失止付。具体包括：（1）已承兑的商业汇票；（2）支票(选项BC)；（3）填明"现金"字样和代理付款人的银行汇票；（4）填明"现金"字样的银行本票(选项D)。

2. 公示催告

（1）公示催告是指票据丧失后由失票人向人民法院提出申请，请求人民法院以公告方式通知不确定的利害关系人限期申报权利，逾期未申报者，则权利失效，而由法院通过除权判决宣告所丧失的票据无效的制度或程序。

【注意】如果与票据上的权利有利害关系的人是明确的，无需公示催告，可按一般的票据纠纷向法院提起诉讼。

（2）失票人应当在通知挂失止付后的3日，也可以在票据丧失后，依法向票据支付地人民法院申请公示催告。申请公示催告的主体必须是可以背书转让票据的最后持票人。

（3）公示催告期间：国内票据自公告发布之日起60日，涉外票据可根据具体情况适当延长，但最长不得超过90日。

（4）在公示催告期间，以公示催告的票据贴现、质押，因贴现、质押而接受该票据的持票人主张票据权利的，人民法院不予支持。在公示催告期间，转让票据权利的行为无效。

3. 普通诉讼

普通诉讼是指以失票人为原告，以承兑人或者出票人为被告，请求人民法院判决其向失票人付款的诉讼活动。

（五）票据权利时效

持票人对票据的出票人和承兑人的权利自票据到期日起2年。见票即付的汇票、本票自出票日起2年。

持票人对支票出票人的权利（包括付款请求权和追索权），自出票日起6个月。

持票人对前手的追索权，自被拒绝承兑或者被拒绝付款之日起6个月。

持票人对前手的再追索权，自清偿日或者被提起诉讼之日起3个月。

票据	对象	起算点	时间
商业汇票（远期）	出票人、承兑人	到期日	2年
银行汇票、本票、商业汇票（近期）	出票人	出票日	2年
支票	出票人	出票日	6个月
追索权	前手(不包出票人、承兑人)	被拒绝承兑或被拒绝付款日	6个月
再追索权	前手(不包出票人、承兑人)	清偿日或被提起诉讼日	3个月

（六）票据责任

票据责任是指票据债务人向持票人支付票据金额的义务。

票据债务人可以对不履行约定义务的与自己有直接债权债务关系的持票人进行抗辩。但不得以自己与出票人或者与持票人的前手之间的抗辩事由，对抗持票人，持票人明知存在抗辩事由而取得票据的除外。

【延伸】如果存在背书不连续等合理事由，票据债务人可以对票据债权人拒绝履行义务,这就是所谓的票据"抗辩"。

付款人依法足额付款后,全体票据债务人的责任解除。

三、票据行为

票据行为包括出票、背书、承兑和保证。

【例3·多选】根据支付结算法律制度的规定,下列各项中,属于票据行为的有( )。
  A.背书　　　　　B.付款　　　　　C.承兑　　　　　D.出票
【答案】ACD
【解析】票据行为包括出票、背书、承兑和保证。

(一)出票

1.出票的概念及基本要求

出票是指出票人签发票据并将其交付给收款人的票据行为。

出票人必须与付款人具有真实的委托付款关系,并且具有支付票据金额的可靠资金来源,不得签发无对价的票据用以骗取银行或者其他票据当事人的资金。

出票人签发票据后,即承担该票据承兑或付款的责任。

2.票据记载事项

票据记载事项一般分为必须记载事项、相对记载事项、任意记载事项和记载不产生《中华人民共和国票据法》(下简称《票据法》)上的效力的事项等。

记载事项	含义
(1)必须记载事项	是指《票据法》明文规定必须记载的,如不记载,则票据行为为无效的事项
(2)相对记载事项	是指除了必须记载事项外,《票据法》规定的其他应记载的事项,如未记载的,由法律另行规定予明确,票据仍然有效
(3)任意记载事项	是指《票据法》不强制必须记载的而允许当事人自行选择,不记载不影响票据效力,记载时则产生票据效力的事项
(4)非法定记载事项	是指除上述三种事项外,票据上还可记载的其他事项,但这些事项不产生票据效力,银行不负审查责任

(二)背书

1.概念

背书是在票据背面或粘单上记载有关事项并签章的行为。

【注意】粘单:票据凭证不能满足背书人记载事项的需要,可以加附粘单,粘附于票据凭证上;粘单上的第一记载人,应当在票据和粘单的粘接处签章。

【例4·单选】根据支付结算法律制度的规定,下列票据当事人中,应在票据和粘单的粘接处签章的是( )。(2015年、2016年)
  A.粘单上第一手背书的背书人
  B.票据上最后一手背书的背书人

C. 票据上第一手背书的背书人

D. 粘单上第一手背书的被背书人

【答案】A

2. 种类

以背书的目的为标准，将背书分为转让背书和非转让背书。

种类		内容
（1）转让背书		是指以转让票据权利为目的的背书
（2）非转让背书	①委托收款背书	a.委托收款背书应当记载委托收款字样、被背书人和背书人签章 b.被背书人有权代背书人行使被委托的票据权利，但不得再背书转让票据权利
	②质押背书	a.质押背书应当记载质押字样、质权人和出质人签章 b.被背书人依法实现其质权时，可以行使票据权利

3. 背书记载事项

记载事项	内容	规定
（1）必须记载事项	背书人签章	未记载或记载不符合规定的，背书无效
（2）相对记载事项	背书日期	未记载的，视为到期日前背书
（3）可以补记事项	被背书人名称	未记载被背书人名称，持票人在被背书人栏记载自己的名称与背书人记载具有"同等法律效力"

4. 背书效力

以背书转让的票据，背书应当连续。背书人以背书转让票据后，即承担保证其后手所持票据承兑和付款的责任。

【注意】背书连续：是指票据上第一背书人为票据收款人，最后持票人为最后背书的被背书人，中间的背书人为前手背书的被背书人。

5. 背书特别规定

背书	规定
（1）条件背书	背书附有条件的，所附条件不具有票据效力
（2）部分背书	将票据金额的一部分转让的背书或者将票据金额分别转让给两人以上的背书，部分背书无效
（3）限制背书	如果票据上记载了"不得转让"，此时票据不得转让
（4）期后背书	票据被拒绝承兑、被拒绝付款或者超过付款提示期限，不得背书转让；背书转让的，背书人应当承担票据责任

【注意】出票人或背书人记载"不得转让"字样。

（1）出票人记载"不得转让"字样	①不得背书 ②背书转让的，背书行为无效。背书人转让后的受让人不得享有票据权利，票据的出票人、承兑人对受让人不承担票据责任
（2）背书人记载"不得转让"字样	①背书行为有效 ②其后手再背书转让的，原背书人对后手的被背书人不承担保证责任

【例5·单选】根据支付结算法律制度的规定，关于票据背书效力的下列表述中，不正确的是（ ）。（2017年）

A. 背书人在票据上记载"不得转让"字样，其后手再背书转让的，原背书人对后手的被背书人不承担保证责任

B. 背书附有条件的，所附条件不具有票据上的效力

C. 背书人背书转让票据后，即承担保证其后手所得票据承兑和付款的责任

D. 背书未记载日期的，属于无效背书

【答案】D

【解析】选项D，背书未记载日期的，视为在票据到期日前背书。

(三) 承兑

1. 承兑的概念及效力

承兑是指汇票付款人承诺在汇票到期日支付汇票金额并签章的行为，仅适用于商业汇票。付款人承兑汇票，不得附有条件；承兑附有条件的，视为拒绝承兑。付款人承兑汇票后，应当承担到期付款的责任。

2. 承兑程序

承兑程序包括提示承兑、受理承兑、记载承兑事项等。

承兑程序	含义	规定
(1)提示承兑	是指持票人向付款人出示汇票，并要求付款人承诺付款的行为	①定日付款或者出票后定期付款的汇票：持票人应当在汇票到期日前向付款人提示承兑 ②见票后定期付款的汇票：持票人应当自出票日起1个月内向付款人提示承兑 ③汇票未按照规定期限提示承兑的，持票人丧失对其前手的追索权
(2)受理承兑	付款人收到持票人提示承兑的汇票时，应当向持票人签发收到汇票的回单	①回单应当记明汇票提示承兑的日期并签章 ②应当自收到提示承兑的汇票之日起3日内承兑或者拒绝承兑
(3)记载承兑事项	付款人承兑汇票时，应当在汇票正面记载"承兑"字样和承兑日期并签章	①见票后定期付款的汇票：应当在承兑时记载付款日期 ②汇票上未记载承兑日期的：应当以收到提示承兑的汇票3日内的最后一日为承兑日期

【例6·单选】根据支付结算法律制度的规定，下列票据中，必须向付款人提示承兑的是（ ）。（2015年）

A. 甲公司取得的由乙公司签发的一张支票

B. 丙公司取得的由P银行签发的一张银行本票

C. 丁公司取得的一张见票后定期付款的商业汇票

D. 戊公司取得的Q银行签发的一张银行汇票

【答案】C

【解析】承兑仅适用于商业汇票。但注意见票即付的商业汇票无需提示承兑。

(四)保证

1.保证的概念

保证是指票据债务人以外的人,为担保特定债务人履行票据债务而在票据上记载有关事项并签章的行为。

票据保证人为国家机关、以公益为目的的事业单位、社会团体、企业法人的分支机构和职能部门,票据保证无效。但经国务院批准为使用外国政府或者国际经济组织贷款进行转贷,国家机关提供票据保证的,以及企业法人的分支机构在法人书面授权范围内提供票据保证的除外。

2.保证的记载事项

记载事项	内容	规定
(1)必须记载事项	保证人签章、"保证"字样	未记载或记载不符合规定的,保证无效
(2)相对记载事项	①被保证人名称	未记载被保证人名称的: a.已承兑的票据,承兑人为保证人 b.未承兑的票据,出票人为被保证人
	②保证日期(未记载)	出票日为保证日期

3.保证效力

被保证的票据,保证人应当与被保证人对持票人承担连带责任。票据到期后得不到付款的,持票人有权向保证人请求付款,保证人应当足额付款。保证人为两人以上的,保证人之间承担连带责任。

保证人对合法取得票据的持票人所享有的票据权利,承担保证责任。但被保证人的债务因票据记载事项欠缺而无效的除外。

保证不得附有条件,附条件的保证,不影响对票据的保证责任。

保证人清偿票据债务后,可以行使持票人对被保证人及其前手的追索权。

【例7•多选】根据支付结算法律制度的规定,票据或者粘单未记载下列事项的,保证人仍需承担票据保证责任的有( )。(2015年)

A.保证人签章 B.保证日期
C.被保证人名称 D.保证人名称

【答案】BC

【解析】(1)选项AD,属于"必须记载事项",未记载的票据保证行为不成立,保证人无须承担票据保证责任;(2)选项BC,属于"相对记载事项",未记载的不影响票据保证行为的效力,保证人仍应承担票据保证责任。

【总结1】票据上"时间"未记载的效力。

(1) 出票时间未记载	票据无效
(2) 背书时间未记载	视为到期日前背书
(3) 承兑时间未记载	以承兑人收到提示承兑的汇票之日起3日内的最后一日为承兑日期
(4) 保证时间未记载	出票日期为保证日期
(5) 付款日期未记载	视为见票即付

【总结2】票据行为附有条件的效力。

(1) 出票附条件	票据无效
(2) 背书附条件	所附条件无效,背书有效
(3) 承兑附条件	视为拒绝承兑
(4) 保证附条件	所附条件无效,保证有效

四、票据追索

(一)票据追索情形

适用情形	含义
1. 到期后追索	是指票据到期后被拒绝付款的,持票人可以向出票人、背书人以及票据的其他债务人行使追索权
2. 到期前追索	是指票据到期日前,持票人对下列情形之一行使的追索: (1) 汇票被拒绝承兑 (2) 承兑人或付款人死亡、逃匿的 (3) 承兑人或付款人被依法宣告破产的 (4) 承兑人或付款人因违法被责令终止业务活动的

(二)被追索人的确定

持票人行使追索权,可以不按照票据债务人的先后顺序,对其中任何一人、数人或者全体行使追索权。持票人对票据债务人中的一人或者数人已经进行追索的,对其他票据债务人仍可以行使追索权。

【注意1】出票人、背书人、承兑人和保证人对持票人承担连带责任。

【注意2】追索的效力:被追索人依照规定清偿债务后,其责任解除,与持票人享有同一权利,可以向其他票据债务人行使再追索权。

(三)追索的内容

追索人	追索的内容
1. 持票人	(1) 被拒绝付款的票据金额 (2) 票据金额自到期日或者提示付款日起至清偿日止,按照中国人民银行规定的利率计算的利息 (3) 取得有关拒绝证明和发出通知书的费用
2. 依照规定清偿债务后的被追索人	(1) 已清偿的全部金额 (2) 前项金额自清偿日起至再追索清偿日止,按照中国人民银行规定的利率计算的利息 (3) 发出通知书的费用

【注意】

（1）被追索人清偿债务时，持票人应当交出票据和有关拒绝证明，并出具所收到利息和费用的收据。

（2）行使再追索权的被追索人获得清偿时，应当交出票据和有关拒绝证明，并出具所收到利息和费用的收据。

【例8·多选】根据支付结算法律制度的规定，下列各项中，票据持票人向票据债务人行使首次追索权，可以请求被追索人支付的金额和费用有（　　）。（2016年）

A. 因汇票资金到位不及时，给持票人造成的税收滞纳金损失

B. 取得有关拒绝证明和发出通知书的费用

C. 票据金额自到期日或者提示付款日起至清偿日止，按规定的利率计算的利息

D. 被拒绝付款的票据金额

【答案】BCD

【解析】追索金额包括票据金额、利息和费用，但不包括持票人的"间接损失"。

(四) 追索权的行使

1. 获得有关证明

持票人提示承兑或者提示付款被拒绝的，承兑人或者付款人必须出具拒绝证明，或者出具退票理由书。未出具拒绝证明或者退票理由书的，应当承担由此产生的民事责任。

持票人行使追索权时，应当提供被拒绝承兑或者拒绝付款的有关证明。持票人不能出示拒绝证明、退票理由书或者未按照规定期限提供其他合法证明的，丧失对其前手的追索权。但是承兑人或者付款人仍应当对持票人承担责任。

2. 行使追索

（1）持票人应当自收到被拒绝承兑或者被拒绝付款的有关证明之日起3日内，将被拒绝事由书面通知其前手；其前手应当自收到通知之日起3日内书面通知其再前手。

（2）持票人也可以同时向各票据债务人发出书面通知，该书面通知应当记明汇票的主要记载事项，并说明该汇票已被退票。

（3）未按照规定期限通知的，持票人仍可以行使追索权。因延期通知给其前手或者出票人造成损失的，由没有按照规定期限通知的票据当事人，承担对该损失的赔偿责任，但是所赔偿的金额以汇票金额为限。

【注意】在规定期限内将通知按照法定地址或约定的地址邮寄的，视为已经发出通知。

【例9·单选】根据支付结算法律制度的规定，关于票据追索权行使的下列表述中，正确的是（　　）。（2017年）

A. 持票人不得在票据到期前追索

B. 持票人应当向票据的出票人、背书人、承兑人和保证人同时追索

C. 持票人在行使追索权时，应当提供被拒绝承兑或拒绝付款的有关证明

D. 持票人应当按照票据的承兑人、背书人、保证人和出票人的顺序行使追索权

【答案】C

【解析】（1）选项A，持票人在规定的情形下可以在票据到期前追索；（2）选项BD，持票人行使追索权，可以不按照票据债务人的先后顺序，对其中任何一人、数人或者全体行使追索权。

五、银行汇票

（一）银行汇票的概念和适用范围

银行汇票是出票银行签发的，由其在见票时按照实际结算金额无条件支付给收款人或者持票人的票据。银行汇票可用于转账，填明"现金"字样的银行汇票也可以支取现金。

单位和个人各种款项结算，均可使用银行汇票。

（二）银行汇票的出票

1. 申请人使用银行汇票，应向出票银行填写银行汇票申请书，记载有关事项并签章

【注意】申请人或者收款人为单位的，不得在银行汇票申请书上填明"现金"字样。

2. 出票银行受理银行汇票申请书，收妥款项后签发银行汇票，并将银行汇票和解讫通知一并交给申请人

（1）签发银行汇票必须记载事项：①表明"银行汇票"的字样；②无条件支付的承诺；③出票金额；④付款人名称；⑤收款人名称；⑥出票日期；⑦出票人签章。

（2）欠缺记载上列事项之一的，银行汇票无效。

【注意】签发现金银行汇票，申请人和收款人必须均为个人。申请人或者收款人为单位的，银行不得为其签发现金银行汇票。

3. 申请人应将银行汇票和解讫通知一并交付给汇票上记明的收款人

（三）填写实际结算金额

收款人受理申请人交付的银行汇票时，应在出票金额以内，根据实际需要的款项办理结算，将实际结算金额和多余金额准确、清晰地填入银行汇票和解讫通知的有关栏内。

银行汇票的实际结算金额一经填写不得更改，更改实际结算金额的银行汇票无效。未填明实际结算金额和多余金额或者实际结算金额超过出票金额的，银行不予受理。银行汇票的实际结算金额低于出票金额的，其多余金额由出票银行退交申请人。

【例10·单选】根据支付结算法律制度的规定，下列关于银行汇票出票金额和实际结算金额的表述中，正确的是（　　）。（2015年）

A. 如果出票金额低于实际结算金额，银行应按出票金额办理结算

B. 如果出票金额高于实际结算金额，银行应按出票金额办理结算

C. 如果出票金额低于实际结算金额，银行应按实际结算金额办理结算

D. 如果出票金额高于实际结算金额，银行应按实际结算金额办理结算

【答案】D

【解析】（1）选项AC，实际结算金额超过出票金额的，银行不予受理；（2）选项BD，银行汇票的实际结算金额低于出票金额的，银行应按照实际结算金额办理结算，多余金额由出票银行退交申请人。

（四）银行汇票背书

银行汇票的背书转让以不超过出票金额的实际结算金额为准。未填写实际结算金额或实际结算金额超过出票金额的银行汇票不得背书转让。

（五）银行汇票提示付款

银行汇票的提示付款期限自出票日起1个月。持票人超过付款期限提示付款的，代理付款人不予受理。持票人向银行提示付款时，须同时提交银行汇票和解讫通知，缺少任何一联，银行不予受理。

【例11·单选】根据支付结算法律制度的规定，下列关于银行汇票使用的表述中，正确的是（　　）。（2016年）

A. 银行汇票不能用于个人款项结算
B. 银行汇票不能支取现金
C. 银行汇票的提示付款期限为自出票日起1个月内
D. 银行汇票必须按出票金额付款

【答案】C

【解析】（1）选项A，单位和个人的各种款项结算，均可使用银行汇票；（2）选项B，银行汇票可以用于转账，填明"现金"字样的银行汇票也可以用于支取现金；（3）选项D，收款人受理申请人交付的银行汇票时，应在出票金额以内，根据实际需要的款项办理结算，并将实际结算金额和多余金额准确、清晰地填入银行汇票和解讫通知的有关栏内。

（六）银行汇票退款和丧失

申请人因银行汇票超过付款提示期限或其他原因要求退款时，应将银行汇票和解讫通知同时提交到出票银行。申请人缺少解讫通知要求退款的，出票银行应于银行汇票提示付款期满1个月后办理。

银行汇票丧失，失票人可以凭人民法院出具的其享有票据权利的证明，向出票银行请求付款或退款。

六、商业汇票

（一）商业汇票的概念、种类和适用范围

1. 概念

商业汇票是出票人签发的，委托付款人在指定日期无条件支付确定的金额给收款人或者持票人的票据。

2. 种类

（1）商业汇票按照承兑人的不同分为商业承兑汇票和银行承兑汇票。

（2）电子商业汇票也分为电子商业承兑汇票和电子银行承兑汇票。

①电子商业承兑汇票由金融机构以外的法人或其他组织承兑。
②电子银行承兑汇票由银行业金融机构、财务公司承兑。

【注意】单张出票金额在 100 万元以上的原则上应全部通过电子商业汇票办理；单张出票金额在 300 万元以上的应全部通过电子商业汇票办理。

3. 适用范围

在银行开立存款账户的法人及其他组织之间的结算，才能使用商业汇票。

【注意】商业汇票的付款人为承兑人。

(二)商业汇票的出票

1. 出票人的确定

商业承兑汇票可以由付款人签发并承兑，也可以由收款人签发交由付款人承兑。
银行承兑汇票应由在承兑银行开立存款账户的存款人签发。

2. 出票的记载事项

必须记载事项	纸质商业汇票	电子商业汇票
(1) 表明"××承兑汇票"字样	√	√
(2) 无条件支付的委托	√	√
(3) 确定的金额	√	√
(4) 付款人名称	√	√
(5) 收款人名称	√	√
(6) 出票日期	√	√
(7) 出票人签章	√	√
(8) 出票人名称	—	√
(9) 票据到期日	—	√

3. 付款期限的记载

付款期限形式	汇票付款期限
(1) 定日付款	自出票日起计算，并在汇票上记载具体的到期日
(2) 出票后定期付款	自出票日起按月计算，并在汇票上记载
(3) 见票后定期付款	自承兑或拒绝承兑日起按月计算，并在汇票上记载

【注意】

(1) 电子商业汇票的出票日：是指出票人记载在电子商业汇票上的出票日期。

(2) 纸质商业汇票的付款期限最长不得超过 6 个月。电子承兑汇票期限自出票日至到期日不超过 1 年。

【例 12·单选】根据支付结算法律制度的规定，电子承兑汇票的付款期限自出票日至到期日不能超过一定期限。该期限为(　　)。(2017 年)

A.2 年　　　　B.3 个月　　　　C.6 个月　　　　D.1 年

【答案】D

【解析】电子承兑汇票付款期限自出票日至到期日不超过1年。

(三)商业汇票的承兑

商业汇票可以在出票时向付款人提示承兑后使用,也可以在出票后先使用再向付款人提示承兑。付款人拒绝承兑的,必须出具拒绝承兑的证明。付款人承兑汇票后,应当承担到期付款的责任。

【注意】见票即付的票据无需提示承兑。

(四)商业汇票的付款

1. 提示付款

商业汇票的提示付款期限,自汇票到期日起10日。

持票人应在提示付款期限内通过开户银行委托收款或直接向付款人提示付款。对异地委托收款的,持票人可匡算邮程,提前通过开户银行委托收款。

持票人超过提示付款期限的,持票人开户银行不予受理,但在作出说明后,承兑人或者付款人仍应当继续对持票人承担付款责任。

持票人依照规定提示付款的,付款人必须在当日足额付款。

【注意】电子商业汇票的提示付款日:是指提示付款申请的指令进入中国人民银行电子商业汇票系统的日期。

2. 办理付款或拒绝付款

(1)商业承兑汇票的付款。

①付款人开户银行收到通过委托收款寄来的汇票,将汇票留存,并及时通知付款人
②付款人收到开户银行的付款通知,应在当日通知银行付款 a.付款人在接到通知日的次日起3日内(遇法定休假日顺延,下同)未通知银行付款的,视同付款人承诺付款 b.付款人存在合法抗辩事由拒绝支付的,应自接到通知的次日起3日内,作成拒绝付款证明送交开户银行,银行将拒绝付款证明和汇票邮寄持票人开户银行转交持票人
③银行应于汇票到期日将票款划给持票人

【注意】付款人提前收到由其承兑的商业汇票,应通知银行与汇票到期日付款。

(2)银行承兑汇票的付款。

①银行承兑汇票的出票人应于汇票到期日前将票款足额存交其开户银行。

②银行承兑汇票的出票人于汇票到期日未能足额缴存票款时,承兑银行除凭票向持票人无条件付款外,对出票人尚未支付的汇票金额按每天0.5‰计收利息。

③承兑银行应在汇票到期日或到期日后的见票当日支付票款。承兑银行存在合法抗辩事由拒绝支付的,应自接到汇票的次日起3日内,作成拒绝付款证明,连同汇票邮寄持票人开户银行转交持票人。

【例13·不定项】2015年5月10日,甲公司向乙公司签发一张金额为50万元,出票后1个月付款的银行承兑汇票,经其开户银行P银行承兑后交付乙公司。5月15日,乙公司将该票据背书转让给丙公司。5月20日,丙公司将该票据背书转让给丁公司,并在票据上记载"不得转让"字样;5月25日,丁公司在票据上记载"只有戊公司交货后,该背书转让方发生效力"的字样,将该票据背书转让给戊公司。6月12日,戊公司向P银行提示付款时,P银行以甲公司存款不足为由拒绝付款。

要求:根据上述资料,不考虑其他因素,分析回答下列问题。

1. 关于该票据当事人的下列表述中,正确的是( )。

A. 甲公司为出票人

B. 乙公司为收款人

C. 戊公司为最后一手背书的被背书人

D. P银行为付款人

【答案】ABCD

【解析】选项D,P银行已经承兑汇票,可以成为付款人,也可以成为承兑人。

2. 下列票据当事人中,丙公司应对其承担保证付款责任的是( )。

A. 丁公司   B. 甲公司   C. P银行   D. 戊公司

【答案】A

【解析】(1)选项AD,根据规定,背书人在汇票上记载"不得转让"字样,其后手再背书转让的,原背书人(丙公司)对后手(丁公司)的被背书人(戊公司)不承担保证责任,即丙公司对戊公司不承担保证责任,但丙公司对其直接后手丁公司仍应当承担保证责任;(2)选项BC,出票人甲公司和承兑人P银行不属于丙公司的后手,丙公司无需对其承担保证责任。

3. 关于丁公司附条件背书在票据上效力的下列表述中,正确的是( )。

A. 所附条件无效,该票据无效   B. 所附条件有效,该背书有效

C. 所附条件无效,该背书有效   D. 所附条件有效,该票据有效

【答案】C

【解析】背书不得附条件,背书时附有条件的,所附条件不具有票据上的效力。即背书有效,所附条件无效。

4. 关于该汇票付款的下列表述中,正确的是( )。

A. P银行应于6月12日足额支付

B. P银行对甲公司尚未支付的汇票金额按照日利率万分之五计收利息

C. P银行有权以甲公司存款不足为由拒绝付款

D. 甲公司应于6月10日前将票据款足额交付P银行

【答案】ABD

【解析】(1)选项AC,P银行已经对该汇票承兑,承兑后便成为承兑人,是该票据上的主债务人;商业汇票的提示付款期限,自汇票到期日起10日。在本题中,出票日期是2015年5月10日,汇票到期日是2015年6月10日。因此,持票人在规定的期限内向承兑人提示付款,承兑人不得以出票人未足额存款为由拒绝付款,承兑人应当付款。(2)选项BD,银行承兑汇票的出票人应于汇票到期前将票款足额交存其开户银行;未能足额交存的,承兑银行除凭票向持票人无条件付款外,对出票人

尚未支付的汇票金额按照每天万分之五计收利息。

（五）商业汇票的贴现

1. 贴现的概念

贴现是指持票人在票据未到期前为获得现金向银行贴付一定利息而发生的票据转让行为。贴现按照交易方式，分为买断式和回购式。

2. 贴现的基本规定

（1）贴现条件	①票据未到期 ②票据未记载"不得转让"事项 ③持票人是在银行开立存款账户的企业法人以及其他组织 ④持票人与出票人或者直接前手之间具有真实的商品交易关系 ⑤持票人应提供与其直接前手间进行商品交易的增值税发票和商品发运单据复印件 【注意】企业申请电子银行承兑汇票贴现的，无须提供合同、发票等资料；电子商业汇票贴现必须记载：贴出人名称、贴入人名称、贴现日期、贴现类型、贴现利率、实付金额、贴出人签章
（2）贴现利息	①实付贴现金额按票面金额扣除贴现日至汇票到期日前1日的利息计算： 贴现利息＝票面金额×日贴现率×贴现期 ②承兑人在异地的，贴现的期限以及贴现利息的计算应另加3天的划款日期
（3）贴现收款	①贴现到期，贴现银行应向付款人（承兑人）收取票款；不获付款的，贴现银行向其前手追索票款 ②不获付款的，贴现银行追索票款时可从贴现申请人的存款账户直接收取票款

【例14·多选】根据支付结算法律制度的规定，下列各项中，属于商业汇票持票人向银行办理贴现必须具备的条件有（　　）。（2016年）

A. 票据未到期

B. 持票人与出票人或者直接前手之间具有真实的商品交易关系

C. 持票人是在银行开立有存款账户的企业法人或者其他组织

D. 票据未记载"不得转让"事项

【答案】ABCD

七、银行本票

（一）本票的概念和适用范围

本票是指出票人签发的，承诺自己在见票时无条件支付确定的金额给收款人或者持票人的票据。在我国，本票仅限于银行本票。单位和个人在同一票据交换区域需要支付各种款项，均可以使用银行本票。

【注意】银行本票可用于转账，填明现金字样的银行本票可以支取现金。

【例15·多选】根据支付结算法律制度的规定，关于银行本票使用的下列表述中，不正确的是（　　）。（2017年）

A. 银行本票的出票人在持票人提示见票时，必须承担付款的责任

B. 注明"现金"字样的银行本票可以用于支取现金

C. 银行本票只限于单位使用，个人不得使用

D. 收款人可以将银行本票背书转让给被背书人

【答案】C

【解析】"单位和个人"在同一票据交换区域需要支付各种款项，均可以使用银行本票。

（二）银行本票的出票

1. 申请人使用银行本票，应向银行填写"银行本票申请书"，记载有关事项并签章

2. 出票银行受理"银行本票申请书"，收妥款项，签发银行本票交给申请人

（1）银行本票的必须记载事项：①表明"本票"的字样；②无条件支付的承诺；③确定的金额；④收款人名称；⑤出票日期；⑥出票人签章。

（2）欠缺记载上列事项之一的，银行本票无效。

（3）申请人或收款人为单位的，银行不得为其签发现金银行本票。

3. 申请人应将银行本票交付给本票上记明的收款人

【例16·多选】根据支付结算法律制度的规定，下列各项中，属于银行本票必须记载事项的有（　　）。（2016年）

A. 出票人签章　　　　　　　　B. 出票日期

C. 收款人名称　　　　　　　　D. 确定的金额

【答案】ABCD

（三）银行本票的付款

银行本票见票即付，提示付款期限自出票日起最长不得超过2个月。

持票人超过提示付款期限不获付款的，在票据权利时效内向出票银行作出说明，并提供本人身份证件或单位证明，可持银行本票向出票银行请求付款。

【总结】银行汇票 VS 银行本票

	银行汇票	银行本票
出票人	银行	银行
适用主体	单位和个人	单位和个人
适用范围	同城、异地	同城
基本当事人	出票人、付款人、收款人	出票人、收款人
票据金额	出票金额、实际结算金额	出票金额
提示付款期限	出票日起1个月	出票日起2个月
对出票人的票据时效	出票日起2年	出票日起2年

（四）银行本票的退款和丧失

申请人因银行本票超过提示付款期限或其他原因要求退款时，应将银行本票提交到出票银行。

银行本票丧失,失票人可以凭人民法院出具的其享有票据权利的证明,向出票银行请求付款或退款。

八、支票

(一)支票的概念、种类和适用范围

1. 概念

支票是指出票人签发的,委托办理支票存款业务的银行在见票时无条件支付确定的金额给收款人或者持票人的票据。

2. 种类

种类	特点	备注
(1)现金支票	印有"现金"字样,只能用于支付现金	—
(2)转账支票	印有"转账"字样,只能用于转账	—
(3)普通支票	未印有"现金""转账"字样,既可用于支取现金,也可用于转账	左上角画两条平行线的,为划线支票,划线支票只能用于转账,不能支取现金

3. 适用范围

单位和个人在同一票据交换区域的各种款项结算,均可以使用支票。全国支票影像系统支持全国使用。

(二)支票的出票

1. 开立支票存款账户

开立支票存款账户,申请人必须使用本名,提交证明其身份的合法证件,并应当预留其本名的签名式样和印鉴。

2. 出票

(1)支票的必须记载事项:①表明"支票"的字样;②无条件支付的委托;③确定的金额;④付款人名称(出票人开户银行);⑤出票日期;⑥出票人签章。

【注意】支票上未记载前款规定事项之一的,支票无效。支票的金额、收款人名称,可以由出票人授权补记。未补记前,不得背书转让和提示付款。

(2)禁止签发空头支票,出票人签发的支票金额超过其付款时在付款人处实有的存款金额的,为空头支票。

开具空头支票的法律责任:

①由中国人民银行对出票人处以票面金额 5% 但不低于 1 000 元的罚款。

②持票人有权要求出票人赔偿支票金额 2% 的赔偿金。

(3)出票人不得签发与其预留银行签章不符的支票。

【例 17·单选】甲公司向乙公司签发金额为 200 000 元的支票用于支付货款,乙公司提示付款时被告知甲公司的银行存款余额为 100 000 元,乙公司有权要求甲公司支付的赔偿金为( )元。(2016 年)

A.100 000×5%　　　　　　　　B.100 000×2%
C.200 000×5%　　　　　　　　D.200 000×2%

【答案】D

【解析】持票人有权要求出票人赔偿支票金额2%的赔偿金，乙公司有权要求甲公司支付的赔偿金为=200 000×2%=4 000（元）。

(三)支票付款

1.提示付款

支票的提示付款期限自出票日起10日。持票人可以委托开户银行收款或直接向付款人提示付款。用于支取现金的支票仅限于收款人向付款人提示付款，且不得背书转让。

2.付款

出票人在付款人处的存款足以支付支票金额时，付款人应当在见票当日足额付款。

付款人依法支付支票金额的，对出票人不再承担受委托付款的责任，对持票人不再承担付款的责任。但付款人以恶意或者有重大过失付款的除外。

【总结】提示付款、付款期限与票据时效。

		提示承兑期限	提示付款期限	票据时效	对一般前手的追索权	
					首次追索	再追索
（1）银行汇票		×	出票日起1个月内	出票日起2年	被拒绝承兑或被拒绝付款之日起6个月	清偿日或被提起诉讼之日起3个月
（2）商业汇票	①见票即付	×	出票日起1个月内	出票日起2年		
	②定日付款	到期日前	到期日起10日	到期日起2年		
	③出票后定期付款					
	④见票后定期付款	出票日起1个月内				
（3）银行本票		×	出票日起不得超过2个月	出票日起2年		
（4）支票		×	出票日起10日	出票日起6个月		

第四节　银行卡

一、银行卡的概念和分类

(一)银行卡的概念

银行卡是指经批准由商业银行（含邮政金融机构）向社会发行的具有消费信用、转账结算、存取现金等全部或部分功能的信用支付工具。

(二)银行卡的分类

分类标准	种类		是否计息
1.是否具有透支功能	（1）信用卡（可透支）	①贷记卡（无保证金）	由发卡机构自行决定
		②准贷记卡（有保证金）	计付利息(按中国人民银行规定的同期同档次存款利率及计息办法计付利息)
	（2）借记卡（不可透支）	①转账卡	
		②专用卡	
		③储值卡	不计息
2.币种	（1）外币卡		—
	（2）人民币卡		
3.发行对象	（1）单位卡（商务卡）		
	（2）个人卡		
4.信息载体	（1）磁条卡		
	（2）芯片卡		

【注意】贷记卡的消费形式是先透支后还款，而准贷记卡的消费形式是先存入备用金，备用金不足支付时可以透支。

二、银行卡账户和交易

（一）银行卡申领、注销和丧失

在中国境内金融机构开立基本存款账户的单位，应当凭中国人民银行核发的开户许可证申领单位卡；个人申领银行卡（储值卡除外）应当向发卡银行提供公安部门规定的本人有效身份证件，经发卡银行审查合格后，为其开立记名账户。

银行卡及其账户只限经发卡银行批准的持卡人本人使用，不得出租和转借。持卡人在还清全部交易款项、透支本息和有关费用后，可申请办理销户。

【注意】受卡行受理注销之日起45日后，被注销信用卡账户方能清户。持卡人丧失银行卡，应立即持本人身份证件或其他有效证明，并按规定提供有关情况，向发卡银行或代办银行申请挂失。

【例1•单选】甲公司在本地P银行开立基本存款账户，申请单位银行卡的凭据是(　　)。（2016年）

A.法人授权委托书　　　　　　B.营业执照
C.资信证明　　　　　　　　　D.开户许可证

【答案】D

【解析】凡在中国境内金融机构开立基本存款账户的单位，应当凭中国人民银行核发的开户许可证申领单位卡。

（二）银行卡交易的基本规定

1.单位卡

（1）单位人民币卡。

①单位人民币卡账户的资金一律从其基本存款账户转账存入，不得存取现金，不得将销货收入存入单位卡账户。

②单位人民币卡可办理商品交易和劳务供应款项的结算，但不得透支。

③销户时，单位人民币卡账户的资金应当转入其基本存款账户。

（2）单位外币卡。

①单位外币卡账户的资金应从单位的外汇账户转账存入，不得在境内存取外币现钞。

②销户时，单位外币卡账户的资金应当转回其相应的外汇账户，不得提取现金。

【例2·判断】单位人民币银行卡可以支取现金。（　　）（2016年）

【答案】×

【解析】单位人民币卡账户的资金一律从其基本存款账户转账存入，不得存取现金，不得将销货收入存入单位卡账户。

2. 个人卡

（1）个人人民币卡。个人人民币卡账户的资金以其持有的现金或以其工资性款项、属于个人的合法的劳务报酬、投资回报等收入转账存入。

（2）个人外币卡。个人外币卡账户的资金以其个人持有的外币现钞存入或从其外汇账户（含外钞账户）转账存入，该外汇账户及存款应符合国家外汇管理局的有关规定。

【注意】严禁将单位的款项转入个人卡账户存储。

3. 信用卡

（1）信用卡预借现金业务包括现金提取、现金转账和现金充值。

种类	渠道		限额
信用卡	①现金提取	a.ATM	每卡每日累计不得超过人民币1万元
		b.柜面	发卡机构与持有人协议约定
	②现金转账	各渠道	发卡机构与持有人协议约定
	③现金充值	各渠道	发卡银行可以自主确定是否提供现金充值服务，协议约定每卡每日限额
借记卡	ATM		每卡每日累计提款不得超过2万元人民币
储值卡	储值卡的面值或卡内币值不得超过1 000元人民币		

（2）贷记卡持卡人非现金交易可享受免息还款期和最低还款额待遇。二者只能享受其一。

【注意】准贷记卡透支、贷记卡持卡人透支取现不享受上述待遇。

（3）发卡银行通过下列途径追偿透支款项和诈骗款项：①扣减持卡人保证金；②依法处理抵押物和质物；③向保证人追索透支款项；④通过司法机关的诉讼程序进行追偿。

【例3·多选】下列关于银行卡交易表述正确的有（　　）。（2018年）

A. 储值卡的面值是有上限的

B. 信用卡持卡人通过 ATM 机办理提取现金有限额
C. 借记卡持卡人在 ATM 机上无限额控制
D. 持卡人不得通过银行柜面办理现金提取
【答案】AB

三、银行卡计息与收费

1.准贷记卡及借记卡（不含储值卡）	账户内的存款：按央行规定的同期同档次存款利率及计息办法计付利息
2.信用卡	（1）对透支利率实行上限（为日利率0.5‰）和下限（为日利率0.5‰的0.7倍）管理 （2）信用卡透支的计结息方式，以及对信用卡溢缴款是否计付利息及其利率标准，由发卡机构自主确定
3.相关规定	（1）信用卡协议中以显著方式提示信用卡利率标准和计结息方式、免息还款期和最低还款额待遇的条件和标准、违约金收取的情形和标准等 （2）调整利率标准至少提前45个自然日按照约定方式通知持卡人 （3）取消信用卡滞纳金 （4）提供超过授信额度用卡服务，不得收取超限费 （5）发卡机构收取的违约金和年费、取现手续费、货币兑换费等服务费用，不得计收利息

【例4·单选】根据支付结算法律制度规定，关于信用卡计息和收费的下列表述中，正确的是（   ）。（2017 年）
A. 发卡机构向信用卡持卡人按约定收取的违约金，不计收利息
B. 发卡机构向信用卡持卡人提供超过授信额度用卡的，应收取超限费
C. 发卡机构向信用卡持卡人收取的取现手续费，计收利息
D. 发卡机构向信用卡持卡人收取的年费，计收利息
【答案】A
【解析】（1）选项ACD，发卡机构对向持卡人收取的违约金和年费、取现手续费、货币兑换费等服务费用不得计收利息；（2）选项B，发卡机构向持卡人提供超过授信额度用卡服务的，不得收取超限费。

四、银行卡清算市场

自2015年6月1日起，我国放开银行卡清算市场，符合条件的内外资企业，均可申请在中国境内设立银行卡清算机构。目前，中国银联股份有限公司是唯一经国务院同意，由中国人民银行批准设立的银行卡清算机构。

五、银行卡收单

（一）银行卡收单业务概念

银行卡收单业务，是指收单机构与特约商户签订银行卡受理协议，在特约商户按

约定受理银行卡并与持卡人达成交易后，为特约商户提供交易资金结算服务的行为。通俗地讲就是持卡人在银行签约商户那里刷卡消费，银行将持卡人刷卡消费的资金在规定周期内结算给商户，并从中扣取一定比例的手续费。

特约商户，是指与收单机构签订银行卡受理协议、按约定受理银行卡并委托收单机构为其完成交易资金结算的企事业单位、个体工商户或者其他组织，以及按照国家工商行政管理机关有关规定，开展网络商品交易等经营活动的自然人。

（二）银行卡收单业务管理规定

1. 特约商户管理

（1）对特约商户实行实名制管理。收单机构应严格审核特约商户的营业执照等证明文件，以及法定代表人或者责任人有效身份证件等申请材料。特约商户为自然人的，应当审核其有效身份证件。特约商户使用单位银行结算账户作为收单银行结算账户的，应当审核其合法拥有该账户的证明文件。

（2）应当与特约商户签订银行卡受理协议。特约商户的收单银行结算账户应当为其同名单位银行结算账户，或其指定的、与其存在合法资金管理关系的单位银行结算账户。特约商户为个体工商户或自然人的，可使用其同名个人银行结算账户作为收单银行结算账户。

（3）应当对实体特约商户收单业务进行本地化经营和管理，不得跨省开展收单业务。

2. 业务与风险管理

收单机构应当强化业务和风险管理措施，建立特约商户检查制度、资金结算风险管理制度、收单交易风险监测系统以及特约商户收单银行结算账户设置和变更审核制度等。建立对实体特约商户、网络特约商户分别进行风险评级制度。

【例5·多选】根据支付结算法律制度的规定，关于银行卡收单业务管理的下列表述中正确的有（   ）。（2018年）

A. 收单机构应当对特约商户实行实名制管理
B. 特约商户应当是公司法人组织，不能是自然人
C. 收单机构应当建立对特约商户的风险评级制度
D. 收单机构不得跨省域开展收单业务

【答案】ACD

【解析】选项B，特约商户可以是自然人。

（三）银行卡POS收单业务交易及结算流程

POS是安装在特约商户内，为持卡人提供授权、消费、结算等服务的专用电子支付设备，也是能够保证银行交易处理信息安全的实体支付终端。

（四）结算收费

收单机构向商户收取的收单服务费由收单机构与商户协商确定具体费率。发卡机构向收单机构收取的发卡行服务费不区分商户类别，实行政府指导价上限管理。

收费项目	收费方式	管理方式	费率及封顶标准
收单服务费	收单机构向商户收取	实行市场调节价	由收单机构与商户协商确定具体费率
发卡行服务费	发卡机构向收单机构收取	实行政府指导价、上限管理	借记卡：不高于交易金额的0.35%（单笔交易收费金额不超过13元） 贷记卡：不高于交易金额的0.45%（不实行单笔收费封顶控制）

【注意】非营利性的医疗机构、教育机构、社会福利机构、养老机构、慈善机构刷卡交易，实行发卡行服务费、网络服务费全额减免。

【例6·多选】根据支付结算法律制度的规定，关于银行卡收单业务的下列表述中，正确的有（   ）。

A. 特约商户为个体工商户或自然人的，可以使用其同名个人银行结算账户作为收单银行结算账户

B. 收单机构向特约商户收取的收单服务费由收单机构与特约商户协商确定具体费率

C. 收单机构应当对实体特约商户收单业务进行本地化经营和管理，不得跨省域开展收单业务

D. 特约商户使用单位银行结算账户作为收单银行结算账户的，收单机构应当审核其合法持有该账户的证明文件

【答案】ABCD

第五节 网上支付

一、网上银行

（一）网上银行的概念

网上银行就是银行在互联网上设立虚拟银行柜台，使传统的银行服务不再通过物理的银行分支机构来实现，而是借助于网络与信息技术手段在互联网上实现。

按照不同的标准，网上银行可以分为不同的类型。

（二）网上银行的分类

分类标准	按服务对象	企业网上银行、个人网上银行
	按经营组织	分支型网上银行、纯网上银行
	按业务种类	零售银行、批发银行

（三）网上银行的主要功能

服务对象	主要业务功能
企业网上银行	账户信息查询、支付指令、B2B网上支付、批量支付
个人网上银行	账户信息查询、人民币转账、银证转账、外汇买卖、账户管理、B2C网上支付

【例1·多选】个人网上银行具体业务功能包括( )。
A.查询信用卡网上支付记录　　B.银证转账业务
C.网上购物电子支付　　　　　D.B2B网上支付
【答案】ABC
【解析】B2B指的是企业与企业之间进行的电子商务活动，B2B网上支付是企业网上银行的具体业务功能，故选项D不属于个人网上银行具体业务功能。

二、第三方支付

（一）第三方支付的开户要求

同一个人在同一家支付机构只能开立一个Ⅲ类账户。

单位开立支付账户，应提供相关证明文件，并自主或者委托合作机构以面对面方式核实客户身份，或者以非面对面方式通过至少3个合法安全的外部渠道对单位基本信息进行多重交叉验证。

非银行机构在为单位和个人开立支付账户时，应与单位和个人签订协议，约定支付账户与支付账户、支付账户与银行账户之间的日累计转账限额和笔数，超出限额和笔数的，不得再办理转账业务。

（二）第三方支付种类

种类	典型代表
线上支付方式	网上支付、移动支付中的远程支付
线下支付方式	POS机、拉卡拉等自助终端支付、电话支付、手机近端支付、电视支付

（三）第三方支付的行业分类及主流品牌

1. 行业分类

模式	典型代表	服务对象	担保功能
金融型支付企业	银联商务、快钱、易宝支付、汇付天下、拉卡拉等	立足于企业端	×
互联网支付企业	支付宝、财付通等	立足于个人消费者端	√

2. 主流品牌

目前，国内的第三方支付品牌，在支付市场互联网转接交易规模前三位的分别是支付宝、银联商务和财付通。

【例2·单选】消费者在超市购物，消费总金额500元，通过支付宝扫码方式使用中信银行信用卡结账。根据支付结算法律制度的规定，下列说法正确的是( )。
A.支付宝属于银行卡清算机构
B.支付宝属于第三方支付机构
C.支付宝属于网上银行
D.消费者应支付收单结算手续费1.9元
【答案】B

【解析】支付宝属于第三方支付机构，该业务属于收单业务，交易手续费应向"商户"（而非消费者）收取。

第六节 结算方式和其他支付工具

一、汇兑

（一）汇兑的概念和种类

汇兑是汇款人委托银行将其款项支付给收款人的结算方式。汇兑分为信汇和电汇两种，单位和个人的各种款项的结算，均可使用汇兑结算方式。

（二）办理汇兑的程序

1. 签发汇兑凭证：表明"信汇"或"电汇"的字样；无条件支付的委托；确定的金额；收款人名称；汇款人名称；汇入地点、汇入行名称；汇出地点、汇出行名称；委托日期；汇款人签章。汇兑凭证记载的汇款人、收款人在银行开立存款账户的，必须记载其账号。

2. 银行受理

汇出银行受理汇款人签发的汇兑凭证，经审查无误后，应及时向汇入银行办理汇款，并向汇款人签发汇款回单。汇款回单只能作为汇出银行受理汇款的依据，不能作为该笔汇款已转入收款人账户的证明。

3. 汇入处理

汇入银行对开立存款账户的收款人，应将汇入的款项直接转入收款人账户，并向其发出收账通知。收账通知是银行将款项确已转入收款人账户的凭据。

（三）汇兑的撤销

汇款人对汇出银行尚未汇出的款项可以申请撤销。

【例1·单选】根据支付结算法律制度的规定，下列以汇兑方式结算的款项中，汇款人可以申请撤销的是（   ）。

A. 汇出银行尚未汇出的款项

B. 汇出银行已经汇出的款项

C. 汇入银行已发出收账通知的款项

D. 收款人拒绝接受的款项

【答案】A

【解析】汇款人对汇出银行"尚未汇出"的款项可以申请撤销。

二、托收承付

（一）托收承付的概念和适用范围

1. 概念

托收承付是根据购销合同由收款人发货后委托银行向异地付款人收取款项，由付款人向银行承认付款的结算方式。

2. 适用范围

（1）前提：符合规定的购销合同明确约定使用托收承付结算方式。

（2）款项性质：办理托收承付结算的款项，必须是商品交易以及因商品交易而产生的劳务供应的款项。

【注意】代销、寄销、赊销商品的款项不得办理托收承付结算。

（3）结算金额起点：每笔金额起点是1万元（新华书店系统1 000元）。

（4）适用主体：必须是国有企业、供销合作社以及经营管理较好并经开户银行审查同意的城乡集体所有制工业企业。

【注意】收款人对同一付款人发货托收累计3次收不回货款的，银行应暂停收款人对该付款人办理托收；付款人累计3次提出无理拒付的，银行应暂停其（所有的）向外办理托收。

(二)办理托收承付的程序

1. 托收

收款人按照合同发货后，委托银行办理托收。收款人办理托收，必须具有商品确已发运的证件。

2. 承付

付款人开户银行接到托收凭证及其附件后，应当及时通知付款。付款人应在承付期内审查核对。承付货款分为验单付款和验货付款，由收付双方商量选用并在合同中明确规定。

（1）验单付款的承付期为3天，自付款人开户银行发出承付通知的次日算起（承付期内遇法定休假日顺延）。

（2）验货付款的承付期为10天，从运输部门发出提货通知的次日算起。

【注意】付款人在承付期内，未表示拒绝付款，银行即视作承付，并在承付期满的次日（遇法定休假日顺延），将款项划给收款人。

3. 逾期付款与拒绝付款

付款人在承付期满日银行营业终了时，如无足够资金支付，其不足部分，即为逾期未付款项，按逾期付款处理。

下列情况，付款人在承付期内可向银行提出全部或部分拒绝付款
（1）没有签订购销合同或者购销合同未订明托收承付结算方式的款项
（2）未经双方事先达成协议，收款人提前交货，或者因逾期交货，付款人不再需要该项货物的款项
（3）未按合同规定的到货地址发货的款项
（4）代销、寄销、赊销商品的款项
（5）验单付款，发现所列货物的品种、规格、数量、价格与合同规定不符；或者货物已到，经查验货物与合同规定或与发货清单不符的款项
（6）验货付款，经查验货物与合同规定或与发货清单不符的款项
（7）货款已经支付或计算错误的款项

【注意】收款人对被无理拒绝付款的托收款项，在收到退回的结算凭证及其附单证后，需要委托银行重办托收。经开户银行审查，确属无理拒绝付款的，可重办托收。

三、委托收款

（一）委托收款的概念和使用范围

1. 委托收款的概念

委托收款是收款人委托银行向付款人收取款项的结算方式。

2. 适用范围

（1）委托收款在同城、异地均可以使用。

（2）单位和个人凭已经承兑的商业汇票、债券、存单等付款人债务证明办理款项的结算，均可以使用委托收款结算方式。

（二）办理委托收款的程序

1. 签发托收凭证

签发托收凭证必须记载事项：表明"托收"的字样；确定的金额；付款人名称；收款人名称；委托收款凭据名称及附寄单证张数；委托日期；收款人签章。

（1）付款人为银行以外的单位，委托收款凭证必须记载付款人开户银行名称。

（2）收款人为银行以外的单位或在银行开立存款账户的个人，委托凭收款证必须记载收款人开户银行名称。

（3）收款人为未在银行开立存款账户的个人，委托收款凭证必须记载被委托银行名称。

【例2·多选】根据支付结算法律制度的规定，关于委托收款结算方式的下列表述，正确的有（　　）。

A. 以银行以外的单位为付款人的，委托收款凭证必须记载付款人开户银行名称

B. 未在银行开立存款账户的个人为收款人时，委托收款凭证必须记载被委托银行名称

C. 单位凭已承兑的商业汇票办理款项结算，可以使用委托收款结算方式

D. 委托收款仅限于异地使用

【答案】ABC

【解析】选项D，委托收款在同城、异地均可以使用。

2. 委托

收款人办理委托收款应向银行提交委托收款凭证和有关的债务证明。

3. 付款与拒绝付款

银行接到寄来的委托收款凭证及债务证明，审查无误后办理付款。付款人对收款人委托收取的款项需要拒绝付款的，可以办理拒绝付款。

付款人	付款	拒绝付款	
（1）银行	银行应当在当日将款项主动支付给收款人	应自收到委托付款及债务证明的次日起3日内出具拒绝证明	银行将拒绝证明、债务证明和有关的凭证一并寄给被委托银行，转交收款人
（2）单位	①银行应当及时通知付款人，付款人应于接到通知的当日书面通知银行付款 ②付款人未在接到通知的次日起3日内通知银行付款的，视同付款人同意付款	应在付款人接到通知日的次日起3日内出具拒绝证明，持有债务证明的，应将其送交开户银行	

四、国内信用证

（一）国内信用证的概念

1. 国内信用证

国内信用证指银行依照申请人的申请开立的、对相符交单予以付款的承诺。我国信用证为以人民币计价、不可撤销的跟单信用证。

2. 适用

信用证结算适用于银行为国内企事业单位之间货物和服务贸易提供的结算服务。并且只能用于转账结算，不得支取现金。

3. 分类

按付款期限分为即期信用证和远期信用证。

【注意】信用证付款期限最长不超过1年。

【例3·多选】根据支付结算法律制度的规定，关于国内信用证的下列表述中，正确的是（　　）。

A. 可用于支取现金

B. 开证申请人可以是个人

C. 国内信用证付款期限最长不超过1年

D. 国内信用证为不可撤销的跟单信用证

【答案】CD

【解析】选项AB，信用证结算适用于银行为国内企事业单位之间货物和服务贸易提供的结算服务，并且只能用于转账结算，不得支取现金。

（二）信用证业务当事人

申请人	一般为货物购买方或服务接受方
受益人	接受信用证并享有信用证权益的当事人，一般为货物销售方或服务提供方
开证行	应申请人申请开立信用证的银行
通知行	向受益人通知信用证的银行
交单行	向信用证有效地点提交信用证项下单据的银行

续表

转让行	开证行指定的办理信用证转让的银行
保兑行	根据开证行的授权或要求对信用证加具保兑的银行
议付行	开证行指定的为受益人办理议付的银行,应指定一家或任意银行作为议付行

（三）办理国内信用证的基本程序

开证→保兑→修改→通知→转让→议付→索偿→寄单索款→付款→注销。

1. 开证

（1）申请开立信用证：申请人应当填具开证申请书，提交其与受益人签订的贸易合同。

（2）受理开证：开证前应签订协议，开证行可要求申请人交存一定数额的保证金，并可根据申请人资信情况要求其提供抵押、质押、保证等合法有效的担保。

（3）开证：开立信用证可以采用信开和电开方式。

①信开信用证，由开证行加盖业务用章寄送通知行，同时应视情况需要以双方认可的方式证实信用证的真实有效性。

②电开信用证，由开证行以数据电文发送通知行。

③信用证应使用中文开立。

2. 保兑

保兑指保兑行根据开证行的授权或要求，在开证行承诺之外作出的对相符交单付款、确认到期付款或议付的确定承诺。

3. 修改

开证申请人需对已开立的信用证内容修改的，应向开证行提出修改申请，受益人同意或拒绝接受修改的，应提供接受或拒绝修改的通知。

4. 通知

通知行可由开证申请人指定，如开证申请人没有指定，开证行有权指定通知行。通知行可自行决定是否通知。通知行同意通知的，应于收到信用证次日起3个营业日内通知受益人。

5. 转让

转让指由转让行应第一受益人的要求，将可转让信用证的部分或者全部转为可由第二受益人兑用。可转让信用证只能转让一次。

6. 议付

议付指可议付信用证项下单证相符或在开证行或保兑行已确认到期付款的情况下，议付行在收到开证行或保兑行付款前购买单据、取得信用证项下索款权利，向受益人预付或同意预付资金的行为。

情形	规定
信用证未明示可议付	任何银行不得办理议付
信用证明示可议付	如开证行仅指定一家议付行，未被指定为议付行的银行不得办理议付，被指定的议付行可自行决定是否办理议付

（1）受益人可对议付信用证在信用证交单期和有效期内向议付行提示单据、信用证正本、信用证通知书、信用证修改书正本及信用证修改通知书（如有），并填制交单委托书和议付申请书，请求议付。

（2）议付行在受理议付申请的次日起5个营业日内审核信用证规定的单据并决定议付的，办理议付。决定拒绝议付的，应及时告知受益人。

7. 索偿

（1）议付行将注明付款提示的交单面函（寄单通知书）及单据寄开证行或保兑行索偿资金。

（2）议付行议付时，必须与受益人书面约定是否有追索权。

①若约定有追索权：到期不获付款议付行可向受益人追索。

②若约定无追索权：到期不获付款议付行不得向受益人追索，议付行与受益人约定的例外情况或受益人存在信用证欺诈的情形除外。

8. 寄单索款

情形	处理	
受益人委托交单行交单	应在信用证交单期和有效期内填制信用证交单委托书，并提交单据	应提交信用证正本及信用证通知书、信用证修改书正本及信用证修改通知书（如有）
受益人直接交单	应提交开证行（保兑行、转让行、议付行）认可的身份证明文件	

交单行应在收单次日起5个营业日内对其审核相符的单据寄单并附寄一份交单面函（寄单通知书）。

9. 付款

开证行或保兑行在收到单据的次日起5个营业日内，及时核对，决定是否付款给交单行或受益人。

（1）单证相符或单证不符但开证行或保兑行接受不符点的，依法付款。

种类	付款期限
即期信用证	收到单据次日5个营业日内付款
远期信用证	收到单据次日5个营业日内发出到期付款确认书，于到期日付款

【注意】若受益人提交了相符单据或开证行已发出付款承诺，即便申请人交存的保证金及其存款账户余额不足支付，开证行仍应在规定的时间内付款。

（2）开证行或保兑行审核单据发现不符并决定拒付的，应在收到单据的次日起5个营业日内一次性将全部不符点以电子方式或其他快捷方式通知交单行或受益人。

10. 注销

注销指开证行对信用证未支用的金额解除付款责任的行为。

（1）开证行、保兑行、议付行未在信用证有效期内收到单据的，开证行可在信用证逾有效期1个月后予以注销。

（2）其他情况下，须经开证行、已办理过保兑的保兑行、已办理过议付的议付行、已办理过转让的转让行与受益人协商同意,或受益人、上述保兑行(议付行、转让行)声明同意注销信用证,并与开证行就全套正本信用证收回达成一致后,信用证方可注销。

五、预付卡

(一)预付卡的概念和分类

1. 概念

预付卡指发卡机构以特定载体和形式发行的、可在发卡机构之外购买商品或服务的预付价值。

2. 分类

(1)按用途分。

①单用途:只在本企业或同一品牌连锁商业企业购买商品、服务。

②多用途:可跨地区、跨行业、跨法人使用。

(2)按是否记载持卡人身份信息分:记名预付卡与不记名预付卡。

(二)预付卡的相关规定

		记名预付卡	不记名预付卡
1.透支		预付卡以人民币计价,不具有透支功能	
2.资金限额		单张资金限额不得超过5 000元	单张资金限额不得超过1 000元
3.挂失		可挂失	不可挂失
4.赎回		可赎回	不可赎回
5.有效期		不得设置有效期	(1)有效期不得低于3年 (2)超过有效期尚有资金余额的,可通过延期、激活、换卡等方式继续使用
6.提供身份证		需要	购买1万元以上需要
7.购买支付方式	(1)信用卡	不得使用信用卡购买预付卡	
	(2)转账等非现金结算方式	应当通过银行转账等非现金结算方式购买的: ①单位一次性购买预付卡5 000元以上 ②个人一次性购买预付卡5万元以上	
	(3)现金	单位、个人一次性购买预付卡未达到上面要求的,可现金购买	
8.充值支付方式	(1)信用卡	不得使用信用卡为预付卡充值	
	(2)银行转账	一次性充值金额5 000元以上的	
	(3)现金	一次性充值金额<5 000元的,可以现金充值 【注意】现金充值通过发卡机构网点进行,但单卡预付卡同日累计现金充值在200元以下的,可以通过自助充值终端、销售合作机构代理等方式充值	
【注意】单张预计卡充值后的资金余额不得超过规定限额			

	记名预付卡	不记名预付卡
9.使用规定	（1）不得用于或变相用于提现 （2）不得用于购买、交换非本发卡机构发行的预付卡、单一行业卡和其他商业预付卡或向其充值 （3）卡内资金不得向银行账户或非本发卡机构开立的网络支付账户转移	
10.发卡机构	机构必须在商业银行开立备付金专用存款账户存放预付资金	

【例4·单选】根据支付结算法律制度的规定，关于预付卡使用的下列表述中，正确的是（　　）。（2017年）

A. 可在发卡机构签约的特约商户中使用
B. 可向银行账户转移卡内资金
C. 可用于提取现金
D. 可用于购买非本发卡机构发行的预付卡

【答案】A

【解析】预付卡在发卡机构拓展、签约的特约商户中使用（选项A正确），不得用于或变相用于提取现金（选项C错误），不得用于购买、交换非本发卡机构发行的预付卡（选项D错误）、单一行业卡及其他商业预付卡或向其充值，卡内资金不得向银行账户或向非本发卡机构开立的网络支付账户转移（选项B错误）。

【例5·多选】根据支付结算法律制度规定，下列关于预付卡的表述中，正确的有（　　）。

A. 预付卡以人民币计价，不具有透支功能
B. 有资金余额但超过有效期的预付卡可通过延期、激活、换卡等方式继续使用
C. 记名预付卡不得设置有效期，不记名预付卡有效期不得低于3年
D. 单张记名预付卡资金限额不得超过50 000元

【答案】ABC

【解析】单张记名预付卡资金限额不得超过5 000元。

第七节　结算纪律与法律责任

一、结算纪律

结算纪律是银行、单位和个人办理支付结算业务所应遵守的基本规定。

1.单位和个人（四不准）	（1）不准签发没有资金保证的票据或远期支票，套取银行信用
	（2）不准签发、取得和转让没有真实交易和债权债务的票据，套取银行和他人资金
	（3）不准无理由拒绝付款，任意占用他人资金
	（4）不准违反规定开立和使用账户
2.银行（八不准）	（1）不准以任何理由压票、任意退票、截留挪用客户和他行资金
	（2）不准无理拒绝支付应由银行支付的票据款项
	（3）不准受理无理由拒付、不扣少扣滞纳金
	（4）不准违章签发、承兑、贴现票据，套取银行资金
	（5）不准签发空头银行汇票、银行本票和办理空头汇票
	（6）不准在支付结算制度之外规定附加条件，影响汇路畅通
	（7）不准违反规定为单位和个人开立账户
	（8）不准拒绝受理、代理他行正常结算业务

【例1·单选】根据支付结算法律制度的规定，下列关于结算纪律的表述中，正确的是（　　）。（2017年）

A.银行办理支付结算，不得以任何理由压票

B.单位和个人办理支付结算，不得以任何理由拒绝付款

C.银行办理支付结算，可以在支付结算制度之外附加条件

D.单位和个人办理支付结算，可以签发无资金保证的票据

【答案】A

【解析】选项B，单位和个人办理支付结算，不准无理由拒绝付款，任意占用他人资金；选项C，银行办理支付结算，不准在支付结算制度之外规定附加条件，影响汇路畅通；选项D，单位和个人办理支付结算，不准签发没有资金保证的票据或远期支票，套取银行信用。

二、违反支付结算法律制度的法律责任

具体违法情形		法律责任	
1.签发空头支票或者签发与其预留的签章不符的支票未构成犯罪的行为		（1）不以骗取财物为目的的，由中国人民银行处以票面金额5%但不低于1 000元的罚款；（2）持票人有权要求出票人赔偿支票金额的2%的赔偿金	
2.无理由拒付，占用他人资金的行为	（1）商业承兑汇票付款人故意压票、拖延支付	处以压票、拖延支付期间内每日票据金额0.7‰的罚款	
	（2）银行机构违反票据承兑等结算业务规定，不予兑现，不予收付入账，压单压票或者违反规定退票	①由银监会责令改正 ②有违法所得的，没收违法所得，违法所得5万元以上的，并处违法所得1倍以上5倍以下的罚款 ③没有违法所得或违法所得不足5万元的，处5万元以上50万元以下罚款	
3.违反账户规定行为		经营性存款人	非经营性存款人

续表

具体违法情形		法律责任	
（1）伪造、变造、私自印制开户许可证		a.给予警告并处1万元以上3万元以下的罚款 b.构成犯罪的，移交司法机关依法追究刑事责任	a.给予警告并处1 000元的罚款 b.构成犯罪的，移交司法机关依法追究刑事责任
（2）开立、撤销	①违反规定开立银行结算账户		
	②伪造、变造证明文件欺骗银行开立银行结算账户		
	③违反规定不及时撤销银行结算账户		
（3）使用	①违反规定将单位款项转入个人银行结算账户	给予警告并处5 000元以上3万元以下的罚款	给予警告并处1 000元的罚款
	②违反规定支取现金		
	③利用开立银行结算账户逃废银行债务		
	④出租、出借银行结算账户		
	⑤从基本存款账户之外的银行结算账户转账存入、将销货收入存入或现金存入单位信用卡账户		
	⑥法定代表人、主要负责人、存款人地址及其他开户资料的变更事项未按规定通知银行	给予警告并处1 000元的罚款	
4.票据欺诈等行为的法律责任		依法追究刑事责任	

【例2•单选】空头支票罚款的标准是（　　）。

A.票面金额5%但不高于1 000元

B.票面金额5%但不低于1 000元

C.票面金额3%但不低于1 000元

D.票面金额3%但不高于1 000元

【答案】B

【解析】空头支票罚款的标准为票面金额5%但不低于1 000元。

第四章 增值税、消费税法律制度

第一节 税收法律制度概述

一、税收与税收法律关系

（一）税收与税法

1. 税收

税收是指以国家为主体，为实现国家职能，凭借政治权力，按照法定标准，无偿取得财政收入的一种特定分配形式。

2. 税法

税法即税收法律制度，是调整税收关系的法律规范的总称，是国家法律的重要组成部分。

（二）税收法律关系

1. 主体

税收法律关系的主体是指税收法律关系中享有权利和承担义务的当事人。

（1）一方是代表国家行使征税职责的国家税务机关，包括国家各级税务机关和海关。

（2）另一方是履行纳税义务人，包括法人、自然人和其他组织。

【注意】对这种权利主体的确定，我国采取属地属人原则，即在华的外国企业、组织、外籍人、无国籍人等凡在中国境内有所得来源的，都是我国税收法律关系的主体。

2. 客体

税收法律关系的客体是指主体的权利、义务所共同指向的对象，也就是征税对象。

3. 内容

税收法律关系的内容是指主体所享受的权利和所应承担的义务，这是税收法律关系中最实质的东西，也是税法的灵魂。

【例1·多选】2016年9月，主管税务机关对甲公司2015年度企业所得税的纳税情况进行检查，要求甲公司补缴企业所得税税款56万元并在规定时限内申报缴纳，甲公司以2015年企业所得税税款是聘请乙税务师事务所计算申报为由，请求主管税务机关向乙税务师事务所追缴税款，主管税务机关未接受甲公司的请求，并依照法律规定责令甲公司提供纳税担保，甲公司请丙公司提供纳税担保并得到税务机关的确认。上述事件中涉及的机关和企业中，属于税收法律关系主体的有(　　)。（2017年）

A. 乙税务师事务所　　　　　　　B. 甲公司
C. 丙公司　　　　　　　　　　　D. 主管税务机关

【答案】BCD

【解析】（1）税收法律关系主体分为征税主体和纳税主体；（2）征税主体包括

各级税务机关（选项D）、海关等；（3）纳税主体包括纳税人（选项B）、扣缴义务人、纳税担保人（选项C）。

二、税法要素

税法要素	内容
1.纳税义务人	（1）纳税人：是指依法直接负有纳税义务的法人、自然人和其他组织 （2）扣缴义务人：是税法规定的，在其经营活动中负有代扣税款并向国库交纳义务的单位
2.征税对象	又称课税对象，是纳税的客体
3.税目	税目是征税对象的具体化
4.税率	（1）比例税率 （2）累进税率 ①全额累进税率 ②超额累进税率 ③超率累进税率 （3）定额税率
5.计税依据	（1）从价计征：是以计税金额为计税依据 （2）从量计征：是以征税对象的重量、体积、数量等为计税依据
6.纳税环节	是指税法规定的征税对象在从生产到消费的流转过程中应当缴纳税款的环节
7.纳税期限	包括纳税义务发生时间、纳税期限、缴库期限
8.纳税地点	纳税人具体申报缴纳税收的地方
9.税收优惠	（1）减税和免税 （2）起征点：征税对象的数额没有达到规定起征点的不征税；达到或超过起征点的，就其全部数额征税 （3）免征额：对纳税对象中的一部分给予减免，只就减除后的剩余部分计征税款
10.法律责任	税法中的法律责任包括行政责任和刑事责任

三、我国的税收管理体制与现行税种

1.国税局	（1）增值税；（2）消费税；（3）车辆购置税；（4）各银行、保险公司集中缴纳的所得税和城市维护建设税；（5）中央企业缴纳的所得税；（6）地方银行及非银行金融企业缴纳的所得税；（7）海洋石油企业缴纳的所得税、资源税；（8）股票交易印花税；（9）中央与地方所属企业、事业单位组成的联营企业、股份制缴纳的所得税；（10）出口产品退税的管理
2.地税局	（1）部分企业所得税；（2）个人所得税；（3）房产税；（4）契税；（5）土地增值税；（6）城镇土地使用税；（7）车船税；（8）印花税（除股票交易印花税之外）；（9）资源税；（10）烟叶税；（11）耕地占用税；（12）环境保护税；（13）城市维护建设税和教育费附加
3.海关	（1）关税；（2）船舶吨税；（3）委托代征的进口环节增值税、消费税

第二节 增值税法律制度

一、增值税纳税人

（一）纳税人

增值税的纳税人，是在中华人民共和国境内销售货物或者提供加工、修理修配劳务、进口货物，以及销售服务、无形资产或者不动产的单位和个人。

（二）纳税人的分类

	小规模纳税人	一般纳税人
工业	年应税销售额≤50万元	年应税销售额＞50万元
商业	年应税销售额≤80万元	年销售额＞80万元
营改增	年应税销售额≤500万元	年应税销售额＞500万元
住宿业、建筑业和鉴证咨询业等行业小规模纳税人试点自行开具增值税专用发票（销售其取得的不动产除外），税务机关不再为其代开		
下列纳税人不属于一般纳税人： 1.个体工商户以外的其他个人 2.选择按照小规模纳税人纳税的非企业性单位 3.选择按照小规模纳税人纳税的不经常发生应税行为的企业		

【注意】除国家税务总局另有规定外，纳税人一经登记为一般纳税人后，不得转为小规模纳税人。

【例1·单选】下列关于纳税人的表述中，不属于增值税一般纳税人的是（   ）。

A.年销售额为60万元的从事货物生产的个体经营者

B.年销售额为70万元的从事货物生产的企业

C.年销售额为100万元的从事货物批发的个人

D.年销售额为100万元的从事货物批发零售的企业

【答案】C

【解析】个人不属于增值税一般纳税人。

（三）扣缴义务人

中华人民共和国境外单位或者个人在境内发生应税行为，在境内未设有经营机构的，以购买方为增值税扣缴义务人。

二、增值税征税范围

（一）销售货物

销售货物是有偿转让货物的所有权。货物，是指有形动产，包括电力、热力、气体在内。有偿，是指从购买方取得货币、货物或其他经济利益。

（二）提供应税劳务

提供应税劳务，是指有偿提供加工、修理修配劳务。

加工，是指受托加工货物，即委托方提供原料及主要材料，受托方按照委托方的要求，制造货物并收取加工费的业务。

修理修配，是指受托对损伤和丧失功能的货物进行修复，使其恢复原状和功能的业务。

（三）进口货物

只要是报关进口的应税货物，均属于增值税的征税范围，除享受免税政策外，在进口环节缴纳增值税。

（四）销售服务

1. 交通运输服务

交通运输服务包括陆路运输服务、水路运输服务、航空运输服务和管道运输服务。

【注意1】出租车公司向使用本公司自有出租车司机收取的管理费用，按照路陆运输服务缴纳增值税。

【注意2】水路运输的程租、期租业务，属于水路运输服务。

【注意3】无运输工具承运业务，按照交通运输服务缴纳增值税。

2. 邮政服务

邮政服务包括邮政普遍服务、邮政特殊服务、其他邮政服务。

3. 电信服务

（1）基础电信服务，是指利用固网、移动网、卫星、互联网，提供语音通话服务的业务活动，以及出租或出售宽带、波长等网络元素的业务活动。

（2）增值电信服务，是指利用固网、移动网、卫星、互联网、有线电视网络，提供短信和彩信服务、电子数据和信息的传输及应用服务、互联网接入服务等业务活动。

【注意】卫星电视信号落地转接服务，按照增值电信服务缴纳增值税。

4. 建筑服务

（1）工程服务，是指新建、改建各种建筑物、构筑物的工程作业。

（2）安装服务，是指生产设备、动力设备、起重设备、运输设备、传动设备、医疗实验设备以及其他各种设备、设施的装配、安置工程作业。

（3）修缮服务，是指对建筑物、构筑物进行修补、加固、养护、改善，使之恢复原来的使用价值或延长其使用期限的工程作业。

（4）装饰服务，是指对建筑物、构建物进行修饰装修，使之美观或具有特定用途的工程作业。

（5）其他建筑服务，是指上列工程作业之外的各种工程作业服务，如钻井（打井）、平整土地、园林绿化、矿山穿孔等工程作业。

5. 金融服务

（1）贷款服务：

①各种占用、拆借资金取得的收入，包括金融商品持有期间（含到期）利息（保本收益、报酬、资金占用费、补偿金等）收入、信用卡透支利息收入、买入返售金融商品利息收入、融资融券收取的利息收入，以及融资性售后回租、押汇、罚息、票据贴现、转贷等业务取得的利息及利息性质的收入。

②以货币投资收取的固定利润或保底利润，按照贷款服务缴纳增值税。

（2）直接收费金融服务：包括提供货币兑换、账户管理、电子银行、信用卡、信用证、财务担保、资产管理、信托管理、基金管理、金融交易场所（平台）管理、资金结算、资金清算、金融支付等服务。

（3）保险服务：包括人身保险服务和财产保险服务。

（4）金融转让服务：是指转让外汇、有价证券、非货物期货和其他金融商品（包括基金、信托、理财产品等各类资产管理产品和各种金融衍生品）所有权的业务活动。

【例2•单选】以下属于金融服务——贷款服务的是（　　）。
A.资金结算　　　　　　　　B.账户管理费
C.金融支付　　　　　　　　D.融资性售后回租
【答案】D
【解析】选项ABC，按照"金融服务——直接收取金融服务"计缴增值税。

6.现代服务

（1）研发和技术服务：包括研发服务、合同能源管理服务、工程勘察勘探服务、专业技术服务。

（2）信息技术服务：包括软件服务、电路设计及测试服务、信息系统服务、业务流程管理服务和信息系统增值服务。

（3）文化创意服务：包括设计服务、知识产权服务、广告服务和会议展览服务。

（4）物流辅助服务：包括航空服务、港口码头服务、货运客运场站服务、打捞救助服务、装卸搬运服务、仓储服务和收派服务。

（5）租赁服务，包括融资租赁服务和经营租赁服务。

【注意1】融资性售后回租按照金融服务缴纳增值税。

【注意2】将建筑物、构筑物等不动产或者飞机、车辆等有形动产的广告位出租给其他单位或个人用于发布广告，按照经营租赁服务缴纳增值税。

【注意3】车辆停放服务、道路通行服务（包括过路费、过桥费、过闸费等）等按照不动产租赁服务缴纳增值税。

（6）鉴证咨询服务：包括认证服务、鉴证服务和咨询服务。翻译服务和市场调查服务按照咨询服务缴纳增值税。

（7）广播影视服务：包括广播影视节目（作品）的制作服务、发行服务和播映（含放映）服务。

（8）商务辅助服务，包括企业管理服务、经纪代理服务、人力资源服务、安全保护服务。

（9）其他现代服务。

7.生活服务

（1）文化体育服务。

（2）教育医疗服务。

（3）旅游娱乐服务。

（4）餐饮住宿服务。

（5）居民日常服务（包括市容市政管理、家政、婚庆、养老、殡葬、照料和护理、救助救济、美容美发、按摩、桑拿、氧吧、足疗、沐浴、洗染、摄影扩印等服务）。

（6）其他生活服务。

（五）销售无形资产

销售无形资产是指转让无形资产所有权或使用权的业务活动，包括技术、商标、著作权、商誉、自然资源使用权和其他权益性无形资产。

（六）销售不动产

销售不动产是指转让不动产所有权的业务活动。

转让建筑物有限产权或者永久使用权的，转让在建的建筑物或者构筑物所有权的，以及在转让建筑物或者构筑物时一并转让其所占土地的使用权的，按照销售不动产缴纳增值税。

（七）非经营活动的界定

1. 销售服务、无形资产或者不动产

这主要是指有偿提供服务、有偿转让无形资产或者不动产。但属于下列非经营活动的情形除外：

（1）行政单位收取的同时满足以下条件政府性基金或行政事业性收费：

①由国务院或财政部批准设立的政府性基金，由国务院或省级人民政府及其财政、价格主管部门批准设立的行政事业性收费。

②收取时开具省级以上（含省级）财政部门监（印）制的财政票据。

③所收取款项全额上缴财政。

（2）单位或个体工商户聘用的员工为本单位或雇主提供取得工资的服务。

（3）单位或个体工商户为聘用的员工提供服务。

（4）财政部和国家税务总局规定的其他情形。

2. 在境内销售服务、无形资产或不动产

（1）服务（租赁不动产除外）或者无形资产（自然资源使用权除外）的销售方或购买方在境内。

（2）所销售或租赁的不动产在境内。

（3）所销售自然资源使用权的自然资源在境内。

（4）财政部和国家税务总局规定的其他情形。

3. 不属于在境内销售服务或无形资产的情形

（1）境外单位或个人向境内单位或个人销售完全在境外发生的服务（使用的无形资产）或出租完全在境外使用的有形动产。

（2）财政部和国家税务总局规定的其他情形。

（八）视同销售货物行为

1. 视同销售货物	（1）委托代销货物 （2）销售代销货物 （3）异地（非同一县市）移送 （4）自产、委托加工的货物无论对内、对外均视同销售 （5）购进的货物只有对外才视同销售 【注意】对内行为：集体福利、个人消费。对外行为：投资、分配股利、无偿赠送
2. 视同销售服务、无形资产或者不动产	单位、个体工商户或个人向其他单位或者个人无偿提供服务或无偿转让无形资产、不动产，但用于公益事业或者以社会公众为对象的除外

【例3·多选】下列各项中，视同销售的有（　　）。（2018年）
A. 自产货物用于集体福利　　　　B. 自产货物用于投资
C. 外购货物无偿赠送他人　　　　D. 外购货物用于个人消费
【答案】ABC
【解析】外购货物对外才视同销售。故选项D错误。

（九）混合销售

混合销售是指一项销售行为中同时存在货物和服务的混合。

混合销售按经营主业缴纳增值税。

【注意】自2017年5月起，纳税人销售活动板房、机器设备、钢结构件等自产货物的同时提供建筑、安装服务，不属于混合销售，应分别核算货物和建筑服务的销售额，分别适用不同的税率或者征收率。

（十）兼营

1. 概念

兼营是指同一纳税主体，既销售货物、加工修理修配劳务，又销售服务、无形资产、不动产。

2. 税率及征收率

纳税人发生兼营行为，应当分别核算适用不同税率或征收率的销售额，未分别核算销售额的，按照以下办法适用税率或征收率：

（1）兼有不同税率的销售货物、加工修理修配劳务、服务、无形资产或不动产，从高适用税率。

（2）兼有不同征收率的销售货物、加工修理修配劳务、服务、无形资产或不动产，从高适用征收率。

（3）兼有不同税率和征收率的销售货物、加工修理修配劳务、服务、无形资产或不动产，从高适用税率。

（十一）征税范围的特殊规定

1. 征收增值税项目

（1）货物期货（包括商品期货和贵金属期货），应当征收增值税。

（2）银行销售金银的业务，应当征收增值税。

（3）典当业的死当物品销售业务和寄售业代委托人销售寄售物品的业务，均应征收增值税。

（4）缝纫业务，应征收增值税。

（5）基本建设单位和从事建筑安装业务的企业附设的工厂、车间生产的水泥预制构件、其他构件或建筑材料，用于本单位或本企业建筑工程的，在移送使用时，征收增值税。

（6）电力公司向发电企业收取的过网费，应当征收增值税。

（7）旅店业和饮食业纳税人销售非现场销售的饰品应当缴纳增值税。

（8）纳税人提供的矿产资源开采、挖掘、切割、破碎、分拣、洗选等劳务，属于增值税应税劳务，应当缴纳增值税。

2. 不征收增值税项目

（1）根据国家指令无偿提供的铁路运输服务、航空服务用于公益事业的服务。

（2）存款利息。

（3）被保险人获得的保险赔付。

（4）房地产主管部门或其指定机构、公积金管理中心、开发企业以及物业管理单位代收的住宅专项维修资金。

（5）在资产重组过程中，通过合并、分立、出售、置换等方式，将全部或部分实物资产以及与其相关联的债权、负债和劳动力一并转让给其他单位和个人，其中涉及的不动产、土地使用权转让行为。

三、增值税税率和征收率

（一）税率

纳税人	税率	税目（项目）
1.一般纳税人（税率）	17%	销售、进口货物；加工、修理修配劳务；有形动产租赁服务
	11%	（1）农产品；（2）食用植物油、自来水、暖气、冷气、热水、煤气、石油液化气、天然气、沼气、居民用煤炭制品、图书、报纸、杂志、化肥、农药、农机、农膜；（3）饲料；（4）音像制品；（5）电子出版物；（6）二甲醚；（7）食用盐
		交通运输、邮政、基础电信、建筑、不动产租赁、销售不动产、转让土地使用权
	6%	增值电信、金融、现代服务（租赁服务除外）、生活服务、销售无形资产（转让土地使用权除外）
	5%	（1）转让、出租2016.4.30前取得的不动产 （2）房地产开发企业销售自行开发的房产老项目 【注意】前提是选择简易计税方法计税的
	3%	一般纳税人采用简易办法征税
	零税率	（1）出口货物
		（2）航天服务
		（3）国际运输服务
		（4）跨境应税行为：①研发；②合同能源管理；③设计服务；④广播影视节目（作品）；⑤软件服务；⑥电路设计及测试；⑦信息系统；⑧业务流程管服务；⑨离岸服务外包业务；⑩转让技术

续表

纳税人	税率	税目（项目）
2.小规模纳税人（征收率）	5%	（1）转让、出租（不含个人）其取得的不动产 （2）房地产开发企业销售自行开发房产项目
	3%	销售货物、提供应税劳务
	2%	小规模纳税人销售自己使用过的固定资产

（二）征收率的一般规定

具体情况			计税公式
小规模	其他个人		免征增值税
	销售自己使用过的固定资产		应缴纳的增值税＝含税售价÷（1+3%）×2%
	销售旧货		应缴纳的增值税＝含税售价÷（1+3%）×2%
	销售自己使用过的固定资产以外的其他物品		应缴纳的增值税＝含税售价÷（1+3%）×3%
一般	自己使用过的物品	固定资产	按规定不得抵扣且未抵扣过进项税	应缴纳的增值税＝含税售价÷（1+3%）×2%
			按规定可以抵扣进项税	销项税额＝含税售价÷（1+适用税率）×适用税率
		固定资产以外的其他物品		销项税额＝含税售价÷（1+适用税率）×适用税率
	旧货		应缴纳的增值税＝含税售价÷（1+3%）×2%

可选择按照简易办法依照3%征收率	（1）小型水力发电单位生产的电力；（2）砂、土、石料；（3）砖、瓦、石灰；（4）用微生物等制成的生物制品；（5）自来水；（6）以水泥为原料生产的水泥混凝土 【注意】一般纳税人的自来水公司销售自来水按3%征收率征收增值税，不得抵扣进项税
应当按照3%征收率	（1）寄售商店代销寄售物品 （2）典当业销售死当物品

四、增值税应纳税额的计算

（一）一般计税方法应纳税额的计算

当期应纳税额＝当期销项税额－当期准予抵扣的进项税额

当期销项税额＝不含增值税销售额×适用税率

　　　　　　＝含增值税销售额÷（1+适用税率）×适用税率

1. 销售额的确定

销售额的构成	包括：全部价款＋价外费用（如销售货物时价外向买方收取的手续费、违约金、延期付款利息、赔偿金、包装费、优质费、补贴、基金、集资费、返还利润、奖励费、滞纳金、代收款项、代垫款项、包装物租金、储备费、运输装卸费以及其他各种性质的价外收费等）
	不包括：（1）收取的增值税；（2）代收代缴的消费税；（3）代收符合条件的政府性基金或行政事业性收费；（4）代收保险费、车辆购置税和车辆牌照费
价税分离	计入销售额中的价款和价外费用均为不含增值税的金额 计算公式：不含税销售额＝含税销售额÷（1+增值税税率） 【注意】默认含税销售额：（1）零售价；（2）价外费用；（3）普通发票

续表

视同销售	按下列顺序确定销售额： （1）按纳税人最近时期同类货物的平均销售价格确定 （2）按其他纳税人最近时期同类货物的平均销售价格确定 （3）按组成计税价格确定 ①组成计税价格＝成本×（1＋成本利润率） ②组成计税价格＝成本×（1＋成本利润率）÷（1－消费税税率）	
特殊销售方式	（1）折扣方式	①销售额和折扣额在同一张发票上的金额栏分别注明，按折扣后的销售额征收增值税 ②将折扣额另开发票，不得从销售额中减除折扣额
	（2）以旧换新	①一般货物：按新货物的同期销售价格确定销售额，不得扣减旧货物的收购价格 ②金银首饰：按照销售方实际收取的不含增值税的价款征收增值税
	（3）包装物押金	①一般货物（包括啤酒、黄酒）：收取的1年以内的押金并且未超过合同规定期限（未逾期），单独核算的，不并入销售额 ②一般货物（包括啤酒、黄酒）：按合同约定逾期或收取1年以上的押金，无论是否退还均并入销售额征税（视为含税收入需换算处理） ③对销售除"啤酒、黄酒"外的其他酒类产品而收取的包装物押金，无论是否返还以及会计上如何核算，均应并入收取当期销售额中征税
	（4）以物易物方式销售	①以物易物双方都应作购销处理，以各自发出的货物核算销售额并计算销项税额，以各自收到的货物按规定核算购货额并计算进项税额 ②在以物易物活动中，应分别开具合法的票据，如收到的货物不能取得相应的增值税专用发票或其他合法票据的，不能抵扣进项税额
	（5）还本销售方式销售	①属于一种筹资，是以货物换取资金的使用价值，到期还本不付息的方法 ②纳税人采取还本销售方式销售货物，其销售额就是货物的销售价格，不得从销售额中减除还本支出
	（6）直销方式销售	①直销员将货物销售给消费者时，应按照现行规定缴纳增值税 ②直销企业通过直销员向消费者销售货物，直接向消费者收取货款，直销企业的销售额为其向消费者收取的全部价款和价外费用

【例4•多选】根据增值税法律制度的规定，纳税人销售货物向购买方收取的下列款项中，属于价外费用的有（ ）。（2017年）

A.延期付款利息　　　　　　　　B.赔偿金
C.手续费　　　　　　　　　　　D.包装物租金

【答案】ABCD

【解析】销售货物时价外向买方收取的手续费、违约金、延期付款利息、赔偿金、包装费、优质费、包装物租金等均属于价外费用，无论会计上如何核算，均应计入销售额。

【例5·单选】甲便利店为增值税小规模纳税人,2016年第四季度零售商品取得收入103 000元,将一批外购商品无偿赠送给物业公司用于社区活动,该批商品的含税价格为721元。已知增值税征收率为3%。计算甲便利店第四季度应缴纳增值税税额的下列算式中,正确的是( )。(2017年)

A. [103 000+721÷(1+3%)]×3% = 3 111(元)

B. (103 000+721)×3% = 3 111.63(元)

C. [103 000÷(1+3%)+721]×3% = 3 021.63(元)

D. (103 000+721)÷(1+3%)×3% = 3 021(元)

【答案】D

【解析】甲便利店第四季度应缴纳增值税税额=(103 000+721)÷(1+3%)×3% = 3 021(元)。

2. 营改增行业销售额的确定

类型	业务种类	销售额的确定
全额计税	①贷款服务	全部利息及利息性质的收入
	②直接收费金融服务	收取的手续费等各类费用
差额计税	①金融商品转让	卖出价扣除买入价后的余额
	②经纪代理服务	全部价款和价外费用,扣除委托方收取并代为支付的政府性基金或者行政事业性收费后的余额
	③航空运输企业的销售额	不包括代收的机场建设费和代收转付其他航空运输企业客票而代收转付的价款
	④一般纳税人提供客运场站服务	全部价款和价外费用,扣除支付给承运方运费后的余额
	⑤旅游服务	全部价款和价外费用,扣除向旅游服务购买方收取并支付给其他单位或者个人的住宿费、餐饮费、交通费、签证费、门票费和支付给其他接团旅游企业的旅游费用后的余额
	⑥房地产开发企业中的一般纳税人销售其开发的房地产项目(选择简易计税方法的房地产老项目除外)	全部价款和价外费用,扣除受让土地时向政府部门支付的土地价款后的余额

【例6·多选】下列关于计税销售额的表述中,正确的有( )。

A. 金融企业转让金融商品,按照卖出价扣除买入价后的余额为销售额

B. 银行提供贷款服务,以提供贷款服务取得的全部利息及利息性质的收入为销售额

C. 建筑企业提供建筑服务适用一般计税方法的,以取得的全部价款和价外费用扣除支付的分包款后的余额为销售额

D. 房地产开发企业销售其开发的房地产项目适用一般计税方法的,以取得的全部价款和价外费用扣除受让土地时向政府部门支付的土地价款后的余额为销售额

【答案】ABD

【解析】根据《营业税改征增值税试点实施办法》及相关规定,试点纳税人提供

建筑服务适用简易计税方法的，以取得的全部价款和价外费用扣除支付的分包款后的余额为销售额。

3.进项税额的确定

（1）准予抵扣的进项税额：

①从销售方取得的增值税专用发票（含税控机动车销售统一发票）上注明的增值税税额。

②从海关取得的海关进口增值税专用缴款书上注明的增值税税额。

③购进农产品，自2017年7月1日起，按照规定扣除率和办法计算扣除。

④从境外单位或者个人购进服务、无形资产或者不动产，自税务机关或者扣缴义务人取得的解缴税款的完税凭证上注明的增值税税额。

⑤原增值税一般纳税人购进货物或者接受加工、修理修配劳务，用于《销售服务、无形资产或者不动产注释》所列项目的，不属于《增值税暂行条例》第十条所称的用于非增值税应税项目，其进项税额准予从销项税额中抵扣。

⑥原增值税一般纳税人购进服务、无形资产或者不动产，取得的增值税专用发票上注明的增值税税额为进项税额，准予从销项税额中抵扣。

⑦原增值税一般纳税人自用的应征消费税的摩托车、汽车、游艇，其进项税额准予从销项税额中抵扣。

（2）不得抵扣的进项税额：

①用于简易计税方法计税项目、免征增值税项目、集体福利或者个人消费的购进货物、加工修理修配劳务、服务、无形资产和不动产。其中涉及的固定资产、无形资产、不动产，仅指专用于上述项目的固定资产、无形资产（不包括其他权益性无形资产）、不动产。

②非正常损失的购进货物，以及相关的加工修理修配劳务和交通运输服务。

③非正常损失的在产品、产成品所耗用的购进货物（不包括固定资产）、加工修理修配劳务和交通运输服务。

④非正常损失的不动产，以及该不动产所耗用的购进货物、设计服务和建筑服务。

⑤非正常损失的不动产在建工程所耗用的购进货物、设计服务和建筑服务。

⑥购进的旅客运输服务、贷款服务、餐饮服务、居民日常服务和娱乐服务。

⑦纳税人接受贷款服务向贷款方支付的与该笔贷款直接相关的投融资顾问费、手续费、咨询费等费用，其进项税额不得从销项税额中抵扣。

⑧财政部和国家税务总局规定的其他情形。

【例7·单选】根据增值税法律制度的规定，一般纳税人购进货物发生的下列情形中，不得从销项税额中抵扣进项税额的有（　　）。（2018年）

A.将购进的货物分配给股东

B.将购进的货物投资给其他单位

C.将购进的货物无偿赠送给客户

D. 将购进的货物用于集体福利

【答案】D

【解析】购进的货物用于集体福利不视同销售，进项税额不得抵扣。

（3）适用一般计税方法的纳税人，兼营简易计税方法计税项目、免征增值税项目而无法划分不得抵扣的进项税额，按照下列公式计算不得抵扣的进项税额：

不得抵扣的进项税额＝当期无法划分的全部进项税额×（当期简易计税方法计税项目销售额＋免征增值税项目销售额）÷当期全部销售额

（4）已抵扣进项税额的购进货物或应税劳务如果事后改变用途，应当将该项购进货物或者应税劳务的进项税额从当期的进项税额中扣减；无法确定该项进项税额的，按当期外购项目的实际成本计算应扣减的进项税额。

（5）已抵扣进项税额的购进服务，发生《营业税改征增值税试点实施办法》规定的不得从销项税额中抵扣情形（简易计税方法计税项目、免征增值税项目除外）的，应当将该进项税额从当期进项税额中扣减；无法确定该进项税额的，按照当期实际成本计算应扣减的进项税额。

（6）已抵扣进项税额的无形资产或者不动产，发生税法规定的不得从销项税额中抵扣情形的，按照下列公式计算不得抵扣的进项税额：

不得抵扣的进项税额＝无形资产或者不动产净值×适用税率

（7）纳税人适用一般计税方法计税的，因销售折让、中止或者退回而退还给购买方的增值税税额，应当从当期的销项税额中扣减；因销售折让、中止或者退回而收回的增值税税额，应当从当期的进项税额中扣减。

（8）适用一般计税方法的试点纳税人，2016年5月1日后取得并在会计制度上按固定资产核算的不动产或者2016年5月1日后取得的不动产在建工程，其进项税额应自取得之日起分两年从销项税额中抵扣，第一年抵扣比例为60%，第二年抵扣比例为40%。

【注意1】取得不动产，包括以直接购买、接受捐赠、接受投资入股、自建以及抵债等各种形式取得不动产，不包括房地产开发企业自行开发的房地产项目。

【注意2】融资租入的不动产以及在施工现场修建的临时建筑物、构筑物，其进项税额不适用上述分2年抵扣的规定。

（9）按照税法规定不得抵扣且未抵扣进项税额的固定资产、无形资产、不动产，发生用途改变，用于允许抵扣进项税额的应税项目，可在用途改变的次月按照下列公式计算可以抵扣的进项税额：

可抵扣的进项税额＝固定资产、无形资产、不动产净值/(1+适用税率)×适用税率

（10）一般纳税人发生特殊应税行为可以选择适用简易计税方法计税，不允许抵扣进项税额。

①公共交通运输服务，包括轮客渡、公交客运、地铁、城市轻轨、出租车、长途客运、班车。

②经认定的动漫企业为开发动漫产品提供的动漫脚本编撰、形象设计、背景设计、动漫设计、分镜、动漫制作、摄制、描线、上色、画面合成、配音、配乐、音效合成、剪辑、字幕制作、压缩转码（面向网络动漫、手机动漫格式适配）服务，以及在境内转让动漫版权（包括动漫品牌、形象或者内容的授权及再授权）。

③电影放映服务、仓储服务、装卸搬运服务、收派服务和文化体育服务。

④以纳税人营改增试点之日前取得的有形动产为标的物提供的经营租赁服务。

⑤在纳入营改增试点之日前签订的尚未执行完毕的有形动产租赁合同。

(二)简易计税方法应纳税额的计算

小规模纳税人销售货物、提供应税劳务或者发生应税行为采用简易计税方法计税，不得抵扣进项税额。

【注意1】一般纳税人发生规定中特定的应税行为，可以选择适用简易计税，但一经选择，36个月不得变更。

【注意2】纳税人适用简易计税方法计税的，因销售折让、中止或者退回退还给购买方的销售额，应当从当期销售额中扣减。扣减当期销售额后仍有余额造成多缴的税款，可以从以后的应纳税额中扣减。

计算公式：

应纳税额 = 销售额 × 3%

销售额 = 含税销售额 ÷（1+3%）

【例8·单选】甲商店为增值税小规模纳税人，2015年8月销售商品取得含税销售额61 800元，购入商品取得普通发票注明金额10 000元。已知增值税税率为17%，征收率为3%，当月应缴纳增值税税额的下列计算列式中，正确的是（ ）。（2016年）

A.61 800 ÷ (1+3%) × 3% − 10 000 × 3% = 1 500(元)

B.61 800 × 3% = 1 854(元)

C.61 800 × 3% − 10 000 × 3% = 1 554(元)

D.61 800 ÷ (1+3%) × 3% = 1 800(元)

【答案】D

【解析】（1）小规模纳税人销售货物，应按照3%的征收率计算应纳税额，不得抵扣进项税额；（2）计税依据含增值税的，应价税分离计算应纳税额。

(三)进口货物应纳税额的计算

应纳税额=组成计税价格 × 税率	
（1）一般货物组成计税价格	组成计税价格=关税完税价格+关税
（2）应税消费品组成计税价格	组成计税价格=关税完税价格+关税+消费税 =（关税完税价格+关税）÷（1−消费税比例税率）

【例9·单选】2014年10月甲公司进口货物一批,海关审定货价为80万元,运抵我国海关前发生的运输费、保险费等共计20万元,缴纳关税税额10万元。已知增值税税率为17%。甲公司当月进口该批货物应缴纳增值税税额的下列计算中,正确的是( )。

A.(80+10)×17% = 15.3(万元)

B.(80+20)×17% = 17(万元)

C.80×17% = 13.6(万元)

D.(80+20+10)×17% = 18.7(万元)

【答案】D

【解析】(1)进口货物的完税价格包括进口货物的成交价格、运抵我国关境内输入地点起卸前的包装费、运费、保险费和其他劳务费等。(2)纳税人进口货物,应缴纳的增值税=(关税完税价格+关税)×增值税税率。

(四)扣缴计税方法

境外单位或个人在境内发生应税行为,在境内未设有经营机构的,扣缴义务人按照下列公式计算应扣缴税额:

应扣缴税额=购买方支付的价款÷(1+税率)×税率

【例10·不定项】甲公司为增值税一般纳税人,主要生产和销售洗衣机。2014年3月有关经济业务如下:

(1)购进一批原材料,取得增值税专用发票上注明的税额为272 000元;支付运输费,取得增值税专用发票上注明的税额为2 750元。

(2)购进低值易耗品,取得增值税普通发票上注明的税额为8 500元。

(3)销售A型洗衣机1 000台,含增值税销售单价3 510元/台;另收取优质费526 500元、包装物租金175 500元。

(4)采取以旧换新方式销售A型洗衣机50台,旧洗衣机含增值税作价117元/台。

(5)向优秀职工发放A型洗衣机10台,生产成本2 106元/台。

已知:增值税税率为17%,上期留抵增值税额59 000元,取得的增值税专用发票已通过税务机关认证。

要求:根据上述资料,分别回答下列问题。

1.甲公司下列增值税进项税额中,准予抵扣的是( )。

A.购进低值易耗品的进项税额8 500元

B.上期留抵的增值税额59 000元

C.购进原材料的进项税额272 000元

D.支付运输费的进项税额2 750元

【答案】BCD

【解析】选项A,购进低值易耗品取得的是"增值税普通发票"(而非增值税专用发票),不得抵扣进项税额。

2.甲公司当月销售A型洗衣机增值税销项税额的下列计算中,正确的是( )。

A. [1 000×3 510+526 500÷（1+17%）]×17% = 673 200（元）
B. （1 000×3 510+526 500+175 500）×17% = 716 040（元）
C. （1 000×3 510+526 500+175 500）÷（1+17%）×17% = 612 000（元）
D. 1 000×3 510×17% = 596 700（元）

【答案】C

【解析】销售洗衣机同时收取的优质费、包装物租金均属于价外费用（视为含税收入），应价税分离后并入销售额。

3. 甲公司当月以旧换新方式销售 A 型洗衣机增值税销项税额的下列计算中，正确的是（　　）。

A. 50×3 510×17% = 29 835（元）
B. 50×（3 510 − 117）÷（1+17%）×17% = 24 650（元）
C. 50×3 510÷（1+17%）×17% = 25 500（元）
D. 50×（3 510 − 117）×17% = 28 840.5（元）

【答案】C

【解析】（1）除金银首饰外，纳税人采取以旧换新方式销售货物的，应按新货物的同期销售价格确定销售额，不得扣减旧货物的收购价格；（2）甲公司当月以旧换新方式销售 A 型洗衣机增值税销项税额 = 50×3 510÷（1+17%）×17% = 25 500（元）。

4. 甲公司当月向优秀职工发放 A 型洗衣机增值税销项税额下列计算中，正确的是（　　）。

A. 10×2 106÷（1+17%）×17% = 3 060（元）
B. 10×3 510×17% = 5 967（元）
C. 10×2 106×17% = 3 580.2（元）
D. 10×3 510÷（1+17%）×17% = 5 100（元）

【答案】D

【解析】（1）纳税人将自产的货物用于集体福利或者个人消费的，视同销售货物征收增值税；（2）由于甲公司最近时期一直在销售 A 型洗衣机，无需计算组成计税价格，甲公司当月向优秀职工发放 A 型洗衣机增值税销项税额 = 10×3 510÷（1+17%）×17% = 5 100（元）。

五、增值税税收优惠

(一)《增值税暂行条例》及其实施细则规定的免税项目

农业生产者销售自产农产品。

避孕药品和用具。

古旧图书。

用于科研教学的进口仪器、设备。

外国政府、国际组织无偿援助的进口物资和设备。

由残疾人的组织直接进口供残疾人专用物品。

销售自己已用物品。

(二)营改增试点过渡政策的免税规定

免征增值税项目见下表。

1.公共服务类(科教文卫体)	(1)托儿所、幼儿园提供保育和教育服务 (2)寺院、宫观、清真寺和教堂举办文化、宗教活动的门票收入 (3)医疗机构提供的医疗服务 (4)纪念馆、博物馆、文化馆、美术馆、展览馆、图书馆在自己的场所提供文化体育服务取得的第一道门票收入
2.特殊服务	(1)农业以及相关技术培训业务,家禽、牲畜、水生动物的配种和疾病防治 (2)残疾人员本人为社会提供的服务 (3)学生勤工俭学提供的服务 (4)残疾人福利机构提供的育养服务 (5)婚姻介绍服务 (6)殡葬服务 (7)养老机构提供的养老服务 (8)纳税人提供的直接或间接国际货物运输代理服务
3.无形资产	(1)个人转让著作权 (2)提供四技合同服务:技术转让、技术开发和与之相关的技术咨询、技术服务
4.特殊收入	(1)家政服务企业由员工制家政服务员提供家政服务取得的收入 (2)个人销售自建自用住房 (3)福利彩票、体育彩票的发行收入 (4)金融同业往来利息收入 (5)军队空余房产租赁收入 (6)将土地使用权转让给农业生产者用于农业生产

【例11·单选】根据增值税法律制度的规定,下列各项中,免征增值税的是( )。

A.单位销售自己使用过的小汽车

B.企业销售自产的仪器设备

C.外贸公司进口服装

D.农业生产者销售自产的蔬菜

【答案】D

【解析】(1)选项ABC,照章缴纳增值税;(2)选项D,农业生产者销售的自产农产品,免征增值税。

【注意】

地区	购置时间	住房性质	税务处理
北上广深	个人将购买<2年的住房对外销售	不区分住房性质	按5%征收率全额缴纳增值税
	个人将购买≥2年的住房对外销售	非普通住房	以销售收入减去购买住房价款后的差额,按照5%征收率缴纳增值税
		普通住房	免增值税
其他城市	个人将购买<2年的住房对外销售	不区分住房性质	按5%征收率全额缴纳增值税
	个人将购买≥2年的住房对外销售	不区分住房性质	免增值税

（三）起征点

纳税人销售货物、提供应税劳务或者发生应税行为的销售额未达到增值税起征点的，免征增值税；达到起征点的，全额计算缴纳增值税。

增值税起征点的适用范围限于个人，且不适用于登记为一般纳税人的个体工商户。

纳税方式	起征点的幅度规定
1.按期纳税的	月销售额5 000～20 000元（含本数）
2.按次纳税的	每次（日）销售额300～500元（含本数）

（四）小微企业免税规定

增值税纳税人	条件	免税规定
1.小规模纳税人	（1）月销售额≤3万元	免征增值税
	（2）季销售额（按季纳税的）≤9万元	
2.其他个人	采取一次性收取租金形式出租不动产，在对应的租赁期内平均分摊取得的租金收入，分摊后的月租金收入≤3万元	免征增值税

六、增值税征收管理

（一）纳税义务发生时间

1.纳税人销售货物或者提供应税劳务的纳税义务发生时间

情形	纳税义务发生时间
（1）以直接收款方式销售货物	①收到销售款或者取得索取销售款项凭据的当天 ②先开具发票的，为开具发票的当天
（2）以托收承付和委托收款方式销售货物	发出货物并办妥托收手续的当天
（3）以赊销和分期收款方式销售货物	①书面合同约定的收款日期的当天 ②无约定收款日期的，为货物发出的当天
（4）以预收货款方式销售货物	①货物发出的当天 ②生产销售生产工期超过12个月的大型机械设备、船舶、飞机等货物，为收到预收款或合同约定的收款日期的当天
（5）委托其他纳税人代销货物	①收到代销单位的代销清单或收到全部或部分货款的当天 ②未收到代销清单的，为发出代销货物满180天的当天
（6）销售应税劳务	提供劳务同时收讫销售款或取得索取销售款的凭据的当天
（7）发生视同销售货物行为	货物移送的当天
（8）进口货物	报关进口的当天

2.纳税人发生应税行为的纳税义务发生时间

纳税人发生应税行为并收讫销售款项或者取得索取销售款项凭据的当天；先开具发票的，为开具发票的当天。

收讫销售款是指纳税人销售服务、无形资产、不动产过程中或者完成后收到款项。

取得索取销售款项凭据的当天是指书面合同确定的付款日期；未签订书面合同或者书面合同未确定付款日期，为服务、无形资产转让完成的当天或者不动产权属变更的当天。

具体情形	纳税义务发生时间
以预收款方式提供租赁服务	收到预收款的当天
从事金融商品转让	金融商品所有权转移的当天
发生视同销售情形	服务、无形资产转让完成的当天或不动产权属变更的当天

【注意】增值税扣缴义务发生时间为纳税人增值税纳税义务发生时间。

【例12·单选】根据营业税改征增值税试点相关规定，下列关于增值税纳税义务发生时间的表述中，不正确的是（　　）。（2017年）

A. 纳税人发生应税行为先开具发票的，为开具发票的当天
B. 纳税人发生视同销售不动产的，为不动产权属变更的当天
C. 纳税人提供建筑服务采取预收款方式的，为建筑工程完工的当天
D. 纳税人从事金融商品转让的，为金融商品所有权转移的当天

【答案】C
【解析】纳税人提供建筑服务采取预收款方式的，其增值税纳税义务发生时间为收到预收款的当天。

（二）纳税地点

1.固定业户	应当向其机构所在地或者居住地主管税务机关申报纳税 总、分机构不在同一县市： （1）分别向各自所在地的主管税务机关申报 （2）经批准，可由总机构汇总向总机构所在地主管税务机关申报
2.非固定业户	（1）销售地、劳务发生地或应税行为发生地的主管税务机关 （2）未向相应主管税务机关申报纳税的，由其机构所在地或者居住地的主管税务机关补征
3.进口货物	报关地海关
4.其他个人	提供建筑服务，销售或租赁不动产，转让自然资源使用权，应向建筑服务发生地、不动产所在地、自然资源所在地主管税务机关申报纳税
5.扣缴义务人	其机构所在地或居住地的主管税务机关

（三）纳税期限

增值税纳税期限分别为1日、3日、5日、10日、15日、1个月或者1个季度。
具体的纳税期限，由主管税务机关根据纳税人应纳税额的大小分别核定；不能够按照固定期限纳税的，可以按次纳税。
以1个季度为纳税期限的规定适用于小规模纳税人、银行、财务公司、信托投资公司、信用社，以及财政部和国家税务总局规定的其他纳税人。
纳税人以1个月或1个季度为纳税期的，自期满之日15日内申报纳税；以1日、3日、5日、10日、15日为纳税期，自期满之日起5日内预缴税款，于次月1日起

15日内申报纳税结清上月应纳税款。

【注意1】纳税人进口货物,应当自海关填发进口增值税专用缴款书之日起15日内缴纳税款。

【注意2】扣缴义务人解缴税款的期限,依照上述规定执行。

【例13·判断】银行增值税的纳税期限是1个月。( )（2018年）

【答案】×

【解析】以1个季度为纳税期限的规定适用于小规模纳税人、银行、财务公司、信托投资公司、信用社,以及财政部和国家税务总局规定的其他纳税人。

七、增值税专用发票使用规定

（一）专用发票的联次及用途

专用发票由基本联次或者基本联次附加其他联次构成,基本联次为3联。

发票联:作为购买方核算采购成本和增值税进项税额的记账凭证。

抵扣联:作为购买方报送主管税务机关认证和留存备查的扣税凭证。

记账联:作为销售方核算销售收入和增值税销项税额的记账凭证。

（二）专用发票的领购

一般纳税人有下列情形之一的,不得领购开具专用发票。

1.会计核算不健全,不能向税务机关准确提供增值税销项税额、进项税额、应纳税额数据及其他有关增值税税务资料的	
2.有税收征管法规定的税收违法行为,拒不接受税务机关处理的	
3.有下列行为之一,经税务机关责令限期改正而仍未改正的	(1)虚开增值税专用发票;(2)私自印制专用发票;(3)向税务机关以外的单位和个人买取专用发票;(4)借用他人专用发票;(5)未按规定开具专用发票;(6)未按规定保管专用发票和专用设备;(7)未按规定申请办理防伪税控系统变更发行;(8)未按规定接受税务机关检查

（三）专用发票的使用管理

1. 专用发票开票限额

增值税专用发票实行最高开票限额管理。

最高开票限额由一般纳税人申请,税务机关依法审批。

最高开票限额	审批
≤10万元	区（县）级税务机关审批
100万元	地市级税务机关审批
≥1 000万元	省级税务机关审批

2. 专用发票开具范围

一般纳税人销售货物、提供应税劳务或者发生应税行为,应向购买方开具增值税

专用发票。属于下列情形之一的,不得开具增值税专用发票:

(1)商业企业一般纳税人零售烟、酒、食品、服装、鞋帽(不包括劳保专用部分)、化妆品等消费品的。

(2)销售货物、提供应税劳务或者发生应税行为适用免税规定的(法律、法规及国家税务总局另有规定的除外)。

(3)向消费者个人销售货物、提供应税劳务或者发生应税行为的。

(4)小规模纳税人销售货物、提供应税劳务或者发生应税行为的(需要开具专用发票的,可向主管税务机关申请代开,国家税务总局另有规定的除外)。

【例14·单选】根据增值税法律制度的规定,一般纳税人发生的下列业务中,允许开具增值税专用发票的是( )。(2017年)

A.家电商场向消费者个人销售电视机
B.百货商店向小规模纳税人零售服装
C.手机专卖店向消费者个人提供手机修理劳务
D.商贸公司向一般纳税人销售办公用品

【答案】D

【解析】(1)选项AC,向消费者个人销售货物或者提供应税劳务的,不得开具增值税专用发票;(2)选项B,商业企业一般纳税人零售烟、酒、食品、服装、鞋帽(不包括劳保专用部分)、化妆品等消费品的,不得开具增值税专用发票。

【例15·单选】根据增值税法律制度的规定,下列关于小规模纳税人征税规定的表述中,不正确的是( )。(2017年)

A.实行简易征税办法
B.一律不使用增值税专用发票
C.不允许抵扣增值税进项税额
D.可以请税务机关代开增值税专用发票

【答案】B

【解析】(1)选项AC,小规模纳税人实行简易征税办法,不得抵扣进项税额;(2)选项BD,一般情况下,小规模纳税人不得自行对外开具增值税专用发票,但可以申请税务机关代开。

3.专用发票开具要求

(1)项目齐全,与实际交易相符。
(2)字迹清楚,不得压线、错格。
(3)发票联和抵扣联加盖财务专用章或者发票专用章。
(4)按增值税纳税义务发生时间开具。

第三节 消费税法律制度

一、消费税纳税人

消费税的纳税人是在中国境内生产、委托加工和进口应税消费品的单位和个人，以及国务院确定的销售应税消费品的其他单位和个人。

【注意】由于消费税是在对所有货物普遍征收增值税的基础上选择少量消费品征收的，因此，消费税纳税人同时也是增值税纳税人。

二、消费税征税范围

（一）生产应税消费品

纳税人生产的应税消费品，于纳税人销售时纳税。

用途		举例	税务处理要点
1.将自产的应税消费品，用于连续生产应税消费品		例如，将自产的烟丝移送生产卷烟	①移送时不征收消费税 ②终端产品出厂销售时按规定征收消费税
2.其他方面	（1）将自产的应税消费品，用于连续生产非应税消费品	例如，将自产的香水精移送生产沐浴液	①移送时征收消费税 ②终端产品出厂销售时不征收消费税
	（2）将自产的应税消费品，用于在建工程、管理部门、非生产机构、提供劳务、馈赠、赞助、集资、广告、样品、职工福利、奖励等方面	例如，将自产的白酒发放职工福利	移送时征收消费税

【注意】工业企业以外的单位和个人的下列行为视为应税消费品的生产行为，按规定征收消费税：（1）将外购的消费税非应税产品以消费税应税产品对外销售的；（2）将外购的消费税低税率应税产品以高税率应税产品对外销售的。

【例1·判断】酒厂将自产的5箱普通白酒移送到厂工会用于奖励先进员工，在移送使用环节不缴纳消费税。（　）（2016年）

【答案】×

【解析】纳税人自产自用的应税消费品，用于连续生产应税消费品的，不纳税；凡用于其他方面的，于移送使用时，照章缴纳消费税。

【例2·单选】根据消费税法律制度的规定，下列各项中，不征收消费税的是(　)。

A.酒厂用于交易会样品的自产白酒
B.卷烟厂用于连续生产卷烟的自产烟丝
C.日化厂用于职工奖励的自产高档化妆品
D.地板厂用于本厂办公室装修的自产实木地板

【答案】B

【解析】纳税人自产自用的应税消费品,用于连续生产应税消费品的,不纳税(选项B);凡用于其他方面的,于移送使用时,照章缴纳消费税(选项ACD)。

(二)委托加工应税消费品

委托加工应税消费品纳税人为委托方,受托方可以是个人,也可以是企业。若为个人,消费税由委托方收回后缴纳;若为单位,由受托方在向委托方交货时代收代缴。

委托方将收回的应税消费品,以不高于受托方的计税价格出售的,为直接出售,不再缴纳消费税。

委托方以高于受托方的计税价格出售的,不属于直接出售,需按照规定申报缴纳消费税,在计税时准予扣除受托方已代收代缴的消费税。

(三)进口应税消费品

进口应税消费品于报关进口时缴纳消费税,在进口环节由海关代征。

(四)零售应税消费品

1. 零售应税消费品

(1)商业零售金银首饰。金银首饰(仅限于金基、银基合金首饰以及金、银和金基、银基合金的镶嵌首饰),钻石及钻石饰品,铂金首饰。

(2)下列业务视同零售业,在零售环节缴纳消费税:

①为经营单位以外的单位和个人加工金银首饰。包括带料加工、翻新改制、以旧换新等业务,不包括修理和清洗。

②经营单位将金银首饰用于馈赠、赞助、集资、广告样品、职工福利、奖励等方面。

③未经中国人民银行总行批准,经营金银首饰批发业务的单位将金银首饰销售给经营单位。

2. 零售超豪华小汽车

自2016年12月1日起,对超豪华小汽车,在生产(进口)环节按现行税率征收消费税基础上,在零售环节加征消费税,将超豪华小汽车销售给消费者的单位和个人为超豪华小汽车零售环节纳税人。税率为10%。

【例3·单选】根据消费税法律制度的规定,下列各项中在零售环节加征消费税的是( )。(2018年)

A. 电池   B. 游艇
C. 超豪华小汽车   D. 高档手表

【答案】C

【解析】自2016年12月1日起,对超豪华小汽车,在生产(进口)环节按现行税率征收消费税基础上,在零售环节加征消费税。

(五)批发销售卷烟

烟草批发企业将卷烟销售给其他烟草批发企业的,不缴纳消费税。

卷烟消费税改为在生产和批发两个环节征收后,批发企业在计算应纳税额时不得扣除已含的生产环节的消费税税额。

纳税人兼营卷烟批发和零售业务的，应当分别核算批发和零售环节的销售额、销售数量；未分别核算的，按照全部销售额、销售数量计征批发环节消费税。

【例4·判断】烟草批发企业将卷烟销售给其他烟草批发企业的，应缴纳消费税。（　　）

【答案】×

【解析】烟草批发企业之间销售卷烟，不缴纳消费税。

【例5·多选】根据消费税法律制度的规定，下列业务中，应征收消费税的有（　　）。

A. 烟草批发企业将卷烟销售给零售单位

B. 地板经销商提供实木地板保养服务

C. 外贸公司进口高档手表

D. 金店零售金银首饰

【答案】ACD

【解析】选项B，实木地板在生产、委托加工、进口环节缴纳消费税，实木地板的保养服务不属于消费税的征税范围。

三、消费税税目

（一）税目

税目	子目	特殊
1.烟	卷烟（包括甲类和乙类）、雪茄烟、烟丝	不包括烟叶
2.酒	粮食白酒、薯类白酒、黄酒、啤酒、其他酒	调味料酒不征收消费税
3.高档化妆品	高档美容、修饰类化妆品、高档护肤类化妆品和成套化妆品	舞台、戏剧、影视演员用的油彩、上油彩、卸妆油，不征收消费税
4.贵重首饰及珠宝玉石	各种金银珠宝首饰和经采掘、打磨、初级加工的各类珠宝玉石	—
5.鞭炮、焰火	各种鞭炮、焰火	体育上用的发令纸、鞭炮药引线，不征收消费税
6.成品油	汽油、柴油、石脑油、溶剂油、航空煤油、润滑油、燃料油	原油不征收消费税
7.摩托车	—	气缸容量在250毫升以下的摩托车不征收消费税
8.小汽车	各类乘用车、中轻型商用客车和超豪华小汽车	（1）电动汽车不征收消费税 （2）沙滩车、雪地车、卡丁车、高尔夫车不征收消费税 （3）企业购进货车或箱式货车改装生产的商务车、卫星通讯车等专用汽车不征收消费税
9.高尔夫球及球具	高尔夫球、高尔夫球杆及高尔夫球包（袋）、高尔夫球杆的杆头、杆身和握把	—

续表

税目	子目	特殊
10.高档手表	每只不含增值税销售价格≥1万元的各类手表	—
11.游艇	—	—
12.木制一次性筷子	—	不包括竹制筷子，工艺木筷
13.实木地板	—	素板属于实木地板的范围
14.电池	—	（1）无汞原电池、金属氢化物镍蓄电池、锂原电池、锂离子蓄电池、太阳能电池、燃料电池和全钒液流电池免征消费税 （2）自2016年1月1日起，对铅蓄电池按4%税率征收消费税
15.涂料	—	对施工状态下挥发性有机物（VOC）含量低于420克/升（含）的涂料免征消费税

【记忆】三男（烟、酒、鞭炮焰火）两女（化妆品、贵重首饰及珠宝玉石）带着高档手表（电池），开车（小汽车、摩托车、成品油）去打球（高尔夫球及球具），乘游艇去吃饭，用木制一次性筷子，坐实木地板（素板、涂料地板）。

【例6·单选】下列各项中（ ）不交消费税。（2018年）
A.果木酒   B.药酒   C.葡萄酒   D.调味料酒
【答案】D
【解析】选项ABC按酒类税目征收消费税。

四、消费税税率

消费税税率采取比例税率和定额税率两种形式。

税率形式	适用项目	计税公式
从价定率	除适用从量计税、复合计税以外的其他项目	应纳税额=销售额或组成计税价格×比例税率
从量定额	啤酒、黄酒、成品油	应纳税额=销售数量×定额税率
复合计税	卷烟、白酒	应纳税额=销售数量×定额税率+销售额或组成计税价格×比例税率

【注意】（1）纳税人兼营不同税率的应税消费品，应当分别核算不同税率应税消费品的销售额、销售数量。未分别核算销售额、销售数量，或者将不同税率的应税消费品组成成套消费品销售的，从高适用税率。（2）下列卷烟不分征税类别一律按

照56%卷烟税率征税，并按照定额每标准箱150元计算征税：①白包卷烟；②手工卷烟；③未经国务院批准纳入计划的企业和个人生产的卷烟。

【例7·多选】根据消费税法律制度的规定，下列消费品中，实行从价定率和从量定额相结合的复合计征办法征收消费税的有（　　）。（2015年）

A.白酒　　　　　B.卷烟　　　　　C.啤酒　　　　　D.烟丝

【答案】AB

【解析】现行消费税的征税范围中，只有卷烟、白酒采取从价定率和从量定额的复合计征办法。

【例8·多选】根据消费税法律制度的规定，下列应税消费品中，实行从量定额计征消费税的有（　　）。（2015年、2017年）

A.电池　　　　　B.涂料　　　　　C.黄酒　　　　　D.柴油

【答案】CD

【解析】（1）从量定额征收消费税的有：啤酒、黄酒、成品油。（2）选项AB实行从价定率征收消费税。

五、消费税应纳税额的计算

（一）从价计征销售额的确定

采用从价定率和复合计税方式计算消费税税额时均会涉及销售额，销售额为纳税人销售应税消费品向购买方收取的全部价款和价外费用，不包括应向购买方收取的增值税税款。

【注意】为购货方代垫的运输费用和符合条件的代为收取的政府性基金或者行政事业性收费不包括在销售额内。

（二）从量计征销售数量的确定

1.销售应税消费品的，为应税消费品的销售数量

2.自产自用应税消费品的，为应税消费品的移送使用数量

3.委托加工应税消费品的，为纳税人收回的应税消费品数量

4.进口应税消费品的，为海关核定的应税消费品进口征税数量

（三）特殊情况下销售额和销售数量的确定

特殊规定	1.纳税人应税消费品的计税价格明显偏低并无正当理由		由主管税务机关核定计税价格
	2.通过自设非独立核算门市部销售的自产应税消费品		按照门市部对外销售额或者销售数量征税
	3.纳税人用于换投抵方面（换：换取、投：投资、抵：抵债）		按同类应税消费品的最高销售价格
	4.白酒生产企业向商业销售单位收取的"品牌使用费"		应并入白酒的销售额中缴纳消费税
	5.包装物押金	（1）非酒类产品	如果包装物不作价随同产品销售，而是收取押金，此项押金则不应并入应税消费品的销售额中征税；因逾期不再退还的或者已收取的时间超过12个月的押金，应并入应税消费品的销售额，缴纳消费税
		（2）啤酒、黄酒	实行从量定额征收消费税，包装物押金不征收消费税
		（3）其他酒类（除啤酒、黄酒）	收取的包装物押金，在收取时并入酒类产品销售额，征收消费税
	6.金银首饰	（1）以旧换新	按实际收取的不含增值税的全部价款确定计税依据征收消费税
		（2）与其他产品组成成套消费品	应按销售额全额征收消费税
		（3）连同包装物销售	无论包装物是否单独计价，应并入金银首饰的销售额计征消费税
		（4）对既销售金银首饰，又销售非金银首饰的生产、经营单位	①能划分清楚，分别核算销售额②划分不清楚或不能分别核算的，在生产环节销售的，一律从高适用税率征收消费税；在零售环节销售的，一律按金银首饰征收消费税
		（5）带料加工的金银首饰	①应按受托方销售同类金银首饰的销售价格确定计税依据征收消费税②没有同类金银首饰销售价格的，按照组成计税价格计算纳税

【注意】包装物押金在增值税和消费税中的处理。

货物		条件	增值税	消费税
酒类包装物押金	其他酒类	不受逾期或12个月的限制	收取时并入销售额	从量定额征收消费税的，包装物押金要计算缴纳消费税
	啤酒、黄酒	单独核算12个月以内且未逾期	不并入销售额	
		合同逾期或12个月以上	并入销售额	
其他货物包装物押金		单独核算12个月以内且未逾期	不并入销售额	
		合同逾期或12个月以上	并入销售额	

【例9·判断】金银首饰与其他产品组成成套消费品销售的，按销售全额征收消费税。（　）（2015年）

【答案】√

【例10·多选】根据消费税法律制度的规定,下列情形中,应当以纳税人同类应税消费品的最高销售价格作为计税依据计算消费税的有( )。(2014年)

A.将自产小汽车用于投资入股　　B.将自产实木地板用于换取消费资料
C.将自产白酒用于抵偿债务　　　D.将自产化妆品用于换取生产资料

【答案】ABCD

【解析】纳税人用于"换抵投"方面(换：换取、投：投资、抵：抵债),按同类应税消费品的最高销售价格计算。

(四)消费税应纳税额的计算

先找同类消费品售价,没有同类消费品销售价格的,按照组成计税价格计算纳税。

计税价格	从价定率	复合计税
1.自产自用	组成计税价格=成本×(1+成本利润率)÷(1－比例税率) 应纳消费税=组成计税价格×比例税率	组成计税价格=[成本×(1+成本利润率)+自产自用数量×定额税率]÷(1－比例税率) 应纳消费税=组成计税价格×比例税率+自产自用数量×定额税率
2.委托加工	组成计税价格=(材料成本+加工费)÷(1－比例税率) 应纳税额=组成计税价格×比例税率	组成计税价格=(材料成本+加工费+委托加工数量×定额税率)÷(1－比例税率) 应纳税额=组成计税价格×比例税率+委托加工数量×定额税率
3.进口环节	组成计税价格=(关税完税价格+关税)÷(1－比例税率) 应纳消费税=组成计税价格×比例税率	组成计税价格=(关税完税价格+关税+进口数量×定额税率)÷(1－比例税率) 应纳消费税=组成计税价格×比例税率+进口数量×定额税率

【例11·单选】甲卷烟厂为增值税一般纳税人,受托加工一批烟丝,委托方提供的烟叶成本49 140元,甲卷烟厂收取含增值税加工费2 457元。已知增值税税率为17%,消费税税率为30%,无同类烟丝销售价格。计算甲卷烟厂该笔业务应代收代缴消费税税额的下列算式中,正确的是( )。(2017年)

A. [49 140+2 457÷(1+17%)]÷(1－30%)×30% = 21 960(元)
B. (49 140+2 457)÷(1－30%)×30% = 22 113(元)
C. 49 140÷(1－30%)×30% = 21 060(元)
D. [(49 140+2 457)÷(1+17%)]÷(1－30%)×30% = 18 900(元)

【答案】A

【解析】(1)委托加工的应税消费品,按照"受托方"的同类消费品的销售价格计算纳税,没有同类消费品销售价格的,按照组成计税价格计算纳税,故本题按照组成计税价格计算;(2)甲卷烟厂该笔业务应代收代缴消费税=组成计税价格×消费税税率=(材料成本+加工费)÷(1－消费税比例税率)×消费税税率=[49 140+2 457÷(1+17%)]÷(1－30%)×30% = 21 960(元)。

(五)已纳消费税的扣除

1.扣除标准

(1) 外购或委托加工收回的	①已税烟丝生产的卷烟 ②已税高档化妆品为原料生产的高档化妆品 ③已税珠宝玉石为原料生产的贵重首饰及珠宝、玉石 ④已税鞭炮、焰火为原料生产的鞭炮、焰火 ⑤已税杆头、杆身和握把为原料生产的高尔夫球杆 ⑥已税木制一次性筷子为原料生产的木制一次性筷子 ⑦已税实木地板为原料生产的实木地板 ⑧已税石脑油、润滑油、燃料油为原料生产的成品油 ⑨已税汽油、柴油为原料生产的汽油、柴油
(2) 扣除范围	①不包括酒（葡萄酒除外）、高档手表、摩托车、小汽车、游艇、电池、涂料 ②纳税环节不同不得扣除 ③用于连续生产非应税消费品不得扣除

【注意】用委托加工收回的已税珠宝、玉石原料生产的改在零售环节征收消费税的金银首饰，在计税时一律不得扣除委托加工的珠宝、玉石原料已纳消费税。

2. 计算公式

（1）当期准予扣除外购应税消费品已纳消费税税款的计算公式为：

当期准予扣除的外购应税消费品已纳税款 = 当期准予扣除的外购应税消费品买价 × 外购应税消费品适用税率

当期准予扣除的外购应税消费品买价 = 期初库存的外购应税消费品的买价 + 当期购进的应税消费品的买价 − 期末库存的外购应税消费品的买价

（2）当期准予扣除委托加工收回的应税消费品已纳消费税税款的计算公式为：

当期准予扣除的委托加工应税消费品已纳税款 = 期初库存的委托加工应税消费品已纳税款 + 当期收回的委托加工应税消费品已纳税款 − 期末库存的委托加工应税消费品已纳税款

【例12·单选】某公司为增值税一般纳税人，外购高档香水精生产高档香水，11月份生产销售高档香水取得不含税销售收入100万元。该公司11月初库存高档香水精10万元，11月购进高档香水精100万元，11月底库存高档香水精20万元。已知高档化妆品适用的消费税税率为15%。则该公司当月应缴纳消费税（　　）万元。（2015年）

A. $100 \times 15\% - 100 \times 15\% = 0$

B. $100 \times 15\% - (10+100-20) \times 15\% = 1.5$

C. $100 \times 15\% - (20-10) \times 15\% = 13.5$

D. $100 \times 15\% = 15$

【答案】B

【解析】当期准予扣除的外购或委托加工收回的应税消费品的已纳消费税税款，应按当期"生产领用数量"计算。11月为生产香水领用香水精 = 10+100−20 = 90(万元)，该公司当月应缴纳消费税 = $100 \times 15\% - 90 \times 15\% = 1.5$(万元)。

六、消费税征收管理

(一)纳税义务发生时间

1.纳税人销售应税消费品	(1)赊销和分期收款结算方式	①为书面合同约定的收款日期的当天 ②书面合同没有约定收款日期或无书面合同的,为发出应税消费品的当天
	(2)预收货款结算方式	为发出应税消费品的当天
	(3)托收承付、委托银行收款结算方式	为发出应税消费品并办妥托收手续的当天
	(4)其他结算方式	为收讫销售款或取得索取销售款凭据的当天
2.纳税人自产自用的应税消费品		为移送使用的当天
3.纳税人委托加工应税消费品		为纳税人提货的当天
4.纳税人进口应税消费品		为报关进口的当天

【例13·多选】根据消费税法律制度的规定,关于消费税纳税义务发生时间的下列表述中,正确的有(   )。(2015年)

A.纳税人采取预收货款结算方式销售应税消费品的,为收到预收款的当天

B.纳税人自产自用应税消费品的,为移送使用的当天

C.纳税人进口应税消费品的,为报关进口的当天

D.纳税人委托加工应税消费品的,为纳税人提货的当天

【答案】BCD

(二)纳税地点

1.纳税人销售的应税消费品,以及自产自用的应税消费品	向纳税人机构所在地或居住地的主管税务机关申报纳税
2.委托加工的应税消费品	受托方为个人的,由委托方向其机构所在地主管税务机关申报纳税
	除受托方为个人外,由受托方向机构所在地或者居住地的主管税务机关解缴消费税税款
3.进口的应税消费品	由进口人或者其代理人向报关地海关申报纳税
4.总机构与分支机构不在同一县(市)的	除另有规定外,应当分别向各自机构所在地的主管税务机关申报纳税
5.纳税人销售的应税消费品	如因质量等原因由购买者退回,经机构所在地或者居住地主管税务机关审核批准后,可退还已缴纳的消费税税款
6.出口的应税消费品办理退税	如发生退关,或国外退货进口时予以免税的,报关出口者必须及时向其机构所在地或者居住地主管税务机关申报补缴已退还的消费税税款

【例14·单选】根据消费税法律制度的规定,下列关于消费税纳税地点的表述中,正确的是(   )。(2016年)

A.纳税人销售的应税消费品,除另有规定外,应当向纳税人机构所在地或居住地的主管税务机关申报纳税

B. 纳税人总机构与分支机构不在同一省的，由总机构汇总向总机构所在地的主管税务机关申报纳税

C. 进口的应税消费品，由进口人或者其代理人向机构所在地的主管税务机关申报纳税

D. 委托加工的应税消费品，受托方为个人的，由受托方向居住地的主管税务机关申报纳税

【答案】A

【解析】（1）选项B，纳税人总机构与分支机构不在同一省的，分别向各自机构所在地的主管税务机关申报纳税；（2）选项C，进口的应税消费品，由进口人或者其代理人向报关地海关申报纳税；（3）选项D，委托加工的应税消费品，受托方为个人的，由委托方向机构所在地的主管税务机关申报纳税。

（三）纳税期限

纳税人以1个月或1个季度为1个纳税期的，自期满之日起15日内申报纳税；以1日、3日、5日、10日或15日为1个纳税期的，自期满之日起5日内预缴税款，于次月1日起至15日内申报并结清上月税款。

第五章 企业所得税、个人所得税法律制度

第一节 企业所得税法律制度

一、企业所得税纳税人

企业所得税纳税人包括各类企业、事业单位、社会团体、民办非企业单位和从事经营活动的其他组织,但不包括个人独资企业和合伙企业。

企业所得税纳税人分为居民企业和非居民企业,分别承担不同的纳税义务。

纳税人		纳税义务	
1.居民企业	依法在中国境内成立的企业	全面纳税义务	就来源于境内、境外的全部所得纳税
	依照外国(地区)法律成立但实际管理机构在中国境内的企业		
2.非居民企业	依照外国(地区)法律成立且实际管理机构不在中国境内	在中国境内设立机构、场所	有限纳税义务	（1）就来源于境内的所得纳税 （2）就来源于境外但与境内机构、场所有实际联系的所得纳税
		在中国境内未设立机构、场所,但有来源于中国境内所得		就来源于境内的所得纳税

【例1·单选】下列属于企业所得税纳税人的是（　　）。（2018年）
A.个人独资企业　　　　　　　　B.合伙企业
C.一人有限责任公司　　　　　　D.个体工商户
【答案】C
【解析】一人有限责任公司缴纳企业所得税,属于企业所得税纳税人。

【例2·判断】非居民企业取得的来源于中国境外但与其在中国境内设立的机构、场所有实际联系的所得,应缴纳企业所得税。（　　）（2016年）
【答案】√

二、企业所得税征税对象

来源于中国境内、境外所得的确定原则见下表。

所得类型		来源地确定
1.销售货物所得		交易活动发生地
2.提供劳务所得		劳务发生地
3.转让财产所得	（1）不动产转让所得	不动产所在地
	（2）动产转让所得	转让动产的企业或者机构、场所所在地
	（3）权益性投资资产转让所得	被投资企业所在地

续表

所得类型	来源地确定
4.股息、红利等权益性投资所得	分配所得的企业所在地
5.利息所得	按照负担、支付所得的企业或者机构、场所所在地确定，或者按照负担、支付所得的个人的住所地
6.租金所得	
7.特许权使用费所得	
8.其他所得	国务院财政、税务主管部门确定

【例3·多选】根据企业所得税法律制度的规定，下列关于确定所得来源地的表述中，正确的有（　　）。（2016年）

A.提供劳务所得，按照劳务发生地确定

B.股息所得，按照分配股息所得的企业所在地确定

C.销售货物所得，按照交易活动发生地确定

D.转让不动产所得，按照转让不动产的企业所在地确定

【答案】ABC

【解析】选项D，不动产转让所得按照不动产所在地确定，动产转让所得按照转让动产的企业或者机构、场所所在地确定。

三、企业所得税税率

种类	适用对象
25%	居民企业以及在中国境内设立机构、场所且取得的所得与其所设机构、场所有实际联系的非居民企业
20%	符合条件的小型微利企业
15%	国家重点扶持的高新技术企业
10%	在中国境内未设立机构、场所的，或者虽设立机构、场所但取得的所得与其所设机构、场所没有实际联系的，应当就其来源于中国境内的所得缴纳企业所得税

四、企业所得税应纳税所得额的计算

计算公式为：

应纳税所得额 = 收入总额 - 不征税收入 - 免税收入 - 各项扣除 - 以前年度亏损

（一）收入总额（货币形式和非货币形式）

1.货币形式

货币形式包括现金、存款、应收账款、应收票据、准备持有至到期的债券投资以及债务的豁免等。

2.非货币形式

非货币形式包括固定资产、生物资产、无形资产、股权投资、存货、不准备持有至到期的债券投资、劳务以及有关权益等。

3. 收入类型

收入类型		确认收入的时间
（1）销售货物收入	①托收承付	办妥托收手续时
	②预收款	发出商品时
	③商品需要安装和检验	a.一般情况：安装和检验完毕时确认 b.安装比较简单的：发出商品时确认
	④支付手续费委托代销	收到代销清单时
	⑤售后回购	a.符合收入确认条件：按售价确认收入，回购的商品作为购进商品处理 b.不符合收入确认条件：收到的货款为负债，回购价格大于原售价的，差额为利息费用
	⑥以旧换新	按销售商品确认收入，回购的商品作为购进商品处理
	⑦商业折扣	按照扣除商业折扣后的金额确定销售商品收入金额
	⑧现金折扣	按扣除现金折扣前的金额确定销售商品收入金额，现金折扣在实际发生时作为财务费用扣除
	⑨销售折让	企业已经确认销售收入的售出商品发生销售折让的，应当在发生当期冲减当期销售商品收入
（2）提供劳务收入		在各个纳税期末，提供劳务交易能可靠估计的，采用完工进度（完工百分比）法确认
（3）转让财产收入		按照从财产受让方已收或应收的合同或协议价款确认
（4）股息、红利等权益性投资收益		按照被投资方作出利润分配决定的日期确认（另有规定除外）
（5）利息收入		按照合同约定的债务人应付利息的日期确认
（6）租金收入		按照合同约定的承租人应付租金的日期确认
（7）特许权使用费收入		按照合同约定的特许权使用人应付特许权使用费的日期确认
（8）接受捐赠收入		按照实际收到捐赠资产的日期确认 【注意】企业以"买一赠一"等方式组合销售本企业商品的，不属于捐赠，应将总的销售金额按各项商品的公允价值的比例来分摊确认各项的销售收入
（9）特殊收入	①分期收款方式	按合同约定的收款日期确认
	②受托加工制造大型机械设备、船舶、飞机，以及从事建筑、安装、装配工程业务或者提供其他劳务	持续时间超过12个月的，按纳税年度内完工进度或者完成的工作量确认
	③产品分成方式取得收入	按照企业分得产品的日期确认
	④发生非货币性资产交换，以及将货物、财产、劳务用于捐赠、偿债、赞助、集资、广告、样品、职工福利或者利润分配等用途的	应当视同销售货物、转让财产或者提供劳务（另有规定除外）

【例4·单选】根据企业所得税法律制度的规定，下列属于特许权使用费收入的是（　　）。（2015年）

A.提供商标权的使用权取得的收入
B.提供生产设备使用权取得的收入
C.提供运输工具使用权取得的收入
D.提供房屋使用权取得的收入

【答案】A

【解析】（1）特许权使用费收入指企业提供"专利权、非专利技术、商标权、著作权以及其他特许权"的使用权取得的收入。选项BCD属于"财产租赁收入"。

【例5·单选】根据企业所得税法律制度的规定，关于确认收入实现时间的下列表述中，正确的是（　　）。（2016年）

A.利息收入，按照合同约定的债务人应付利息的日期确认收入的实现
B.接受捐赠收入，按照合同约定的捐赠日期确认收入的实现
C.租金收入，按照出租人实际收到租金的日期确认收入的实现
D.权益性投资收益，按照投资方实际收到利润的日期确认收入的实现

【答案】A

【解析】（1）选项B，接受捐赠收入，按照实际收到捐赠资产的日期确认收入的实现。（2）选项C，租金收入，按照合同约定的承租人应付租金的日期确认收入的实现。（3）选项D，权益性投资收益，按照被投资方作出利润分配决定的日期确认收入的实现（另有规定除外）。

（二）不征税收入

1.财政拨款
2.依法收取并纳入财政管理的行政事业性收费、政府性基金
3.取得用于专项用途并经国务院批准的财政性资金

【例6·单选】根据企业所得税法律制度的规定，下列各项中，属于不征税收入的是（　　）。（2018年）

A.财政拨款　　　　　　　　B.国债利息收入
C.接受捐赠收入　　　　　　D.转让股权收入

【答案】A

【解析】（1）选项A，属于不征税收入；（2）选项B，属于免税收入；（3）选项CD，属于应税收入。

(三)税前扣除项目

项目	基本内容	
1.成本	销售成本、销货成本、业务支出以及其他耗费	
2.费用	销售费用、管理费用和财务费用	
3.税金	(1)不得扣除	增值税(不得抵扣计入成本等的除外)、企业所得税
	(2)当期扣除	消费税、资源税、土地增值税(房地产开发企业)、关税、城市维护建设税及教育费附加、房产税、车船税、城镇土地使用税、印花税
4.损失	企业在生产经营活动中发生的固定资产和存货的盘亏、毁损、报废损失、转让财产损失、呆账损失、坏账损失以及自然灾害等不可抗力因素造成的其他损失	
5.其他	除上述项目外,企业在生产经营活动中发生的,与生产经营活动有关、合理的支出	

【例7·多选】根据企业所得税法律制度的规定,企业缴纳的下列税金中,准予在计算企业所得税应纳税额时扣除的有(   )。(2016年)
A.印花税　　　　　　　　　B.土地增值税
C.消费税　　　　　　　　　D.资源税
【答案】ABCD
【解析】消费税、资源税、土地增值税、印花税、房产税、车船税、城镇土地使用税等均计入税金及附加在当期扣除。

(四)扣除标准

1.工资薪金支出

企业实际发生的合理的工资薪金支出,准予据实扣除。

2.三项经费

三项经费包括职工福利费、工会经费、职工教育经费。

(1)职工福利费支出,不超过工资薪金总额14%的部分,准予扣除。

(2)拨缴的工会经费,不超过工资薪金总额2%的部分,准予扣除。

(3)除另有规定外,职工教育经费不超过工资薪金总额2.5%的部分,准予扣除;超过部分,准予在以后纳税年度结转扣除。

3.保险费

(1)基本社会保险准予扣除。

(2)补充养老保险费、补充医疗保险费,分别在不超过职工工资总额5%标准内的部分,在计算应纳税所得额时准予扣除;超过的部分,不予扣除。

(3)除企业依照国家有关规定为特殊工种职工支付的人身安全保险费和国务院财政、税务主管部门规定可以扣除的其他商业保险费外,企业为投资者或职工支付的商业保险费,不得扣除。

(4)企业参加财产保险,按照有关规定缴纳的保险费,准予扣除。

【注意】企业职工因公出差乘坐交通工具发生的人身意外保险费支出,准予在计算应纳税所得额时扣除。

4. 借款费用

企业发生合理的不需要资本化的借款费用，准予扣除。

5. 利息费用

（1）准予据实扣除：非金融企业向金融企业借款的利息支出、金融企业的各项存款利息支出和同业拆借利息支出、企业经批准发行债券的利息支出可据实扣除。

（2）不得超过限额扣除：非金融企业向非金融企业借款的利息支出，不超过按照金融企业同期同类贷款利率计算的数额的部分可以据实扣除，超过部分不得扣除。

6. 公益性捐赠支出

不超过年度利润总额12%的部分，准予在计算应纳税所得额时扣除；超过年度利润总额12%的部分，准予结转以后3年内在计算应纳税所得额时扣除。

7. 广告费和业务宣传费支出

除国务院财政、税务主管部门另有规定外，不超过当年销售（营业）收入15%的部分，准予扣除；超过部分，准予在以后纳税年度结转扣除。

【注意1】企业在筹建期间，发生的广告费和业务宣传费，可按实际发生额计入企业筹办费，并按有关规定在税前扣除。

【注意2】自2016年1月1日起至2020年12月31日，对化妆品制造或销售、医药制造和饮料制造（不含酒类制造）企业发生的广告费和业务宣传费支出，不超过当年销售（营业）收入30%的部分，准予扣除；超过部分，准予在以后纳税年度结转扣除。

【注意3】烟草企业的烟草广告费和业务宣传费支出，不得在应纳税所得额中扣除。

8. 业务招待费

企业发生的与其生产、经营业务有关的业务招待费支出，按照发生额的60%扣除，但最高不得超过当年销售（营业）收入的5‰。

【注意】企业在筹建期间，发生的与筹办活动有关的业务招待费支出，可按实际发生额的60%计入企业筹办费，并按有关规定在税前扣除。

9. 租赁费

（1）以经营租赁方式租入固定资产发生的租赁费支出，按照租赁期限均匀扣除。

（2）以融资租赁方式租入固定资产发生的租赁费支出，按照规定构成融资租入固定资产价值的部分应当提取折旧费用分期扣除。

10. 手续费及佣金支出

（1）保险企业：

①财产保险企业按全部保费收入扣除退保金等后余额的15%计算限额。

②人身保险企业按当年全部保费收入扣除退保金等后余额的10%计算限额。

（2）其他企业：按与具有合法经营资格中介服务机构或个人（不含交易双方及其雇员、代理人和代表人等）所签订服务协议或合同确认的收入金额的5%计算限额。

（3）从事代理服务、主营业务收入为手续费、佣金的企业（如证券、期货、保险代理等企业）：其为取得该类收入而实际发生的营业成本（包括手续费及佣金支出），准予在企业所得税税前据实扣除。

11. 环境保护专项资金

依照法律、行政法规有关规定提取的用于环境保护、生态恢复等方面的专项资金准予扣除。如提取后改变用途，则不得扣除。

【例8·单选】2013年甲企业取得销售收入3 000万元，广告费支出400万元，上年结转广告费60万元。根据企业所得税法律制度的规定，甲企业2013年准予扣除的广告费是（　　）万元。（2014年）

A.460　　　　　B.510　　　　　C.450　　　　　D.340

【答案】C

【解析】企业发生的符合条件的广告费和业务宣传费支出，不超过当年销售（营业）收入15%的部分，准予扣除；超过部分，准予结转以后纳税年度扣除。2013年甲企业广告费税前扣除限额＝3 000×15%＝450（万元），当年实际发生额（400万元）+上年结转广告费（60万元）＝460（万元），甲企业2013年税前准予扣除的广告费为450万元。

（五）不得扣除项目

1. 向投资者支付的股息、红利等权益性投资收益款项
2. 企业所得税税款
3. 纳税人违反税收法规，被税务机关处以的税收滞纳金
4. 罚金、罚款和被没收财物的损失
5. 超过规定标准的捐赠支出
6. 与生产经营活动无关的各种非广告性质的赞助支出
7. 未经核定的准备金支出
8. 企业之间支付的管理费、企业内营业机构之间支付的租金和特许权使用费，以及非银行企业内营业机构之间支付的利息，不得扣除
9. 与取得收入无关的其他支出

【注意】上述第3、4项是纳税人承担行政责任或刑事责任的支出，在企业所得税税前不得扣除；如果是合同违约金、银行罚息、法院判决由企业承担的诉讼费等民事性质的款项，可以据实在企业所得税税前扣除。

【例9·单选】根据企业所得税法律制度规定，下列各项中，在计算企业所得税应纳税额时准予扣除的是（　　）。（2014年）

A.向投资者支付的股息　　　　　B.违反合同的违约金
C.违法经营的行政罚款　　　　　D.税收滞纳金

【答案】B

【解析】选项A，向投资者支付的股息、红利等权益性投资款项，在企业所得税税前不得扣除；选项CD，属于企业承担的行政责任，不得在企业所得税税前扣除。

选项 B，属于企业承担的民事责任，可以据实在企业所得税税前扣除。

（六）亏损弥补

企业纳税年度发生的亏损，准予向以后年度结转，用以后年度的所得弥补，但结转年限最长不得超过 5 年。

5 年内不论是盈利或者亏损，都作为实际弥补期限计算；亏损弥补期限自亏损年度的下一个年度起连续 5 年不间断地计算。

（七）非居民企业的应纳税所得额

1. 股息、红利等权益性投资收益和利息、租金、特许权使用费所得，以收入全额为应纳税所得额
2. 财产转让所得，以收入全额减除财产净值后的余额为应纳税所得额
3. 其他所得，参照前两项规定的方法计算应纳税所得额

【例 10·单选】根据企业所得税法律制度的规定，关于在中国境内未设立机构、场所的非居民企业取得的来源于中国境内的所得，其应纳税所得额确定的下列表述中，不正确的是（　　）。（2015 年）

A. 股息所得以收入全额为应纳税所得额
B. 特许权使用费所得以收入全额为应纳税所得额
C. 转让财产所得以收入全额为应纳税所得额
D. 租金所得以收入全额为应纳税所得额

【答案】C

【解析】在中国境内未设立机构、场所的非居民企业的应纳税所得额：（1）股息、红利等权益性投资收益和利息、租金、特许权使用费所得，以收入全额为应纳税所得额；（2）财产转让所得，以收入全额减除财产净值后的余额为应纳税所得额。所以选项 C 不正确，选项 ABD 正确。

【例 11·不定项】甲企业为居民企业，2013 年发生部分经济事项如下：

（1）销售产品收入 2 000 万元，出租办公楼租金收入 120 万元；信息技术服务费收入 40 万元；

（2）用产品换取原材料，该批产品不含增值税售价 35 万元；

（3）实发合理工资薪金总额 1 000 万元、发生职工福利费 150 万元，职工教育经费 30 万元，工会经费 12 万元；

（4）支付诉讼费 2 万元，工商行政部门罚款 3 万元，母公司管理费 68 万元，直接捐赠给贫困地区小学 7 万元；

（5）缴纳增值税 90 万元，消费税 19 万元，资源税 6 万元，城市维护建设税和教育费附加 11.5 万元。

要求：根据上述资料，分别回答下列问题。

1. 下列业务中，在计算企业所得税应纳税所得额时，应当计入收入总额的是（　　）。

A.销售产品收入2 000万元　　　　B.出租办公楼租金收入120万元

C.信息技术服务费收入40万元　　D.用产品换取原材料35万元

【答案】ABCD

【解析】选项D，视同销售产品，应计入收入总额。

2.下列税费中，在计算企业所得税应纳税所得额时，准予扣除的是（　　）。

A.增值税90万元　　　　　　　　B.消费税19万元

C.资源税6万元　　　　　　　　D.城市维护建设税和教育费附加11.5万元

【答案】BCD

【解析】准予在企业所得税税前扣除的税金不包括缴纳的增值税和预缴企业所得税。

3.下列支出中，在计算企业所得税应纳税所得额时，准予全额扣除的是（　　）。

A.职工教育经费30万元　　　　　B.工会经费12万元

C.职工福利费150万元　　　　　D.工资薪金总额1 000万元

【答案】BD

【解析】（1）选项A，职工教育经费税前扣除限额＝1 000×2.5%＝25（万元），实际发生额（30万元）超过了扣除限额，税前只能扣除25万元；（2）选项B，工会经费税前扣除限额＝1 000×2%＝20（万元），实际发生额（12万元）未超过扣除限额，准予税前全额扣除；（3）选项C，职工福利费税前扣除限额＝1 000×14%＝140（万元），实际发生额（150万元）超过了扣除限额，税前只能扣除140万元；（4）选项D，企业发生的合理的工资薪金支出，准予税前全额扣除。

4.下列支出中，在计算企业所得税应纳税所得额时，不得扣除的是（　　）。

A.工商行政部门罚款3万元　　　B.母公司管理费68万元

C.诉讼费2万元　　　　　　　　D.直接捐赠给贫困地区小学7万元

【答案】ABD

【解析】（1）选项A，罚金、罚款和被没收财物的损失，税前不得扣除；（2）选项B，企业之间支付的管理费，税前不得扣除；（3）选项C，纳税人按照经济合同规定支付的违约金（包括银行罚息）、罚款和诉讼费用，税前准予扣除；（4）选项D，纳税人"直接"向受赠人的捐赠不允许税前扣除。

五、资产的税务处理

（一）固定资产

1.下列固定资产不得计算折旧扣除

（1）房屋、建筑物以外未投入使用的固定资产。

（2）以经营租赁方式租入的固定资产。

（3）以融资租赁方式租出的固定资产。

（4）已提足折旧仍继续使用的固定资产。

（5）与经营活动无关的固定资产。

（6）单独估价作为固定资产入账的土地。

（7）其他不得计提折旧扣除的固定资产。

【例12·多选】根据企业所得税法律制度的规定，下列固定资产中，在计算企业所得税应纳税所得额时不得计算折旧扣除的有（　　）。（2016年）

A. 未投入使用的厂房

B. 以经营租赁方式租入的运输工具

C. 以融资租赁方式租出的生产设备

D. 已足额提取折旧仍继续使用的电子设备

【答案】BCD

【解析】房屋、建筑物"以外"未投入使用的固定资产不得提取折旧在企业所得税前扣除。

2. 固定资产计税基础的确定方法

固定资产的取得方式	固定资产的计税基础
（1）外购的	购买价款、支付的相关税费以及直接归属于使该资产达到预定用途发生的其他支出
（2）自行建造的	竣工结算前发生的支出
（3）融资租入的	①租赁合同约定的付款总额和承租人在签订租赁合同过程中发生的相关费用 ②租赁合同未约定付款总额的，以该资产的公允价值和承租人在签订租赁合同过程中发生的相关费用
（4）盘盈的	同类固定资产的重置完全价值
（5）通过捐赠、投资、非货币性资产交换、债务重组等方式取得的	该资产的公允价值和支付的相关税费
（6）改建的（除法定的支出外）	改建过程中发生的改建支出增加计税基础

【例13·单选】根据企业所得税法律制度的规定，下列各项中，应以同类固定资产的重置完全价值为计税基础的是（　　）。（2017年）

A. 通过捐赠取得的固定资产　　B. 自行建造的固定资产

C. 外购的固定资产　　　　　　D. 盘盈的固定资产

【答案】D

【解析】（1）选项A，通过捐赠、投资、非货币性资产交换、债务重组等方式取得的固定资产，以该资产的公允价值和支付的相关税费为计税基础。（2）选项B，自行建造的固定资产，以竣工结算前发生的支出为计税基础。（3）选项C，外购的固定资产，以购买价款和支付的相关税费以及直接归属于使该资产达到预定用途发生的其他支出为计税基础。

3. 计提固定资产折旧时的注意事项

（1）固定资产按照直线法计算的折旧，准予扣除。

（2）企业应当自固定资产投入使用月份的次月起计提折旧。

（3）停止使用的固定资产，应当从停止使用月份的次月起停止计提折旧。

（4）预计净残值：企业应当根据固定资产的性质和使用情况，合理确定固定资产的预计净残值，固定资产的预计净残值一经确定，不得变更。

【记忆】固定资产的计提折旧巧记：当月增加当月不提下月提；当月减少当月计提下月不提。折旧都是从下个月开始变化。

4. 最低折旧年限

（1）房屋、建筑物：20年。

（2）飞机、火车、轮船、机器、机械和其他生产设备：10年。

（3）与生产经营活动有关的器具、工具、家具等：5年。

（4）飞机、火车、轮船以外的运输工具：4年。

（5）电子设备：3年。

(二) 生产性生物资产

生产性生物资产包括经济林、薪炭林、产畜和役畜。

1. 生产性生物资产计税基础

（1）外购的生产性生物资产，以购买价款和支付的相关税费为计税基础。

（2）通过捐赠、投资、非货币性资产交换、债务重组等方式取得的生产性生物资产，以该资产的公允价值和支付的相关税费为计税基础。

2. 生产性生物资产折旧的计提方法

（1）生产性生物资产按照直线法计算的折旧，准予扣除。

（2）企业应当自生产性生物资产投入使用月份的次月起计算折旧；停止使用的生产性生物资产应当自停止使用月份的次月起停止计算折旧。

【例14·判断】停止使用的生物性资产，应当自停止使用的当月停止计算折旧。（ ）

【答案】×

【解析】停止使用的生产性生物资产，自停止使用月份的"次月"起停止计算折旧。

3. 最低折旧年限

（1）林木类生产性生物资产：10年。

（2）畜类生产性生物资产：3年。

(三) 无形资产

1. 不得计算摊销费用扣除的无形资产

（1）自行开发的支出已在计算应纳税所得额时扣除的无形资产。

（2）自创商誉。

（3）与经营活动无关的无形资产。

（4）其他不得计算摊销费用扣除的无形资产。

2. 无形资产的计税基础

（1）外购的无形资产，以购买价款和支付的相关税费以及直接归属于使该资产达到预定用途发生的其他支出为计税基础。

（2）自行开发的无形资产，以开发过程中该资产符合资本化条件后至达到预定用途前发生的其他支出为计税基础。

（3）通过捐赠、投资、非货币性资产交换、债务重组等方式取得的无形资产，以该资产的公允价值和支付的相关税费为计税基础。

【注意1】外购商誉的支出，在企业整体转让或者清算时准予扣除。

【注意2】无形资产的摊销年限不得低于10年。

【注意3】无形资产按照直线法计算的摊销费用，准予扣除。

（四）长期待摊费用

准予扣除的长期待摊费用见下表。

1.已足额提取折旧固定资产的改建支出	按照固定资产预计尚可使用年限分期摊销
2.租入固定资产的改建支出	按照合同约定的剩余租赁期限分期摊销
3.固定资产的大修理支出	按照固定资产尚可使用年限分期摊销 【注意】修理支出同时符合以下条件：（1）修理支出达到取得固定资产时的计税基础50%以上；（2）修理后使用年限延长2年以上
4.其他应当作为长期待摊费用的支出	自支出发生月份的次月起，分期摊销，摊销年限不得低于3年

【例15·多选】根据企业所得税法律制度的规定，下列关于长期待摊费用的说法中，正确的有（　　）。

A.已足额提取折旧的固定资产的改建支出，按照固定资产预计尚可使用年限分期摊销

B.租入固定资产的改建支出，按照合同约定的剩余租赁期限分期摊销

C.其他应当作为长期待摊费用的支出，自支出发生月份的次月起，分期摊销，摊销年限不得低于4年

D.固定资产的大修理支出，按照固定资产尚可使用年限分期摊销

【答案】ABD

【解析】其他应当作为长期待摊费用的支出，自支出发生月份的次月起，分期摊销，摊销年限不得低于3年。

（五）投资资产

1.企业对外投资期间，投资资产的成本在计算应纳税所得额时不得扣除

2.企业在转让或处置投资资产时，投资资产的成本准予扣除

（六）存货

1.通过支付现金方式取得的存货，以购买价款和支付的相关税费为成本

2.通过支付现金以外的方式取得的存货，以该存货的公允价值和支付的相关税费为成本

3.生产性生物资产收获的农产品，以产出或者采收过程中发生的材料费、人工费和分摊的间接费用等必要支出为成本

【注意1】企业使用或者销售存货,按照规定计算的存货成本,准予在计算应纳税所得额时扣除。

【注意2】企业使用或者销售的存货的成本计算方法,可以在先进先出法、加权平均法、个别计价法中选用一种。计价方法一经选用,不得随意变更。

(七)资产损失

企业发生资产损失,应在按税法规定实际确认或者实际发生的当年申报扣除。

企业以前年度发生的资产损失未能在当年税前扣除的,可以按照规定,向税务机关说明并进行专项申报扣除。其中,属于实际资产损失,准予追补至该项损失发生年度扣除,其追补确认期限一般不得超过5年。

六、企业所得税应纳税额的计算

(一)计算公式

应纳税额 = 应纳税所得额 × 适用税率 – 减免税额 – 抵免税额

(二)相关规定

企业取得的下列所得已在境外缴纳的所得税税额,可以从其当期应纳税额中抵免,抵免限额为该项所得依照《中华人民共和国企业所得税法》规定计算的应纳税额;超过的部分,可以在以后5个年度内,以每年抵免限额抵免当年应抵税额后的余额进行抵补:

1. 居民企业来源于中国境外的应税所得

2. 非居民企业在中国境内设立机构、场所,取得发生在中国境外但与该机构、场所有实际联系的应税所得

【注意】所谓5个年度,是指从企业取得的来源于中国境外的所得,已经在中国境外缴纳的企业所得税性质的税额超过抵免限额当年的次年起连续5个纳税年度。

七、企业所得税税收优惠

(一)免税收入

1. 国债利息收入

2. 符合条件的居民企业之间的股息、红利等权益性投资收益

3. 在中国境内设立机构、场所的非居民企业从居民企业取得与该机构、场所有实际联系的股息、红利等权益性投资收益

4. 符合条件的非营利组织的收入

【注意】股息、红利等权益性投资收益,不包括连续持有居民企业公开发行并上市流通的股票不足12个月取得的投资收益。

【例16·单选】根据企业所得税法律制度的规定,下列各项中,属于免税收入的是( )。(2014年)

A. 企业购买国债取得的利息收入

B. 纳入预算管理的事业单位取得的财政拨款
C. 事业单位从事营利性活动取得的收入
D. 企业转让股权取得的收入

【答案】A

【解析】（1）选项A，属于免税收入；（2）选项B，属于不征税收入；（3）选项CD，属于应税收入。

（二）减、免税所得

1. 减税 + 免税

（1）免征	①蔬菜、谷物、薯类、油料、豆类、棉花、麻类、糖料、水果、坚果的种植
	②农作物新品种的选育
	③中药材的种植
	④林木的培育和种植
	⑤牲畜、家禽的饲养
	⑥林产品的采集
	⑦灌溉、农产品初加工、兽医、农技推广、农机作业和维修等农、林、牧、渔服务业项目
	⑧远洋捕捞
（2）减半	①花卉、茶以及其他饮料作物和香料作物的种植
	②海水养殖、内陆养殖

【例17·判断】企业从事海水养殖项目的所得，免征企业所得税。（　）（2016年）

【答案】×

【解析】企业从事海水养殖、内陆养殖取得的所得，减半征收企业所得税。

2. 三免三减半政策

（1）国家重点扶持的公共基础设施项目的投资经营所得	自项目取得第一笔生产经营收入所属纳税年度起，第1年至第3年免征企业所得税，第4年至第6年减半征收企业所得税
（2）符合条件的环境保护、节能节水项目的所得	

【注意】国家重点扶持的公共基础设施项目投资经营所得：企业承包经营、承包建设和内部自建自用的项目所得，不得享受上述企业所得税优惠。

3. 技术转让所得

（1）符合条件的居民企业技术转让所得不超过500万元的部分，免征企业所得税。

（2）超过500万元的部分，减半征收企业所得税。

（3）计算转让技术所得时应扣除转让成本及相关税费。

4. 权益性投资资产转让所得

从2014年11月17日起，对合格境外机构投资者（QHI）、人民币合格境外机构投资者（RQFII）取得来源于中国境内的股票等权益性投资资产转让所得，暂免征收企业所得税。

（三）小型微利企业和高新技术企业税收优惠

1. 符合条件的小型微利企业，减按20%的税率征收企业所得税

自2017年1月1日至2019年12月31日，对年应纳税所得额低于50万元（含50万元）的小微利企业，其所得减按50%计入应纳税所得额，按20%的税率缴纳企业所得税。

2. 国家需要重点扶持的高新技术企业，减按15%的税率征收企业所得税

（四）民族自治地方的减免税

民族自治地方的自治机关对本民族自治地方的企业应缴纳的企业所得税中属于地方分享的部分，可以决定减征或者免征，但须报省、自治区、直辖市人民政府批准。

【注意】对民族自治地方内国家限制和禁止行业的企业，不得减、免征企业所得税。

（五）加计扣除

1. 三新研究开发费用

三新研究是指开发新技术、新产品、新工艺。

（1）未形成无形资产计入当期损益的，在按照规定据实扣除的基础上，按照研发费用的50%加计扣除。

（2）形成无形资产的，按照该无形资产成本的150%摊销。

【注意】如果是科技型中小企业，未形成无形资产按照研发费用的75%加计扣除；形成无形资产的，按照该无形资产成本的175%在税前摊销。该加计扣除方法在2017年1月1日至2019年12月31日期间施行。

2. 安置残疾人员所支付的工资

企业安置残疾人员的，在企业支付给残疾职工工资据实扣除的基础上，按照支付给残疾职工工资的100%加计扣除。

（六）应纳税所得额抵扣

创业投资企业采取股权投资方式投资于未上市的中小高新技术企业2年以上的，可以按照其投资额的70%在股权持有满2年的当年抵扣其应纳税所得额；当年不足抵扣的，可以在以后纳税年度结转抵扣。

【注意】有限合伙制创业投资企业采取上述投资方式满2年（24个月）的，其法人合伙人可按照对未上市中小高新技术企业投资额的70%抵扣该法人合伙人从该有限合伙制创业投资企业分得的应纳税所得额，当年不足抵扣的，可以在以后纳税年度结转抵扣。

（七）加速折旧

1. 可以采取缩短折旧年限或者采取加速折旧方法的固定资产

（1）由于技术进步，产品更新换代较快的固定资产。

（2）常年处于强震动、高腐蚀状态的固定资产。

2. 采取缩短折旧年限方法的，最低折旧年限不得低于法定折旧年限的60%

3. 采取加速折旧方法的，可以采取双倍余额递减法或者年数总和法

（八）减计收入

企业以《资源综合利用企业所得税优惠目录》规定的资源作为主要原材料，生产国家非限制和禁止并符合国家和行业相关标准的产品取得的收入，减按90%计入收入总额。

【例18·判断】企业从事花卉种植的所得，减半征收企业所得税。（　　）（2017年）
【答案】√

（九）应纳税额抵免

企业购置并实际使用规定的环境保护、节能节水、安全生产等专用设备的，该专用设备的投资额的10%可以从企业当年的应纳税额中抵免；当年不足抵免的，可以在以后5个纳税年度结转抵免。

（十）西部地区的减免税

对设在西部地区以《西部地区鼓励类产业目录》中新增鼓励类产业项目为主营业务，且其当年度主营业务收入占企业收入总额70%以上的企业，自2014年10月1日起，可减按15%税率缴纳企业所得税。

八、企业所得税征收管理

（一）纳税地点

1. 居民企业

（1）以企业登记注册地为纳税地点。

（2）登记注册地在境外的，以实际管理机构所在地为纳税地点。

2. 非居民企业

（1）在中国境内设立机构、场所的，以机构、场所所在地为纳税地点。

（2）在中国境内未设立机构、场所的，或虽设立机构、场所但取得所得与其所设机构、场所没有实际联系，以扣缴义务人所在地为纳税地点。

（二）纳税期限

按年计征，分月或者分季预缴，年终汇算清缴，多退少补。

企业在一个纳税年度的中间开业，或者终止经营活动，使该纳税年度的实际经营期不足12个月的，应当以其实际经营期为1个纳税年度。企业依法清算时，应当以清算期间作为1个纳税年度。

企业应当自年度终了之日起5个月内，向税务机关报送年度企业所得税纳税申报表，并汇算清缴，结清应缴应退税款。

企业在年度中间终止经营活动的，应当自实际经营终止之日起60日内，向税务机关办理当期企业所得税汇算清缴。

（三）纳税申报

按月或者按季预缴的，企业应当自月份或者季度终了之日起15日内，向税务机关报送预缴企业所得税纳税申报表，预缴税款。

企业在纳税年度内无论盈利或者亏损，都应当按照规定期限，向税务机关报送预缴企业所得税纳税申报表、年度企业所得税纳税申报表、财务会计报告和税务机关规定应当报送的其他有关资料。

【例19·多选】根据企业所得税法律制度的规定，下列关于企业所得税征收管理的说法，正确的是（　　）。

A. 按月或按季预缴所得税的，企业应当自月份或季度终了之日起30日内，向税务机关报送预缴企业所得税纳税申报表，预缴税款

B. 企业应当自年度终了之日起5个月内，向税务机关报送年度企业所得税纳税申报表

C. 企业只有在盈利情况下，才需要依照规定期限，向税务机关报送预缴企业所得税纳税申报表

D. 企业在年度中间终止经营活动的，应当自实际经营终止之日起60日内，向税务机关办理当期企业所得税汇算清缴

【答案】BD

【解析】（1）选项A，按月或按季预缴的，企业应当自月份或者季度终了之日起15日内，向税务机关报送预缴企业所得税纳税申报表，预缴税款；（2）选项C，企业在纳税年度内无论盈利或者亏损，都应当依照规定期限，向税务机关报送预缴企业所得税纳税申报表、年度企业所得税纳税申报表、财务会计报告和税务机关规定应当报送的其他有关资料。

【总结】不征收收入 VS 免税收入。

不征收收入	免税收入
（1）财政拨款 （2）依法收取并纳入财政管理的行政事业性收费、政府性基金 （3）国务院规定的其他不征收收入，指企业取得由国务院、税务主管部门规定专项用途并经国务院批准的财政性资金	（1）国债利息收入 （2）符合条件的居民企业之间的股息、红利等权益性投资收益 （3）在中国境内设立机构、场所的非居民企业从居民取得与该机构、场所有实际联系的股息、红利等权益性投资收益 （4）符合条件的非营利组织的收入

第二节　个人所得税法律制度

一、个人所得税纳税人和所得来源的确定

（一）纳税人

个人所得税纳税义务人具体包括中国公民、个体工商户、外籍个人，以及中国香港、澳门、台湾同胞等。

个人独资企业和合伙企业不缴纳企业所得税，而是对投资者个人或自然人合伙人取得的生产经营所得征收个人所得税。

个人所得税纳税人可分为居民纳税人和非居民纳税人。

类型	判定标准	纳税义务	
（1）居民纳税人	①在中国境内有住所的个人 ②在中国境内无住所而在境内居住满1年的个人	全面纳税义务	就其来源于中国境内和境外的所得，向中国政府缴纳个人所得税
（2）非居民纳税人	①在中国境内无住所又不居住的个人 ②在中国境内无住所而又居住不满1年的个人	有限纳税义务	仅就其来源于中国境内的所得，向中国政府缴纳个人所得税

【注意1】在一个纳税年度内在中国境内居住满365日（1月1日—12月31日），即以居住满1年为时间标准。

【注意2】在居住期间内临时离境的，即在一个纳税年度中一次离境不超过30日或者多次离境累计不超过90日的，不扣减日数，连续计算。

【例1·判断】外籍人员约翰2013年2月24日受邀来中国工作，2014年2月15日结束在中国的工作，约翰在2013年纳税年度内属于我国居民纳税人。（ ）（2014年）

【答案】×

【解析】对于在境内无住所的，必须在我国境内居住满一个纳税年度（指1月1日至12月31日），临时离境一次不超过30日或多次离境累计不超过90日内的，才能被认定为居民纳税人。约翰住所地不在中国，2013年2月24日来中国，2013年未住满一个纳税年度，两个标准均不符合，属于非居民纳税人。

（二）扣缴义务人

我国实行个人所得税代扣代缴和个人申报纳税相结合的征收管理制度。税法规定，凡支付应纳税所得的单位和个人，都是个人所得税的扣缴义务人。

（三）所得来源的确定

下列所得，不论支付地点是否在中国境内，均为来源于中国境内的所得。

1. 因任职、受雇、履约等而在中国境内提供劳务取得的所得
2. 将财产出租给承租人在中国境内使用而取得的所得
3. 转让中国境内的建筑物、土地使用权等或在中国境内转让其他财产取得的所得。
4. 许可各种特许权在中国境内使用而取得的所得
5. 从中国境内的公司、企业以及其他经济组织或者个人取得的利息、股息、红利所得

【例2·多选】根据个人所得税法律制度的规定，下列个人所得中，不论支付地点是否在境内，均为来源于中国境内所得的有（ ）。（2016年）

A. 因任职在境内提供劳务取得的所得

B. 许可专利权在境内使用取得的所得

C.转让境内房产取得的所得
D.将财产出租给承租人在境内使用取得的所得
【答案】ABCD

二、个人所得税应税所得项目

(一)工资、薪金所得

1.关于工资、薪金所得的一般规定

(1)征税范围:是指个人因任职或者受雇而取得的工资、薪金、奖金、年终加薪、劳动分红、津贴、补贴以及与任职或者受雇有关的其他所得。

(2)不属于工资、薪金的补贴、津贴:

①独生子女补贴。

②执行公务员工资制度未纳入基本工资总额的补贴、津贴差额和家属成员的副食补贴。

③托儿补助费。

④差旅费津贴、误餐补助。

【例3·单选】根据个人所得税法律制度,下列应按"工资、薪金所得"税目,征收个人所得税的是( )。(2016年)

A.国债利息所得 B.参加商场活动中奖
C.出租闲置房屋取得的所得 D.单位全勤奖

【答案】D

【解析】(1)选项A,属于利息、股息、红利所得,并享受免税的优惠;(2)选项B,属于偶然所得;(3)选项C,属于财产租赁所得。

【例4·多选】根据个人所得税法律制度的规定,下列各项中,应按照"工资、薪金所得"税目计缴个人所得税的有( )。(2017年)

A.出租车驾驶员采取单车承包方式承包出租汽车经营单位的出租车,从事客货运营取得的收入

B.杂志社的编辑在本单位杂志上发表作品取得的所得

C.出版社的专业作者撰写的作品,由本社以图书形式出版而取得的稿费收入

D.个人在公司任职,同时兼任董事取得的董事费收入

【答案】ABD

【解析】选项C,按"稿酬所得"税目计缴个人所得税。

2.关于工资、薪金所得的特殊规定

(1)内部退养的人员从原任职单位取得的一次性收入,应当按照"工资、薪金所得"项目缴纳个人所得税。将取得收入按照提前办理离退休手续的月份进行平均,并与领取当月的工资、薪金所得合并后减除当月费用扣除标准,以余额为基数确定适用税率,再将当月工资、薪金加上取得的一次性收入,减去费用扣除标准,按适用税率计征个

人所得税。

（2）提前退休取得一次性补贴收入应按照"工资、薪金所得"项目征收个人所得税。按照办理提前退休手续至法定退休年龄之间所属月份平均分摊计算个人所得税。

（3）解除劳动关系取得一次性补偿收入：

①其收入超过当地上年职工平均工资3倍数额部分的一次性补偿收入，除以工作年限（超过12年的按12年计算），以其商数作为个人的月工资、薪金收入，按规定计税。

②其收入在当地上年职工平均工资3倍数额以内的部分，可免征个人所得税。

（4）离、退休人员：

①按照国家统一规定发给干部、职工的安家费、退职费、退休工资、离休工资、离休生活补助费，免征个人所得税。

②再任职取得的收入，在减除按税法规定的费用扣除标准后，按"工资、薪金所得"项目计征个人所得税。

③达到离、退休年龄，但确因工作需要，适当延长离、退休年龄的高级专家（指享受国家发放的政府特殊津贴的专家、学者），其在延长离休、退休期间的工资、薪金所得，视同离休、退休工资免征个人所得税。

④离退休人员除按规定领取离退休工资或养老金外，另从原任职单位取得的各类补贴、奖金、实物，应按"工资、薪金所得"项目缴纳个人所得税。

（5）年金。

年金	①缴纳时	单位缴纳部分：超过规定标准的	按工资、薪金所得计税
		个人缴费部分：超过本人缴费工资计税基数的4%部分	
	②分红时	年金基金投资运营收益分配计入个人账户时	暂不缴纳个人所得税
	③领取时	个人达到国家规定的退休年龄之后按月领取的年金	按工资、薪金所得计税
		按年或按季领取的年金，平均分摊计入各月	

3. 全年一次性奖金

（1）全年一次性奖金也包括年终加薪、实行年薪制和绩效工资办法的单位根据考核情况兑现的年薪和绩效工资。

（2）计算方法：单独作为一个月的工资、薪金所得计算纳税。

当月工资薪金与3 500元（或4 800元）的关系	税率和速算扣除数	应纳税额
当月工资薪金≥3 500元（或4 800元）	全年一次性奖金总额÷12，以商数查找适用的税率和速算扣除数	全年一次性奖金总额×适用税率—速算扣除数
当月工资薪金<3 500元（或4 800元）	[全年一次性奖金总额—（3 500或4 800元—当月工资）]÷12，以商数查找适用的税率和速算扣除数	[全年一次性奖金总额—（3 500或4 800元—当月工资）]×适用税率—速算扣除数

4. 计税依据

（1）以每月收入额扣除费用3 500元后的余额，为应纳税所得额。

（2）外派人员、外籍人员（在中国境内外企工作的外籍人员、在中国境内非外企的企事业等单位工作的外籍专家），费用扣除总额为4 800元/月，在减除3 500元费用的基础上，再减除1 300元的附加减除费用。

5. 税率

7级超额累进税率（3%~45%）。

个人所得税税率表（工资、薪金所得适用）

级数	全月应纳税所得额（含税级距）	税率（%）	速算扣除数
1	不超过1 500元的	3	0
2	超过1 500元至4 500元的部分	10	105
3	超过4 500元至9 000元的部分	20	555
4	超过9 000元至35 000元的部分	25	1 005
5	超过35 000元至55 000元的部分	30	2 755
6	超过55 000元至80 000元的部分	35	5 505
7	超过80 000元的部分	45	13 505

6. 应纳税额的计算

应纳税额 =（每月收入额 − 3 500元或4 800元）× 适用税率 − 速算扣除数

【例5·单选】王某于某年12月因业绩优秀，获得第四季度奖金3 000元，当月工资收入4 000元，则王某12月应纳个人所得税（　）元。（2018年）

A.(4 000 − 3 500)× 3%+3 000 × 10% − 105 = 210

B.(4 000 − 3 500)× 3%+3 000 × 3% = 105

C.(4 000 + 3 0003 500)× 10% − 105 = 245

D.(4 000 − 3 500)× 3% = 15

【答案】C

【解析】雇员取得除全年一次性奖金以外的其他各种名目奖金，如半年奖、季度奖、加班奖、先进奖、考勤奖等，一律与当月工资、薪金收入合并，按税法规定缴纳个人所得税。王某应纳个人所得税 = (4 000 + 3 000 − 3 500)× 10% − 105 = 245(元)。

（二）个体工商户的生产、经营所得

1. 范围

（1）个体工商户从事工业、手工业、建筑业、交通运输业、商业、饮食业、服务业、修理业以及其他行业取得的所得。

（2）个人经政府有关部门批准，取得执照，从事办学、医疗、咨询以及其他有偿服务取得的所得。

（3）其他个人从事个体工商业生产、经营取得的所得。

（4）个体工商户和个人取得的与生产、经营有关的各项应税所得。

（5）实行查账征税办法的个人独资企业和合伙企业的个人投资者的生产经营所得比照执行。

【注意1】个体工商户和从事生产经营的个人，取得与生产、经营活动无关的其他各项应税所得，应分别按照有关规定，计算征收个人所得税。

【注意2】个人因从事彩票代销业务而取得所得，应按照"个体工商户的生产、经营所得"项目计征个人所得税。

2. 计征方法

按年计征。

3. 计税依据

应纳税额＝应纳税所得额×适用税率－速算扣除数

＝（全年收入总额－成本、费用、税金、损失、其他支出及以前年度亏损）×适用税率－速算扣除数

4. 税率

5级超额累进税率（5%～35%）。

个人所得税税率表

（个体工商户的生产、经营所得和对企事业单位的承包经营、承租经营所得适用）

级数	全月应纳税所得额（含税级距）	税率（%）	速算扣除数
1	不超过15 000元的	5	0
2	超过15 000元至30 000元的部分	10	750
3	超过30 000元至60 000元的部分	20	3 750
4	超过60 000元至100 000元的部分	30	9 750
5	超过100 000元的部分	35	14 750

5. 个体工商户下列支出不得扣除

（1）个人所得税税款。

（2）税收滞纳金。

（3）罚金、罚款和被没收财物的损失。

（4）不符合扣除规定的捐赠支出。

（5）赞助支出。

（6）用于个人和家庭的支出。

（7）与取得生产经营收入无关的其他支出。

（8）国家税务总局规定不准扣除的支出。

【例6·单选】根据个人所得税法律制度的规定，下列关于个体工商户个人所得税扣除项目的表述中，正确的是（　　）。（2015年）

A. 个体工商户按规定缴纳的摊位费、行政性收费、协会会费等，按税法规定限额扣除

B. 赞助支出，可以扣除

C. 个体工商户业主的工资薪金不得在税前扣除

D. 业主及其家庭发生的生活费用与生产经营费用混合并难以划分的，不得扣除

【答案】C

【解析】（1）选项A，个体工商户按照规定缴纳的摊位费、行政性收费、协会会费等，按实际发生数额扣除；（2）选项B，赞助支出，不得扣除；（3）选项C，个体工商户业主的工资薪金支出不得税前扣除；（4）选项D，个体工商户生产经营活动中，应当分别核算生产经营费用和个人、家庭费用。对于生产经营与个人、家庭生活混用难以分清的费用，其40%视为与生产经营有关的费用，准予扣除。

6. 其他扣除标准

	从业人员	业主
（1）工资	√	×（扣计生费）
（2）"五险一金"	√	√
（3）补充养老保险	从业人员工资总额×5%	当地上年度社会平均工资的3倍×5%
（4）补充医疗保险	从业人员工资总额×5%	当地上年度社会平均工资的3倍×5%
（5）商业保险	×	×
（6）合理劳动保护支出	√	√
（7）三项经费（工会经费、福利费、职工教育经费）	工资薪金总额的2%、14%、2.5%	当地上年度社会平均工资的3倍×2%、14%、2.5%
（8）代他人负担的税款	×	×

【总结】企业VS个体工商户扣除标准。

扣除项目	企业	个体工商户	
（1）工资、薪金支出	企业发生的合理的工资薪金支出，准予扣除	①从业人员：合理的工资薪金支出，准予扣除	
		②业主：工资薪金不得税前扣除	
（2）三项经费：（工会经费、职工福利费、职工教育经费）	工资薪金总额的2%、14%、2.5%	①从业人员：工资薪金总额的2%、14%、2.5%	
		②业主：当地上年度社会平均工资的3倍×2%、14%、2.5%	
（3）社会保险费	①"五险一金"准予扣除 ②"补充养老保险费、补充医疗保险费"，分别在不超过职工工资总额5%标准内的部分，在计算应纳税所得额时准予扣除；超过的部分，不予扣除 ③除企业依照国家有关规定为特殊工种职工支付的人身安全保险费和国务院财政、税务主管部门规定可以扣除的其他商业保险费外，企业为投资者或职工支付的商业保险费，不得扣除 【注意】企业参加财产保险，按照规定缴纳的保险费，准予扣除	①"五险一金"准予扣除	
		②补充社会保险	a.从业人员工资总额×5%标准内的部分准予扣除
			b.业主：上年度社会平均工资的3倍×5%内的部分准予扣除
		③除个体工商户依照国家有关规定为特殊工种从业人员支付的人身安全保险费和国务院财政、税务主管部门规定可以扣除的其他商业保险费外，个体工商户业主本人或者从业人员的商业保险费，不得扣除 【注意】个体工商户参加财产保险，按照规定缴纳的保险费，准予扣除	

续表

扣除项目	企业	个体工商户
（4）利息费用	①准予据实扣除：非金融企业向金融企业借款的利息支出；金融企业的各项存款利息支出和同业拆借利息支出；企业经批准发行债券的利息支出可据实扣除	向金融企业借款的利息支出准予扣除
	②不得超过限额扣除：非金融企业向非金融企业借款的利息支出，不超过按照金融企业同期同类贷款利率计算的数额的部分可以据实扣除，超过部分不得扣除	向非金融企业和个人借款的利息支出，不超过按照金融企业同期同类贷款利率计算的数额的部分准予扣除
（5）公益性捐赠支出	不超过年度利润总额12%部分，准予在计算应纳税所得额时扣除	①不超过应纳税所得额30%的部分，准予扣除②可以全额扣除的捐赠支出，按有关规定执行
（6）广告费和业务宣传费支出	除国务院财政、税务主管部门另有规定外，不超过当年销售（营业）收入15%的部分，准予扣除；超过部分，准予结转以后纳税年度扣除【注意】企业在筹建期间，发生的广告费和业务宣传费，可按实际发生额计入企业筹办费，并按有关规定在税前扣除	不超过当年销售（营业收入）15%的部分，可以据实扣除；超过部分，准予在以后年度结转扣除
（7）业务招待费	企业发生的与其生产、经营业务有关的业务招待费支出，按照发生额的60%扣除，但最高不得超过当年销售（营业）收入的5‰【注意】企业在筹建期间，发生的与筹办活动有关的业务招待费支出，可按实际发生额的60%计入企业筹办费，并按有关规定在税前扣除	按照实际发生额的60%扣除，但最高不得超过当年销售（营业）收入的5‰【注意】个体工商户在筹建期间，发生的与筹办活动有关的业务招待费支出，可按实际发生额的60%计入企业筹办费，并按有关规定在税前扣除
（8）借款费用	企业在生产经营活动中发生的合理的不需要资本化的借款费用，准予扣除	个体工商户在生产经营活动中发生的合理的不需要资本化的借款费用，准予扣除
（9）"三新"研究开发费用	企业为开发新技术、新产品、新工艺发生的研究开发费用在计算企业所得税应纳税所得额时：①未形成无形资产计入当期损益的，在按照规定据实扣除的基础上，按照研发费用的50%加计扣除②形成无形资产的，按照该无形资产成本的150%在税前摊销	①"三新"研究开发费用，准予扣除②研究开发新产品、新技术而购置单台价值在10万以下的测试仪器和实验性装置的购置费，准予扣除
（10）亏损	可以结转到以后5年内弥补	可以结转到以后5年内弥补

（三）对企事业单位的承包经营、承租经营所得

1. 征税范围

登记情况		是否交企业所得税	是否交个人所得税	税目
（1）登记为个体工商户		×	√	个体工商户的生产、经营所得
（2）仍然登记为企业	①承包、承租人对经营成果不拥有所有权	√	√	工资、薪金所得
	②承包、承租人对经营成果拥有所有权			对企事业单位的承包、承租经营所得

2. 税率

5级超额累进税率（5%~35%）。

3. 应纳税额的计算

应纳税额＝应纳税所得额 × 适用税率 − 速算扣除数

＝（纳税年度收入总额 − 必要费用）× 适用税率 − 速算扣除数

（四）劳务报酬所得

1. 范围

（1）独立从事非雇佣的各种劳务所取得的收入。包括设计、装潢、安装、制图、审稿、会计、法律、讲学、咨询、广告、技术服务等。

（2）兼职取得的收入应按照"劳务报酬所得"应税项目缴纳个人所得税。

（3）工资、薪金所得项目的辨析见下表。

情形		个人所得税处理
①商品业绩奖励	a. 对雇员进行奖励	工资薪金所得
	b. 对非雇员进行奖励	劳务报酬所得
②董事费、监事费收入	a. 在本公司或关联企业任职	工资薪金所得
	b. 非任职受雇	劳务报酬所得
③教师、演员	a. 在单位授课、演出	工资薪金所得
	b. 在外授课、走穴	劳务报酬所得
④受雇于律师个人，为律师个人工作		劳务报酬所得
⑤证券经纪人从证券公司取得佣金，扣除40%的展业成本		
⑥个人保险代理人取得的佣金、奖励和劳务费，扣除40%的展业成本		

【注意】为了便于操作，受雇于律师的个人，其税款可由其任职的律师事务所代缴。

【例7·多选】根据个人所得税法律制度的规定，个人取得的下列收入中，应按照"劳务报酬所得"计缴个人所得税的有(   )。（2018年）

A. 某经济学家从非雇佣企业取得的讲学收入

B. 某职员取得的本单位优秀员工奖金

C. 某工程师从非雇佣企业取得的咨询收入

D. 某高校教师从任职学校领取的工资

【答案】AC

【解析】选项BD，按"工资薪金所得"计缴个人所得税。

2. 税率

比例税率，税率为20%。对劳务报酬所得取得一次收入畸高的（一次性取得应纳税所得额超过20 000元），实行加成征收。

个人所得税税率表
（劳务报酬所得适用）

级数	每次应纳税所得额	税率（%）	速算扣除数
1	不超过20 000元的	20	0
2	超过20 000元至50 000元的部分	30	2 000
3	超过50 000元的部分	40	7 000

【注意】这里的应纳税所得额指每次所得扣除800元或20%的费用之后的余额。

【例8·单选】根据个人所得税法律制度的规定，下列所得中，应加成征收个人所得税的是（　　）。（2017年）

A. 居民陈某转让住房所得800 000元

B. 作家王某出版图书所得50 000元

C. 专家郑某受邀为某企业培训一次性所得30 000元

D. 职员李某年终奖金所得100 000元

【答案】C

【解析】（1）对劳务报酬所得一次收入畸高的，即一次应纳税所得额超过20 000元的，实行"加成征收"个人所得税；（2）选项A属于财产转让所得，选项B属于稿酬所得，选项C属于劳务报酬所得，选项D属于工资、薪金所得。

3. 计征方法

按次计征。

（1）取得一次性收入的，以取得该项收入为一次。

（2）同一事项连续取得收入的，以1个月内取得的收入为一次。

4. 税额的计算

（1）每次收入不足4 000元的：

应纳税额 =（每次收入额 − 800）× 20%

（2）每次收入在4 000元以上的：

应纳税额 = 每次收入额 ×（1 − 20%）× 20%

（3）每次收入的应纳税所得额超过20 000元的：

应纳税额 = 每次收入额 ×（1 − 20%）× 适用税率 − 速算扣除数

【例9·单选】2016年6月简某应邀为M公司员工进行法规培训，取得所得30 000元。已知劳务报酬所得个人所得税适用税率为30%，速算扣除数2 000。

每次收入4 000元以上的,减除20%的费用。计算简某当月培训所得应缴纳个人所得税税额的下列算式中,正确的是( )。(2016年)

A.30 000×(1-20%)×30%-2 000=5 200(元)
B.[30 000×(1-20%)-2 000]×30%=6 600(元)
C.30 000×30%-2 000=7 000(元)
D.(30 000-2 000)×30%=8 400(元)

【答案】A

【解析】简某进行培训取得收入30 000元,应纳税所得额=30 000×(1-20%)=240 000(元),超过20 000元,所以当月培训所得应缴纳个人所得税税额=30 000×(1-20%)×30%-2 000=5 200(元)。

(五)稿酬所得

1. 范围

(1)个人因其作品以图书、报刊形式出版、发表而取得的所得。作品包括文学作品、书画作品、摄影作品,以及其他作品。

(2)作者去世后,财产继承人取得的遗作稿酬,也应征个人所得税。

(3)任职、受雇于报纸、杂志等单位的记者、编辑等专业人员,因在本单位的报纸、杂志上发表作品取得的所得,属于因任职、受雇而取得的所得,应与其当月工资收入合并,按"工资、薪金所得"项目征收个人所得税。

(4)除上述专业人员以外,其他人员在本单位的报纸、杂志上发表作品取得的所得,应按"稿酬所得"项目征收个人所得税。

(5)出版社的专业作者撰写、编写或翻译的作品,由本社以图书形式出版而取得的稿费收入,应按"稿酬所得"项目征收个人所得税。

【例10·单选】根据个人所得税法律制度的有关规定,下列各项中,按照"稿酬所得"征收个人所得税的是( )。(2015年)

A.作品出版或者发表   B.审稿收入
C.设计收入   D.讲课收入

【答案】A

【解析】选项A,作品出版或者发表按照"稿酬所得"征收个人所得税;选项BCD,按照"劳务报酬所得"征收个人所得税。

2. 适用税率

比例税率,税率为20%,并按应纳税额减征30%,即只征收70%的税额,其实际税率为14%。

3. 计征方法

按次计征。

(1)同一作品再版取得的所得,应视作另一次稿酬所得计征个人所得税。

(2)同一作品先在报刊上连载,然后再出版,或者先出版,再在报刊上连载的,应视为两次稿酬所得征税,即连载作为一次,出版作为另一次。

(3)同一作品在报刊上连载取得收入的,以连载完成后取得的所有收入合并为一次,计征个人所得税。

(4)同一作品在出版和发表时,以预付稿酬或分次支付稿酬等形式取得的稿酬收入,应合并计算为一次。

(5)同一作品出版、发表后,因添加印数而追加稿酬的,应与以前出版、发表时取得的稿酬合并计算为一次,计征个人所得税。

【例11·多选】根据个人所得税法律制度规定,关于稿酬所得的计算方法,下列各项表述中,正确的有( )。

A. 同一作品在报刊上连载取得收入的,以连载完成后取得的所有收入合并为一次,计征个人所得税

B. 同一作品先在报刊上连载,然后再出版,应当将所有收入合并为一次,计征个人所得税

C. 同一作品出版、发表后,因添加印数而追加稿酬的,应与以前出版、发表时取得的稿酬合并计算为一次,计征个人所得税

D. 同一作品在出版和发表时,以预付稿酬或分次支付稿酬等形式取得的稿酬收入,应合并计算为一次

【答案】ACD

【解析】同一作品先在报刊上连载,然后再出版,或者先出版,再在报刊上连载的,应视为两次稿酬所得征税,即连载作为一次,出版作为另一次。

4. 应纳税额的计算

(1)每次收入不足4 000元的:

应纳税额=(每次收入额-800)×20%×(1-30%)

(2)每次收入在4 000元以上的:

应纳税额=每次收入额×(1-20%)×20%×(1-30%)

(六)特许权使用费所得

1. 范围

(1)个人提供专利权、商标权、著作权、非专利技术以及其他特许权的使用权取得的所得。

(2)对于作者将自己的文字作品手稿原件或复印件公开拍卖(竞价)取得的所得,属于提供著作权的使用所得,应按"特许权使用费所得"项目征收个人所得税。

(3)个人取得特许权的经济赔偿收入,应按"特许权使用费所得"项目缴纳个人所得税,税款由支付赔偿的单位或个人代扣代缴。

(4)从2002年5月1日起,编剧从电视剧的制作单位取得的剧本使用费,不再区分剧本的使用方是否为其任职单位,统一按"特许权使用费所得"项目征收个人所得税。

【例12•多选】根据个人所得税法律制度的规定，下列收入中，按照"特许权使用费所得"税目缴纳个人所得税的有（   ）。（2014年）

A. 提供商标权收入　　　　　　B. 转让专利权收入
C. 转让著作权收入　　　　　　D. 转让土地使用权收入

【答案】ABC

【解析】转让土地使用权收入属于"财产转让所得"。

2. 适用税率

比例税率，税率为20%。

3. 计征方法

按次计征。

（1）以一项特许权的一次许可使用所取得的收入为一次。

（2）对特许权使用费所得"次"的界定，明确为每一项使用权的每次转让所取得的收入为一次。如果该次转让取得的收入是分笔支付的，则应将各笔收入相加为一次的收入，计征个人所得税。

4. 应纳税额的计算

（1）每次收入不足4 000元的：

应纳税额 =（每次收入额 – 800）× 20%

（2）每次收入在4 000元以上的：

应纳税额 = 每次收入额 ×（1 – 20%）× 20%

【例13•单选】张某本月将A商标权的使用权许可甲公司使用，取得收入3 800元；将B技术使用权许可乙公司使用，取得收入6 000元。已知特许权使用费所得适用的个人所得税税率为20%，根据个人所得税法律制度规定，张某本月应缴纳个人所得税（   ）元。

A. 600　　　　　　B. 960　　　　　　C. 1 560　　　　　　D. 1 568

【答案】C

【解析】特许权使用费所得，以一项特许权的一次许可使用所取得的收入为一次。在本题中，张某本月应缴纳的个人所得税 =（3 800 – 800）× 20% + 6 000 ×（1 – 20%）× 20% = 1 560（元）。

（七）利息、股息、红利所得

1. 范围

（1）个人拥有债权、股权而取得的利息、股息、红利所得。

（2）免税的利息：

①国债和国家发行的金融债券利息免税。

②储蓄存款利息所得暂免征收个人所得税。

2. 税率

比例税率，税率为20%。

3. 计征方法

以支付利息、股息、红利时取得的收入为一次。

4. 应纳税额的计算

应纳税额 = 应纳税所得额 × 20% = 每次收入额 × 20%

5. 个人从公开发行和转让市场取得上市公司的股息红利

持股期限	应纳税所得额确定
（1）1个月以内（含1个月）	股息红利所得全额计征
（2）1个月以上至1年（含1年）	股息红利所得减按50%计征
（3）超过1年的	股息红利所得暂免征税

（八）财产租赁所得

1. 范围

（1）指个人出租建筑物、土地使用权、机器设备、车船以及其他财产取得的收入。

（2）个人取得的房屋转租收入，属于财产租赁所得。

2. 计征方法

以1个月内取得的收入为一次，按次征收。

3. 税率

（1）一般情况下为20%。

（2）个人出租住房取得的所得暂减按10%的税率征收个人所得税。

4. 应纳税额的计算

（1）每次（月）收入不足4 000元的：

应纳税额 = [每次（月）收入额 − 财产租赁过程中缴纳的税费 − 由纳税人负担的租赁财产实际开支的修缮费用（800元为限）− 800元] × 20%（或10%）

（2）每次（月）收入在4 000元以上的：

应纳税额 = [每次（月）收入额 − 财产租赁过程中缴纳的税费 − 由纳税人负担的租赁财产实际开支的修缮费用（800元为限）] × （1 − 20%）× 20%（或10%）

（3）个人出租房屋的，个人所得税应税收入不含增值税，计算房屋出租所得可扣除的税费不包括本次出租缴纳的增值税。

（4）个人转租房屋的，其向房屋出租方支付的租金及增值税税额，在计算转租所得时予以扣除。

【例14·单选】2016年7月，简某出租住房取得不含增值税租金收入3 000元，房屋租赁过程中缴纳的可以税前扣除的相关税费120元，支付出租住房维修费1 000元，已知个人出租住房取得的所得按10%的税率征收个人所得税，每次收入不超过4 000元减除费用800元。简某当月出租住房应缴纳个人所得税税额下列计算列式中，正确的是（　　）。

A.（3 000 − 120 − 1 000 − 800）× 10% = 108（元）

B.（30 000 − 120 − 800 − 800）× 10% = 128（元）

C.（3 000 - 120 - 1 000）×10% = 188（元）
D.（3 000 - 120 - 800）×10% = 208（元）

【答案】B

【解析】（1）每次（月）收入不超过4 000元的应纳税额 = [每次（月）收入额 - 财产租赁过程中缴纳的税费 - 由纳税人负担的租赁财产实际开支的修缮费用（800元为限）- 800元] × 20%（或10%）；（2）简某出租住房应缴纳个人所得税税额 =（3 000 - 120 - 800 - 800）× 10% = 128（元）。

（九）财产转让所得

1. 范围

（1）财产转让所得，是指个人转让有价证券、股权、建筑物、土地使用权、机器设备、车船以及其他财产取得的收入。

（2）个人以非货币性资产投资，属于个人转让非货币性资产和投资同时发生。对个人转让非货币性资产的所得，应按照"财产转让所得"项目缴纳个人所得税。

（3）个人通过招标、竞拍或其他方式购置债权以后，通过相关司法或行政程序主张债权而取得的所得，应按照"财产转让所得"项目缴纳个人所得税。

（4）个人通过网络收购玩家的虚拟货币，加价后向他人出售取得的收入，按照"财产转让所得"项目缴纳个人所得税。

（5）对境内上市公司股票（非限售股）转让所得，暂不（免）征收个人所得税。

（6）个人将投资于在中国境内成立的企业或组织（不包括个人独资企业和合伙企业、境内上市公司）的股权或股份，转让给其他个人或法人的行为，应按"财产转让所得"项目计征个人所得税。

（7）个人转让上市公司限售股取得的所得，按"财产转让所得"纳税。

【注意】个人转让自用达5年以上，并且是唯一的家庭生活用房取得的所得，暂免征收个人所得税。

【例15·单选】根据个人所得税法律制度的规定，下列情形中，应缴纳个人所得税的是（　　）。（2017年）

A.王某将房屋无偿赠与其子
B.张某转让自用达5年以上且唯一家庭生活用房
C.赵某转让无偿受赠的商铺
D.杨某将房屋无偿赠与其外孙女

【答案】C

【解析】选项AD，自2009年5月25日（含）起，房屋产权所有人将房屋产权无偿赠与配偶、父母、子女、祖父母、外祖父母、孙子女、外孙子女、兄弟姐妹，对双方当事人不征收个人所得税；选项B，对个人转让自用5年以上并且是家庭唯一生活用房取得的所得，暂免征收个人所得税；选项C，应缴纳个人所得税。

2. 税率

比例税率，税率为20%。

3. 计征方法

按次计征。

4. 应纳税额的计算

应纳税额=（收入总额－财产原值－合理费用）×20%

【注意】个人转让房屋的个人所得税应税收入不含增值税，取得房屋时所支付价款中包含的增值税计入财产原值，计算转让所得时可扣除税费不包括本次转让缴纳的增值税。

5. 职工个人取得的量化资产

情形	是否纳税
（1）取得的仅作为分红依据，不拥有所有权的企业量化资产	不征税
（2）取得的拥有所有权的企业量化资产	暂缓征税
（3）参与企业分配而获得的股息、红利	按利息、股息、红利所得计税
（4）转让股份时，就其转让收入减除取得股相关费用的余额	按财产转让所得计税

【例16·判断】集体所有制企业职工个人在企业改制过程中，以股份形式取得的仅作为分红依据，不拥有所有权的企业量化资产，应按"利息、股息、红利所得"计缴个人所得税。（　）（2016年）

【答案】×

【解析】集体所有制企业职工个人在企业改制过程中，以股份形式取得的仅作为分红依据，不拥有所有权的企业量化资产，不征收个人所得税。

（十）偶然所得

1. 范围

偶然所得是指个人得奖、中奖、中彩以及其他偶然性质的所得。

2. 税率

比例税率，税率为20%。

3. 计征方法：按次计征，以每次收入全额为一次。

4. 应纳税额的计算

应纳税额=应纳税所得额×20%=每次收入额×20%

5. 相关规定

（1）企业对累计消费达到一定额度的顾客，给予额外抽奖机会，个人的获奖所得，按照"偶然所得"项目，全额缴纳个人所得税。

（2）个人取得单张有奖发票奖金所得≤800元的，暂免征收个人所得税；超过800元的，应全额按"偶然所得"项目征收个人所得税。

（3）对个人购买福利彩票、赈灾彩票、体育彩票，一次中奖收入≤1万元的暂免征收个人所得税；超过1万元的，全额征收个人所得税。

（4）个人举报、协查各种违法、犯罪行为而获得的奖金，免征个人所得税。

（十一）经国务院财政部门确定征税的其他所得

1. 范围

（1）个人为单位或者其他人提供担保获得的报酬。

（2）将房屋产权无偿赠与他人的，受赠人因无偿受赠房屋取得的受赠所得。

2. 税率

比例税率，税率为20%。

3. 计征方法

按次计征，以每次收入为应纳税所得额。

4. 应纳税额的计算

应纳税额＝应纳税所得额×20%＝每次收入额×20%

【注意】利息、股息、红利所得、偶然所得和其他所得，不得扣除任何费用。

【总结】企业促销展业赠送礼品时按下表处理。

具体情形	个人所得税处理
（1）企业通过折扣、转让方式向个人销售商品（产品和提供服务）	不征收个人所得税
（2）企业在向个人销售商品（产品）和提供服务的同时给予赠品	
（3）企业对累计消费达到一定额度的个人按消费积分反馈礼品	
（4）企业对累计消费达到一定额度的顾客，给予额外抽奖机会，个人的获奖所得	按"偶然所得"项目，全额适用20%的税率缴纳个人所得税
（5）企业在业务宣传、广告等活动中，随机向本单位以外的个人赠送礼品，对个人取得的礼品所得	按"其他所得"项目，全额适用20%的税率缴纳个人所得税
（6）企业在年会、座谈会、庆典以及其他活动中向本单位以外的个人赠送礼品，对个人取得的礼品所得	

【总结】各征税项目综述见下表。

应税项目	应纳税所得额	税率	计征方法	应纳税额
（1）工资、薪金所得	每月收入额－3 500元或4 800元	7级超额累进税率（3%~45%）	按月	应纳税额＝应纳税所得额×适用税率－速算扣除数
（2）个体工商户生产、经营所得	（全年收入总额－成本、费用、税金、损失、其他支出及以前年度亏损）×适用税率－速算扣除数	5级超额累进税率（5%~35%）	按年	
（3）对企事业单位承包经营、承租经营所得	全年收入－必要费用 【注意】必要费用指每月减除3 500元，全年减除42 000元			

续表

应税项目	应纳税所得额	税率	计征方法	应纳税额
（4）劳务报酬所得 （5）稿酬所得 （6）特许权使用费所得	①每次收入额不足4 000元：每次收入额－800元 ②每次收入额4 000元以上：每次收入额×（1－20%）	20% 【注意1】稿酬所得有减征的规定，实际税率为14% 【注意2】个人出租住房取得的所得暂减按10%的税率	按次	应纳税额＝应纳税所得额×20% 【注意】劳务报酬所得有加成征收的情况
（7）财产租赁所得	①每次收入额不足4 000元：每次（月）收入额－财产租赁过程中缴纳的税费－由纳税人负担的租赁财产实际开支的修缮费用（800元为限）－800元 ②每次收入额4 000元以上：[每次（月）收入额－财产租赁过程中缴纳的税费－由纳税人负担的租赁财产实际开支的修缮费用（800元为限）]×（1－20%）			
（8）财产转让所得	收入总额－财产原值－合理费用			
（9）利息、股息、红利所得 （10）偶然所得 （11）其他所得	每次收入额			

三、公益性捐赠支出的个人所得税处理

捐赠对象		税前扣除处理
个人通过非营利性的社会团体和国家机关捐赠	向红十字事业的捐赠	准予税前全额扣除
	向农村义务教育的捐赠	
	向公益性青少年活动场所的捐赠	
	向福利性、非营利性老年服务机构的捐赠	
	通过特定的基金会用于公益救济性的捐赠，符合相关条件的	
	向教育、公益事业和遭受严重自然灾害地区、贫困地区的捐赠	捐赠额不超过应纳税所得额的30%部分，可以从其应纳税所得额中扣除
个人直接向受赠人的捐赠		不得从税前扣除

【例17·多选】根据个人所得税法律制度的规定，下列各项捐赠中，在计算个人所得税应纳税所得额时，不得扣除的有（　　）。（2015年）

A．通过非营利性社会团体向公益性青少年活动中心捐赠

B．直接向困难企业捐赠

C．通过国家机关向红十字事业捐赠

D．直接向贫困地区捐赠

【答案】BD

【解析】（1）选项BD，直接捐赠不得在计算个人所得税时扣除；（2）选项AC，准予在个人所得税税前的所得额中全额扣除。

【注意】捐赠在企业所得税和个人所得税的税务处理见下表。

捐赠涉税处理	捐赠渠道及用途	税前扣除限额	扣除限额基数的构成
（1）企业所得税	通过公益性社会团体或县级以上人民政府及其部门，用于《公益事业捐赠法》规定的公益事业的捐赠	年度利润总额×12%	年度利润总额：是指企业依照国家统一会计制度的规定计算的年度会计利润总额
（2）个人所得税	通过中国境内非营利的社会团体、国家机关向教育、公益事业和遭受严重自然灾害地区、贫困地区的捐赠	应纳税所得额×30%	应纳税所得额：根据各税目计算得来，指的是扣除捐赠前的收入计算出来的应纳税所得额
（3）两税	直接捐赠（不符合捐赠渠道及用途）	不得在税前扣除	

【例18·不定项】中国公民叶某任职于国内甲公司，2017年除工资、薪金外，有关境内所得如下：

（1）为乙公司设计营销方案，取得一次性设计费10 000元；

（2）出版著作一部，取得稿酬20 000元，当年添加印数又追加稿酬30 000元；

（3）购买福利彩票支出100元，一次性中奖5 000元；

（4）转让2006年12月购入的家庭唯一住房一套，取得转让所得100万元；

（5）获得甲公司颁发的突出贡献奖10 000元；

（6）车被盗，取得保险赔款50 000元；

（7）再次购房领取原提存的住房公积金56 000元。

已知：稿酬所得适用个人所得税税率为20%，并按应纳税额减征30%，每次收入不超过4 000元的，减除费用800元；每次收入在4 000元以上的，减除20%的费用。

要求根据上述资料，分别回答下列问题。

1.叶某的下列所得中，免予缴纳个人所得税的有（　　）。

A.转让住房所得100万元

B.突出贡献奖10 000元

C.保险赔款50 000元

D.领取原提存的住房公积金56 000元

【答案】ACD

【解析】（1）选项A，个人转让自用达5年以上，并且是唯一的家庭生活用房取得的所得，暂免征收个人所得税；（2）选项B，"企业"颁发的奖金不属于免税项目；（3）选项C，保险赔款属于免税项目；（4）选项D，个人领取原提存的住房公积金、基本医疗保险金、基本养老保险金，以及具备《失业保险条例》中规定条件的失业人员领取的失业保险金，免予征收个人所得税。

2.叶某设计营销方案取得的设计费10 000元,在计缴个人所得税时适用的税目是( )。

A.偶然所得
B.工资、薪金所得
C.特许权使用费所得
D.劳务报酬所得

【答案】D

【解析】叶某任职于甲公司,而为乙公司提供设计劳务,属于独立从事非雇佣劳务,应按"劳务报酬所得"项目计缴个人所得税。

3.关于叶某一次性中奖奖金5 000元缴纳个人所得税的下列表述中,正确的是( )。

A.应缴纳个人所得税1 000元
B.免予缴纳个人所得税
C.应缴纳个人所得税840元
D.应缴纳个人所得税800元

【答案】B

【解析】对个人购买福利彩票、赈灾彩票体育彩票,一次性中奖收入在1万元以下的(含1万元),暂免征收个人所得税;超过1万元的,全额征收个人所得税。

4.关于叶某出版著作取得的稿酬应缴纳个人所得税的下列计算中,正确的是( )。

A.(20 000+30 000 − 800)×20% = 9 840(元)
B.(20 000+30 000)×(1 − 20%)×20% = 8 000(元)
C.(20 000+30 000)×(1 − 20%)×20%×(1 − 30%) = 5 600(元)
D.(20 000+30 000)×(1 − 20%)×30% − 2 000 = 10 000(元)

【答案】C

【解析】稿酬所得按次计征,同一作品出版、发表后,因添加印数而追加稿酬的,应与以前出版、发表时取得的稿酬合并计算为一次,计征个人所得税。

四、个人所得税税收优惠

(一)免税项目

1.省级人民政府、国务院部委和中国人民解放军军以上单位,以及外国组织、国际组织颁发的科学、教育、技术、文化、卫生、体育、环境保护等方面的奖金

2.国债和国家发行的金融债券的利息

3.按照国家统一规定发给的补贴、津贴(如按照国务院规定发给的政府特殊津贴、院士津贴、资深院士津贴)

4.福利费、抚恤金、救济金

5.保险赔款

6.军人的转业费、复员费

7.按照国家统一规定发给干部、职工的安家费、退职费、退休工资、离休工资、离休生活补助费

8.依照我国有关法律规定应予免税的各国驻华使馆、领事馆的外交代表、领事官员和其他人员的所得

9. 中国政府参加的国际公约、签订的协议中规定免税的所得

10. 在中国境内无住所，但在一个纳税年度中在中国境内连续或累计居住不超过90日的个人，其来源于中国境内的所得，由境外雇主支付且不由该雇主在中国境内的机构、场所负担的部分，免予缴纳个人所得税

11. 对外籍个人取得的探亲费免征个人所得税，仅限于外籍个人在我国的受雇地与其家庭所在地（包括配偶或父母居住地）之间搭乘交通工具且每年不超过2次的费用

12. 按照国家规定，单位为个人缴付和个人缴付的住房公积金、基本医疗保险费、基本养老保险费、失业保险费，从纳税义务人的应纳税所得额中扣除

13. 个人取得的拆迁补偿款按有关规定免征个人所得税

14. 经国务院财政部门批准免税的其他所得

【例19•多选】根据个人所得税法律制度的规定，下列所得中，免征个人所得税的是（　　）。（2016年）

A. 劳动分红　　　　　　　B. 保险赔款
C. 退休工资　　　　　　　D. 军人转业费

【答案】BCD

【解除】选项A，按"工资、薪金所得"征收个人所得税。

(二) 减免项目

1. 残疾、孤老人员和烈属的所得
2. 因严重自然灾害造成重大损失的
3. 其他经国务院财政部门批准减免的

(三) 暂免征税项目

1. 对国有企业职工，因企业被依法宣告破产，从破产企业取得的一次性安置费收入，免予征收个人所得税

2. 对工伤职工及其近亲属按照规定取得的工伤保险待遇，免征个人所得税

3. 自2009年5月25日（含）起，以下情形的房屋产权无偿赠与的，对当事双方不征收个人所得税

（1）将房屋产权无偿赠与配偶、父母、子女、祖父母、外祖父母、孙子女、外孙子女、兄弟姐妹。

（2）将房屋产权无偿赠与对其承担直接抚养或者赡养义务的抚养人或者赡养人。

（3）房屋产权所有人死亡，依法取得房屋产权的法定继承人、遗嘱继承人或者受遗赠人。

4. 外籍个人

（1）以非现金或实报实销形式取得住房补贴、伙食补贴、搬迁费、洗衣费。
（2）按合理标准取得的境内、境外出差补贴。
（3）取得的语言训练费、子女教育费等，经当地税务机关审核批准为合理的部分。
（4）从外商投资企业取得的股息、红利所得。

【例20·判断】对国有企业职工,因企业依照《中华人民共和国企业破产法》宣告破产,从破产企业取得的一次性安置费收入,免于征收个人所得税。(   )
【答案】√

五、个人所得税征收管理

(一)纳税申报

1. 代扣代缴方式

以支付所得的单位或者个人为扣缴义务人。

2. 自行纳税申报方式

(1)年所得12万元以上的。

(2)从中国境内两处或者两处以上取得工资、薪金所得的。

(3)从中国境外取得所得的。

(4)取得应纳税所得,没有扣缴义务人的。

(5)国务院规定的其他情形。

【例21·多选】居民纳税人发生的下列情形中,应当按照规定向主管税务机关办理个人所得税自行纳税申报的有(   )。(2016年)

A. 王某从英国取得所得

B. 李某从出版社取得稿酬所得1万元

C. 张某2015年度取得所得15万元

D. 李某从境内两家公司取得工资、薪金所得

【答案】ACD

【解析】选项B,应由支付稿酬的出版社代扣代缴个人所得税。

(二)纳税期限

1. 代扣代缴期限

每月扣缴的税款,次月15日内缴入国库。

2. 自行申报纳税期限

(1)一般情况下,在取得应税所得次月15日内向主管税务机关申报所得并缴纳税款。

(2)个体工商户的生产、经营所得按年计算,分月预缴,并在次月15日内申报预缴,年终后3个月汇算清缴,多退少补。

(3)对企事业单位承包经营、承租经营所得的纳税期限。对年终一次性取得所得,自取得所得之日起30日内申报纳税;对在1年内分次取得所得的,应在每次取得所得后15日内预缴税款,年终后3个月汇算清缴,多退少补。

(4)年所得额12万元以上的纳税义务人,在年度终了后3个月内到主管税务机关办理纳税申报。

(三)纳税地点

项目	纳税地点
个人所得税自行申报的	一般应为收入来源地主管税务机关
纳税人从两处或两处以上取得工资、薪金的	可选择并固定在其中一地税务机关申报纳税
境外取得所得的	应向其境内户籍所在地或经营居住地税务机关申报纳税
扣缴义务人	应向其主管税务机关进行纳税申报
纳税人要求变更申报纳税地点的	须经原主管税务机关批准
个人独资企业和合伙企业投资者个人所得	向企业实际经营管理所在地主管税务机关申报
投资者兴办两个或两个以上企业的	应分别向企业实际经营管理所在地主管税务机关预缴税款

第六章 其他税收法律制度

第一节 房产税法律制度

一、房产税纳税人

房产税纳税人，是指在我国城市、县城、建制镇和工矿区（不包括农村）内拥有房屋产权的单位和个人。具体包括产权所有人、承典人、房产代管人或者使用人。

产权属于国家所有的，其经营管理的单位为纳税人。

产权属于集体和个人的，集体单位和个人为纳税人。

产权出典的，承典人为纳税人。

产权所有人、承典人均不在房产所在地的，房产代管人或者使用人为纳税人。

产权未确定以及租典纠纷未解决的，房产代管人或者使用人为纳税人。

纳税单位和个人"无租使用"房产管理部门、免税单位及纳税单位的房产，由使用人代为缴纳房产税。

二、房产税征税范围

房产税的征税范围为城市、县城、建制镇和工矿区的房屋。

【注意1】独立于房屋之外的建筑物，如围墙、烟囱、水塔、室外游泳池等不属于房产税的征税范围。

【注意2】房地产开发企业建造的商品房，在出售前，不征收房产税，但对出售前房地产开发企业已使用或出租、出借的商品房应按规定征收房产税。

【例1·单选】根据房产税法律制度的规定，下列各项中，不属于房产税征税范围的是（　　）。（2016年）

A. 建制镇工业企业的厂房
B. 农村的村民住宅
C. 市区商场的地下车库
D. 县城商业企业的办公楼

【答案】B

【解析】房产税的纳税人是指在我国城市、县城、建制镇和工矿区（不包括农村）内拥有房屋产权的单位和个人。

三、房产税税率

我国现行房产税采用比例税率。从价计征和从租计征实行不同标准的比例税率。

从价计征：按房产计税价值征税；税率为1.2%。

从租计征：按房产租金收入征税；税率为12%。

四、房产税应纳税额的计算

（一）一般规定

计税方法	计税依据	税率	计税公式
1.从价计征	以房产原值一次减除10%~30%后的余值为计税依据（具体扣除比例由省、自治区、直辖市人民政府确定）	1.2%	应纳税额＝应税房产原值×（1－扣除比例）×1.2%
2.从租计征	（1）以房屋出租取得的租金收入为计税依据（包括货币收入和实物收入，但不含增值税） （2）以劳务或其他形式为报酬抵付房租收入的，应当根据当地同类房产的租金水平，确定一个标准租金额从租计征	12%	应纳税额＝租金收入×12%或4%
	个人出租住房（不区分用途）	4%	
	企事业单位、社会团体以及其他组织按市场价格向个人出租用于居住的住房	4%	

（二）房产原值

房产原值，是指纳税人按照会计制度规定，在账簿固定资产科目中记载的房屋原价（不扣减折旧额）。

凡以房屋为载体，不可随意移动的附属设备和配套设施，如给排水、采暖、消防、中央空调、电气及智能化楼宇设备等，无论在会计核算中是否单独记账与核算，都应计入房产原值，计征房产税。

房产原值应包括与房屋不可分割的各种附属设备或一般不单独计算价值的配套设施（如暖气、卫生、通风、照明、煤气等设备；各种管线；电梯、升降机、过道、晒台等）。

纳税人对原有房屋进行改建、扩建的，要相应增加房屋的原值。对更换房屋附属设备和配套设施的，在将其价值计入房地产原值时，可扣减原来相应的价值；对附属设备和配套设施中易损坏、需要经常更换的零配件，更新后不再计入房地产原值。

（三）对于投资联营房地产的计税规定

对以房产投资联营、投资者参与投资利润分红、共担风险的，按房产余值作为计税依据计缴房产税。

对以房产投资收取固定收入、不承担经营风险的，实际上是以联营名义取得房屋租金，应以出租房取得的租金收入为计税依据。

【例2·单选】甲公司厂房原值500万元，已提折旧200万元。已知房产原值减除比例为30%，房产税从价计征税率为1.2%，计算甲公司年度应缴纳房产税税额的下列算式中，正确的是（　　）。（2017年）

A.200×（1－30%）×1.2%＝1.68（万元）

B.500×1.2%＝6（万元）

C.（500－200）×（1－30%）×1.2%＝2.52（万元）

D.500×（1－30%）×1.2%＝4.2（万元）

【答案】D

【解析】（1）从价计征房产税的，以房产原值一次减除10%～30%后的余值为计税依据；（2）甲公司年度应缴纳房产税税额 = 500×（1 - 30%）×1.2% = 4.2（万元）。

【例3·单选】甲企业厂房原值2 000万元，2015年11月对该厂房进行扩建，2015年底扩建完工并办理验收手续，增加房产原值500万元，已知房产税的原值扣除比例为30%，房产税比例税率为1.2%，计算甲企业2016年应缴纳房产税税额的下列算式中，正确的是（　　）。（2017年）

A.2 000×（1 - 30%）×1.2%+500×1.2% = 22.8（万元）
B.（2 000+500）×（1 - 30%）×1.2% = 21（万元）
C.2 000×1.2%+500×（1 - 30%）×1.2% = 28.2（万元）
D.2 000×（1 - 30%）×1.2% = 16.8（万元）

【答案】B

【解析】应缴纳房产税税额 =（2 000+500）×（1 - 30%）×1.2% = 21（万元）。

五、房产税税收优惠

国家机关、人民团体、军队自用的房产免征房产税。但是其出租房产以及非自身业务使用的生产、营业用房不属于免税范围。

由国家财政部门拨付事业经费（全额或差额）的单位（学校、医疗卫生单位、托儿所、幼儿园、敬老院以及文化、体育、艺术类单位）所有的、本身业务范围内使用的房产免征房产税。

宗教寺庙、公园、名胜古迹自用的房产免征房产税。但是其附设的营业单位，如影剧院等所使用的房产及出租的房产不属于免税范围。

个人所有非营业用的房产免征房产税。

【注意】个人拥有的营业用房或者出租的房产不属于免税范围。

经财政部批准免税的其他房产：

（1）毁损不堪居住的房屋和危险房屋，经有关部门鉴定，在停止使用后，可免征房产税。

（2）纳税人因房屋大修导致连续停用半年以上的，在房屋大修期间免征房产税。

（3）在基建工地为基建工地服务的各种工棚、材料棚、休息棚和办公室、食堂、茶灶房、汽车房等临时性房屋，施工期间一律免税。工程结束后，施工企业将这种临时房屋交还或估计转让给基建单位的，应从基建单位接收的次月起，照章纳税。

（4）公共租赁住房（经营单位未单独核算除外）、高校学生公寓。

（5）廉租住房经营管理单位按照政府规定价格、向规定保障对象出租廉租住房的租金收入。

（6）非营利性医疗机构、疾病控制机构和妇幼保健机构等卫生机构自用的房产。

（7）老年服务机构的自用房产。

(8)国家机关、军队、人民团体、财政补助事业单位、居民委员会拥有的体育场馆,用于体育活动的房产,免征。经费自理事业单位、体育社会团体、体育基金会、体育类民办非企业单位拥有并运营管理的体育场馆,符合相关条件的,用于体育活动的房产,免征。企业拥有并运营管理的大型体育场馆,其用于体育活动的房产,减半征收。

【注意】享受该税收优惠的体育馆的运动场地用于体育活动的天数不得低于全年自然天数的70%。

六、房产税征收管理

(一)纳税义务发生时间

情形	纳税义务发生时间
1.原有房产用于生产经营	从生产经营之月起
2.自行新建房屋用于生产经营	从建成之次月起
3.委托施工企业建设的房屋	从办理验收手续之次月起
4.购置新建商品房	自房屋交付使用之次月起
5.购置存量房	自办理房屋权属转移、变更登记手续,房地产权属登记机关签发房屋权属证书之次月起
6.纳税人出租、出借房产	自交付出租、出借本企业房产之次月起
7.房地产开发企业自用、出租、出借本企业建造的商品房	自房屋使用或交付之次月起

【总结】只有纳税人将原有房产用于生产经营是当月征收,其余均从次月征收。

【注意】纳税人因房产的实物或权利状态发生变化而依法终止房产税纳税义务的,其应纳税款的计算截止到房产的实物或权利状态发生变化的当月末。

【例4·多选】根据《中华人民共和国房产税暂行条例》的规定,下列各项中,不符合房产税纳税义务发生时间规定的有(   )。(2018年)

A.纳税人将原有房产用于生产经营,从生产经营之次月起,缴纳房产税
B.纳税人自行新建房屋用于生产经营,从建成之次月起,缴纳房产税
C.纳税人委托施工企业建设的房屋,从办理验收手续之月起,缴纳房产税
D.纳税人购置新建商品房,自房屋交付使用次月起,缴纳房产税

【答案】AC
【解析】(1)选项A,纳税人将原有房产用于生产经营,从生产经营之月起,缴纳房产税;(2)选项C,纳税人委托施工企业建设的房屋,从办理验收手续之次月起,缴纳房产税。

(二)纳税地点

房产税在房产所在地缴纳。房产不在同一地方的纳税人,应按房产的坐落地点分别向房产所在地的税务机关申报纳税。

(三)纳税期限

实行按年计算、分期缴纳的征收方法,具体由省、自治区、直辖市人民政府确定。

第二节 契税法律制度

一、契税纳税人

在我国境内承受（受让、购买、受赠、交换等）土地、房屋权属转移的单位和个人为契税纳税人。

【例1·单选】根据契税法律制度的规定，下列各项中，属于契税纳税人的是（　　）。
A. 出租房屋的李某　　　　　　B. 出让土地使用权的某市政府
C. 转让土地使用权的甲公司　　D. 购买房屋的王某
【答案】D
【解析】（1）选项A，房屋的出租不属于契税的征税范围；（2）选项BC，应由土地使用权的"承受方"（而非市政府、甲公司）缴纳契税。

二、契税征税范围

1.征收范围	（1）国有土地使用权出让 （2）土地使用权转让 （3）房屋买卖、赠予、交换 （4）以土地、房屋权属作价投资、入股或者抵债 （5）企业破产清算期间，对非债权人承受破产企业土地、房屋权属的 （6）以获奖、预购方式或者预付方式、集资建房款方式承受土地、房屋权属
2.不属于契税征收范围	（1）土地、房屋典当、继承、分拆（分割）、抵押以及出租等行为 （2）农村集体土地承包经营权的转移

【例2·单选】根据契税法律制度的规定，下列各项中，不征收契税的是（　　）。
A. 张某受赠房屋
B. 王某与李某互换房屋并向李某补偿差价款10万元
C. 赵某抵押房屋
D. 夏某购置商品房
【答案】C
【解析】（1）选项ABD，在我国境内"承受"（受让、购买、受赠、交换等）土地、房屋权属转移的单位和个人，应照章缴纳契税；（2）选项C，土地、房屋典当、继承、分拆（分割）、抵押以及出租等行为，不属于契税的征税范围。

【例3·多选】根据契税法律制度的规定，下列各项中，属于契税征税范围的有（　　）。
A. 国有土地使用权出让　　　　B. 房屋交换
C. 农村集体土地承包经营权转移　　D. 土地使用权赠与
【答案】ABD

【解析】农村集体土地承包经营权转移，不属于契税的征税范围。

三、契税税率
采用比例税率，实行3%的幅度税率。具体税率由各地政府在幅度税率范围内确定。

四、契税计税依据

项目	纳税人	计税依据
1.国有土地使用权出让	承受方	成交价格（不含增值税）
2.土地使用权出售、房屋买卖		
3.土地使用权赠与、房屋赠与	受赠人	由征收机关参照土地使用权出售、房屋买卖的市场价格核定
4.土地使用权交换、房屋交换	多支付的一方	交换价格差额（交换价格相等的，免征契税）
5.以划拨方式取得的土地使用权	房地产转让者	补交的土地使用权出让费用或者土地收益

【总结】有成交价格按成交价格，没有成交价格按市场价格，交换的按差额，补交的按补交金额。

五、契税应纳税额的计算
契税的计算公式为：
应纳契税税额 = 计税依据 × 税率

【例4·单选】2016年10月王某购买一套住房，支付房价97万元、增值税税额10.67万元。已知契税适用税率为3%，计算王某应缴纳契税税额的下列算式中，正确的是（　　）。（2017年）

A.（97+10.67）× 3% = 3.2301（万元）

B.97 ÷（1－3%）× 3% = 3（万元）

C.（97－10.67）× 3% = 2.5899（万元）

D.97 × 3% = 2.91（万元）

【答案】D

【解析】（1）房屋买卖，以成交价格作为计税依据，且该成交价格不含增值税；（2）王某应缴纳契税 = 97 × 3% = 2.91（万元）。

【例5·单选】老李拥有一套价值72万元的住房，老张拥有一套52万元的住房，双方交换住房，由老张补差价20万元给老李。已知契税的税率为3%，下列各项中，正确的是（　　）。

A.老李应缴纳契税2.16万元　　　　B.老张应缴纳契税0.6万元

C.老李应缴纳契税0.6万元　　　　　D.老张应缴纳契税2.16万元

【答案】B

【解析】（1）房屋交换，以所交换房屋的价格差额为计税依据；（2）交换价格不相等的，由多交付货币、实物、无形资产或其他经济利益的一方缴纳契税。因此，老张应缴纳契税 = 20×3% = 0.6(万元)。

六、契税税收优惠

国家机关、事业单位、社会团体、军事单位承受土地、房屋用于办公、教学、医疗、科研和军事设施的，免征契税。

城镇职工按规定第一次购买公有住房的，免征契税。

因不可抗力灭失住房而重新购买住房的，酌情准予减征或者免征契税。

土地、房屋被县级以上人民政府征用、占用后，重新承受土地、房屋权属的，是否减征或者免征契税，由省、自治区、直辖市人民政府确定。

纳税人承受荒山、荒沟、荒丘、荒滩土地使用权，用于农、林、牧、渔业生产的，免征契税。

依照我国有关法律规定以及我国缔结或参加的双边和多边条约或协定的规定应当予以免税的外国驻华使馆、领事馆、联合国驻华机构及其外交代表、领事官员和其他外交人员承受土地、房屋权属的，经外交部确认，可以免征契税。

【注意】经批准减征、免征契税的纳税人，改变有关土地、房屋的用途的，就不再属于减征、免征契税范围，并且应当补缴已经减征、免征的税款。

七、契税征收管理

(一)纳税义务发生时间

契税的纳税义务发生时间是纳税人签订土地、房屋权属转移合同的当天，或者纳税人取得其他具有土地、房屋权属转移合同性质凭证的当天。

(二)纳税地点

契税实行属地征收管理。纳税人发生契税纳税义务时，应向土地、房屋所在地的税务征收机关申报纳税。

(三)纳税期限

纳税人应当自纳税义务发生之日起10日内，向土地、房屋所在地的税收征收机关办理纳税申报，并在税收征收机关核定的期限内缴纳税款。

第三节　土地增值税法律制度

一、土地增值税纳税人

土地增值税纳税人，为转让国有土地使用权、地上建筑物及其附着物并取得收入的单位和个人。

二、土地增值税征税范围

（一）征税范围的一般规定

行为		是否征收土地增值税
1.土地使用权出让		×
2.土地使用权转让		√
3.转让地上建筑物及其他附着物产权		√
4.继承		×
5.赠与	（1）赠与直系亲属或者承担直接赡养义务人	×
	（2）通过中国境内非营利的社会团体、国家机关将产权赠与教育、民政和其他社会福利、公益事业	×
	（3）上述情况以外的赠与	√

【例1·单选】根据土地增值税法律制度的规定，下列各项中，属于土地增值税纳税人的是（　　）。（2015年）

A.承租商铺的张某

B.出让国有土地使用权的某市政府

C.接受房屋捐赠的某学校

D.转让厂房的某企业

【答案】D

【解析】（1）选项A，房地产出租，没有发生房屋产权、土地使用权的转移，不属于土地增值税的征税范围。（2）选项B，"转让"国有土地使用权征收土地增值税，"出让"国有土地使用权不征收土地增值税。（3）选项C，土地增值税属于转让方税，接受捐赠方属于承受方，不缴纳土地增值税。

（二）征税范围的特殊规定

行为		是否征收土地增值税
1.改制	（1）整体改建	暂不征收
	（2）合并	暂不征收
	（3）分立	暂不征收
	（4）投资	暂不征收
2.房地产开发企业	（1）将部分开发房产自用或出租（产权未发生转移）	不征
	（2）用于职工福利、奖励、对外投资、抵债等，发生所有权转移时，应视同销售房地产	征收

续表

行为		是否征收土地增值税
3.房地产的交换	（1）个人互换自有居住用房	免征
	（2）企业互换	征收
4.合作建房	（1）建成后自用	暂免征收
	（2）建成后转让	征收
5.房地产的出租		不征（没发生权属变更，故不征）
6.房地产的抵押	（1）抵押期间	不征（抵押期间没发生权属的变更，故不征）
	（2）抵押期满"且"发生权属转移	征收
7.房地产的代建	—	不征（没发生产权属的转移，其收入属于劳务性质，故不征）
8.房地产的重新评估	—	不征（没发生房地产权属的转移，故不征）

【注意】一般企业改制重组不征。房地产开发企业改制重组征税。

三、土地增值税税率

土地增值税实行4级超率累进税率，税率见下表。

级数	增值额与扣除项目金额的比率	税率（%）	速算扣除系数（%）
1	不超过50%的部分	30	0
2	超过50%至100%的部分	40	5
3	超过100%至200%的部分	50	15
4	超过200%的部分	60	35

【举例】增值额与扣除项目金额比率超过50%至100%的部分，计算公式为：
土地增值税应纳税额＝增值额×40%－扣除项目金额×5%

四、土地增值税应纳税额的计算

（一）计税依据

土地增值税的计税依据是纳税人转让房地产所取得的增值额。

（二）应纳税额的计算步骤

1.确定扣除项目金额

扣除项目金额	具体内容
（1）取得土地使用权所支付的金额	①取得土地使用权所支付的地价款 ②缴纳的相关费用和税金
（2）房地产开发成本	包括土地征用及拆迁补偿费、前期工程费、建筑安装工程费、基础设施费、公共配套设施费和开发间接费用等

续表

扣除项目金额	具体内容
（3）房地产开发费用	是指与房地产开发项目有关的销售费用、管理费用和财务费用 扣除情况如下： ①财务费用中的利息支出能按转让房地产项目计算分摊并提供金融机构证明的 可扣除的房地产开发费用 ＝利息+（取得土地使用权支付的金额+房地产开发成本）×5% ②财务费用中的利息支出不能按转让房地产项目计算分摊或不能提供金融机构证明的 可扣除的房地产开发费用 ＝（取得土地使用权支付的金额+房地产开发成本）×10%
（4）与转让房地产有关的税金	包括城市维护建设税、教育费附加、印花税 【注意1】可抵扣的进项税额，不计入扣除项目；不允许抵扣的进项税额，可计入扣除项目 【注意2】房地产开发企业按规定在转让时缴纳的印花税已列入管理费用中，不允许单独再扣除
（5）财政部确定的其他扣除项目	对从事房地产开发的纳税人按规定计算的金额之和，加计20%的扣除；此优惠其他纳税人不适用
（6）旧房及建筑物的扣除金额	方法一：按评估价格扣除 ①房屋及建筑物的评估价；②取得土地使用权所支付的地价款和缴纳的有关税费；③转让环节缴纳的税金 【注意】取得土地使用权未支付地价款或不能提供已支付的地价款凭据的不允许抵扣 方法二：按购房发票金额扣除 不能取得评估价格，但能提供购房发票的，经当地税务部门确认，可扣除： ①按发票所记载金额并从购买年度起至转让年度止，每年加计5%计算 ②转让环节缴纳的有关税金（购房时缴纳契税并能提供完税凭证的，准予扣除，但不作为加计5%的基数）

2. 计算增值额

增值额＝房地产转让收入−扣除项目金额

房地产转让收入应包括转让房地产的全部价款及有关的经济收益，但是不含增值税。从形式来看，包括货币收入、实物收入和其他收入（取得无形资产收入或具有财产价值的权利）。

3. 计算增值率

增值率＝增值额÷扣除项目金额×100%

按照计算出的增值率，从土地增值税税率表中确定适用税率。

4. 计算应纳税额

应纳税额＝增值额×适用税率−扣除项目金额×速算扣除系数

【例2·单选】某企业销售房产取得不含增值税售价5 000万元，扣除项目金额合计为3 000万元，已知适用的土地增值税税率为40%，速算扣除系数为5%。则该企业应缴纳土地增值税为（　　）万元。（2015年）

A.650　　　　　B.700　　　　　C.1 850　　　　　D.1 900

【答案】A

【解析】土地增值税=增值额×税率-扣除项目金额×速算扣除系数。该企业应缴纳土地增值税=（5 000-3 000）×40%-3 000×5%=650（万元）。

五、土地增值税税收优惠

纳税人建造普通标准住宅出售，增值额未超过扣除项目金额20%的，予以免税；超过20%的，应按全部增值额缴纳土地增值税。

企事业单位、社会团体以及其他组织转让旧房作为公共租赁住房房源且增值额未超过扣除项目金额20%的，免征土地增值税。

因国家建设需要依法征用、收回的房地产，免征土地增值税。

因城市实施规划、国家建设的需要而搬迁，由纳税人自行转让原房地产的，免征土地增值税。

居民个人转让住房免征土地增值税。

【例3·判断】纳税人建造普通标准住宅出售，增值额超过扣除金额20%的，应按全部增值额计算缴纳土地增值税。（　　）

【答案】√

六、土地增值税征收管理

（一）纳税申报

1.纳税申报时间

申报时间为转让房地产合同签订后7日内。

【注意1】纳税人采取预售方式销售房地产的，对在项目全部竣工结算前转让房地产取得的收入，税务机关可以预征土地增值税；税务机关规定预征的，纳税人应当到主管税务机关办理申报纳税，并按比例预交，待办理完纳税清算后，多退少补。

【注意2】纳税人因经常发生房地产转让而难以在每次转让后申报的，经税务机关审核同意，可以按月或按季定期纳税申报。

2.纳税申报地点

申报地点为房地产所在地（即房地产坐落地）主管税务机关。

（二）纳税清算

1.土地增值税的清算单位

土地增值税以国家有关部门审批的房地产开发项目为单位进行清算，对于分期开发的项目，以分期项目为单位清算。

【注意】开发项目中同时包含普通住宅和非普通住宅的，应分别计算增值额。

【例4·判断】房地产开发项目中同时包含普通住宅和非普通住宅的，应分别计

算土地增值税的增值额。(　　)（2017 年）

【答案】√

2. 土地增值税的清算条件

（1）符合下列情形之一的，纳税人应进行土地增值税的清算：

①房地产开发项目全部竣工、完成销售的。

②整体转让未竣工决算房地产开发项目的。

③直接转让土地使用权的。

（2）符合下列情形之一的，主管税务机关可要求纳税人进行土地增值税清算：

①已竣工验收的房地产开发项目，已转让的房地产建筑面积占整个项目可售建筑面积的比例在85%以上，或该比例虽未超过85%，但剩余的可售建筑面积已经出租或自用的。

②取得销售（预售）许可证满3年仍未销售完毕的。

③纳税人申请注销税务登记但未办理土地增值税清算手续的。

【例5·单选】根据土地增值税法律制度的规定，下列各项中，不属于纳税人应进行土地增值税清算的情形的是(　　)。（2014 年）

A. 直接转让土地使用权的

B. 房地产开发项目全部竣工、完成销售的

C. 整体转让未竣工决算房地产开发项目的

D. 取得销售（预售）许可证满3年仍未销售完毕的

【答案】D

【解析】（1）选项 ABC，属于纳税人应进行土地增值税清算的情形；（2）选项 D，属于主管税务机关可要求纳税人进行土地增值税清算的情形。

3. 清算后再转让房地产的处理

在土地增值税清算时未转让的房地产，清算后销售或有偿转移的，纳税人应按规定进行土地增值税的纳税申报。

扣除项目金额 = 清算时单位建筑面积成本费用 × 销售或转让的面积

单位建筑面积成本费用 = 清算时的扣除项目总金额 ÷ 清算的总建筑面积

4. 土地增值税的核定征收

房地产开发企业有下列情形之一的，税务机关可以按不低于预征率核定征收：

（1）依照法律、行政法规的规定应当设置但未设置账簿的。

（2）擅自销毁账簿或者拒不提供纳税资料的。

（3）虽设置账簿，但账目混乱或者成本资料、收入凭证、费用凭证残缺不全，难以确定转让收入或扣除项目金额的。

（4）符合土地增值税清算条件，未按照规定的期限办理清算手续，经税务机关责令限期清算，逾期仍不清算的。

（5）申报的计税依据明显偏低，又无正当理由的。

第四节 城镇土地使用税法律制度

一、城镇土地使用税纳税人

（一）城镇土地使用税纳税人

城镇土地使用税由拥有土地使用权的单位或者个人缴纳。

拥有土地使用权的纳税人不在土地所在地的，由代管人或者实际使用人缴纳。

土地使用权未确定或者权属纠纷未解决的，由实际使用人纳税。

土地使用权共有的，共有各方均为纳税人，由共有各方按实际使用土地的面积占总面积的比例分别缴纳。

【例1·判断】拥有土地使用权的纳税人不在土地所在地的，由代管人或实际使用人缴纳城镇土地使用税。（　）（2016年）

【答案】√

【例2·多选】根据城镇土地使用税法律制度的规定，下列关于城镇土地使用税纳税人的表述中，正确的有（　）。（2016年）

A.土地使用权未确定或权属纠纷未解决的，由实际使用人纳税

B.土地使用权共有的，共有各方均为纳税人，由共有各方分别纳税

C.拥有土地使用权的纳税人不在土地所在地的，由代管人或实际使用人纳税

D.城镇土地使用税由拥有土地使用权的单位或个人缴纳

【答案】ABCD

（二）征税范围

凡在城市、县城、建制镇和工矿区范围内的土地，不论是属于国家所有的土地，还是集体所有的土地，都属于城镇土地使用税的征税范围。

【注意1】包括集体所有的土地，但不包括农村的土地。

【注意2】建制镇的征税范围为镇人民政府所在地的地区，但不包括"镇政府所在地所辖行政村"。

二、城镇土地使用税税率

城镇土地使用税采用定额税率，即采用有幅度的差别税额。按大、中、小城市和县城、建制镇、工矿区分别规定每平方米城镇土地使用税年应纳税额。

地区	每平方米年应纳税额标准
大城市	1.5~30元
中等城市	1.2~24元
小城市	0.9~18元
县城、建制镇、工矿区	0.6~12元

三、城镇土地使用税计税依据

计税依据为纳税人"实际占用"土地面积,土地面积以平方米为计量标准。

凡由省级人民政府确定的单位组织测定土地面积的,以测定的土地面积为准。

尚未组织测定,但纳税人持有政府部门核发的土地使用权证书的,以证书确定的土地面积为准。

尚未核发土地使用权证书的,应当由纳税人据实申报土地面积,待核发土地使用证书后再作调整。

【例3·单选】甲房地产开发企业开发一住宅项目,实际占地面积12 000平方米,建筑面积24 000平方米,容积率为2,甲房地产开发企业缴纳的城镇土地使用税的计税依据为(   )。(2017年、2018年)

A.24 000平方米   B.12 000平方米
C.36 000平方米   D.18 000平方米

【答案】B

【解析】城镇土地使用税的计税依据是纳税人实际占用的土地面积。

四、城镇土地使用税应纳税额的计算

计算公式为:

年应纳税额=实际占用应税土地面积(平方米)×适用税额

五、城镇土地使用税税收优惠

(一)下列用地免征城镇土地使用税

1. 国家机关、人民团体、军队自用的土地
2. 由国家财政部门拨付事业经费的单位自用的土地
3. 宗教寺庙、公园、名胜古迹自用的土地
4. 市政街道、广场、绿化地带等公共用地
5. 直接用于农、林、牧、渔业的生产用地
6. 经批准开山填海整治的土地和改造的废弃土地,从使用的月份起免缴土地使用税5~10年
7. 由财政部另行规定免税的能源、交通、水利设施用地和其他用地

【注意】公园、名胜古迹内的索道公司经营用地,应按规定缴纳城镇土地使用税。

(二)税收优惠特殊规定

具体内容	规定
1.免税单位无偿使用纳税单位的土地	免征
2.纳税单位无偿使用免税单位的土地	征税
3.林业:育林地、防火道、防火设施用地	免征

续表

具体内容		规定
4.房地产开发建造商品房用地,除经批准开发建设经济适用房外		征税
5.自2016.1.1起企业围内荒山、林地、湖泊等占地		全额征税
6.火电厂:围墙外的灰场、输灰管、铁路专用线用地等		免征
7.水利设施及其管扩用地(如水库库区、大坝等)		免征
8.铁路专用线、公路等用地在企业厂区内(包括办公区、生活区、绿化带、机场跑道等)		征税(企业厂区外的免征)
9.对港口的码头用地		免征
10.老年服务机构自用土地		免征
11.盐场、盐矿用地	对盐场、盐矿的生产厂房、办公、生活区用地	征
	盐场的盐滩、盐矿的矿井用地	免征
12.民航机场用地	机场飞行区用地、场内外通信导航设施用地和飞行区四周排水防洪设施用地	免征
	机场工作区用地、生活区用地、绿化用地,场内道路用地	征
13.体育场馆	国家机关、军队、人民团体、政府补助事业单位、居民委员会、村民委员会拥有的体育场馆,用于体育活动的土地	免征
	经费自理事业单位、体育社会团体、体育基金会、体育类民办非企业单位拥有并运营管理的体育场馆,符合相关条件的,其用于体育活动的土地	免征
	企业拥有并运营管理的大型体育场馆,其用于体育活动的土地	减半征收

【注意】享受税收优惠体育场馆的运动场地用于体育活动的天数不得低于全年自然天数的70%。

【例4·单选】根据城镇土地使用税法律制度的规定,下列城市土地中,应缴纳城镇土地使用税的是(   )。(2015年)

A.企业生活区用地   B.国家机关自用的土地
C.名胜古迹自用的土地   D.市政街道公共用地

【答案】A
【解析】选项BCD,属于免税情形。

【例5·多选】根据城镇土地使用税法律制度的规定,下列城市用地中,应缴纳城镇土地使用税的有(   )。(2017年、2018年)

A.民航机场场内道路用地   B.商业企业经营用地
C.火电厂厂区围墙内的用地 D.市政街道公共用地

【答案】ABC

【解析】选项D,免征城镇土地使用税。

六、城镇土地使用税征收管理

(一)纳税义务发生时间

情形	纳税义务发生时间
1.购置新建商品房	自房屋交付使用之次月起
2.购置存量房	自办理房屋权属转移、变更登记手续,房地产权属登记机关签发房屋权属证书之次月起
3.出租、出借房产	自交付出租、出借房产之次月起
4.以出让或转让方式有偿取得土地使用权的	应由受让方从合同约定交付土地时间的次月起;合同未约定交付土地时间的,由受让方从合同签订的次月起
5.新征用的耕地	自批准征用之日起满1年时
6.新征用的非耕地	自批准征用次月起

(二)纳税地点

城镇土地使用税在土地所在地缴纳。

【注意】纳税人使用的土地不属于同一省、自治区、直辖市管辖的,由纳税人分别向土地所在地税务机关缴纳城镇土地使用税;在同一省、自治区、直辖市管辖范围内,纳税人跨地区使用的土地,其纳税地点由各省、自治区、直辖市地方税务局确定。

(三)纳税期限

城镇土地使用税按年计算、分期缴纳,具体由省、自治区、直辖市人民政府确定。

【总结】房产税、城镇土地使用税、契税对比。

	房产税	城镇土地使用税	契税
纳税人(一般情况)	产权所有人、承典人、房产代管人、房产使用人	税法规定范围内使用土地的单位和个人	在我国境内承受(受让、购买、受赠、交换等)土地、房屋权属转移的单位和个人
征税对象	房产	土地	我国境内转移土地、房屋权属的行为
征税范围	城市、县城、建制镇和工矿区		国有土地使用权出让、土地使用权转让(不包括农村集体土地承包经营权转让)、房屋买卖、赠予、交换
税率	比例税率	定额税率	比例税率
计税依据	(1)从价计征(余值)(2)从租计征(租金)	实际占用的土地面积	成交价格、市场价格、补交价格、差额

续表

	房产税	城镇土地使用税	契税
税额计算	（1）从价计征： 应纳税额 ＝应税房产原值×（1－扣除比例）×1.2% （2）从租计征： 应纳税额 ＝租金收入×12%或4%	年应纳税额＝实际占用应税土地面积（平方米）×适用税额	应纳税额＝计税依据×税率
纳税时间	除将原有住房用于生产经营是从当月计税外，其他情况均从次月开始计税	除新征用的耕地，自批准征用之日起1年时开始，其他全部从次月计税	签订土地房屋权属转移合同（或者具有合同性质的凭证）的当天
纳税地点	房产所在地	土地所在地	土地、房屋所在地
纳税期限	按年计算，分期缴纳	按年计算，分期缴纳	纳税义务发生之日起10日内

第五节 车船税法律制度

一、车船税纳税人

车船税的纳税人，是指在中华人民共和国境内属于税法规定的车辆、船舶（简称"车船"）的所有人或者管理人。

从事机动车第三者责任强制保险业务的保险机构为机动车车船税的扣缴义务人。

二、车船税征税范围

依法应当在车船登记管理部门登记的机动车辆和船舶。

依法不需要在车船登记管理部门登记的在单位内部场所行驶或者作业的机动车辆和船舶。

【注意】依法不需要在车船登记管理部门登记的机场、港口、铁路站场内部行使或者作业的车船，自车船税法实施之日起5年内免征车船税。

【例1·判断】甲钢铁厂依法不需要在车船登记管理部门登记的在单位内部场所行驶的机动车辆，属于车船税的征税范围。（　　）（2016年）

【答案】√

三、车船税税目

车船税税目分为5类，包括乘用车、商用车、其他车辆、摩托车和船舶。

【注意1】乘用车为核定载客人数9人（含）以下的车辆。

【注意2】商用车包括客车和货车,其中客车为核定载客人数9人(含)以上的车辆(包括电车),货车包括半挂牵引车、挂车、客货两用汽车、三轮汽车和低速载货汽车等。

【注意3】其他车辆包括专用作业车和轮式专用机械车等(不包括拖拉机)。

【注意4】船舶包括机动船舶、非机动驳船、拖船和游艇。

四、车船税税率

车船税采用定额税率,依照《车船税税目税额表》执行。

五、车船税应纳税额计算

(一)车船税各税目应纳税额的计算公式

税目	计税单位	应纳税额
1.乘用车、客车和摩托车	辆	辆数×适用年基准税额
2.货车、专用作业车和轮式专用机械车(不包括拖拉机)	整备质量每吨	整备质量吨位数×适用年基准税额
3.挂车		整备质量吨位数×货车适用年基准税额×50%
4.机动船舶	净吨位每吨	①净吨位数×适用年基准税额
5.非机动驳船、拖船		②净吨位数×适用年基准税额×50%
6.游艇	艇身长度每米	艇身长度×适用年基准税额

【例2·多选】根据车船税法律制度的规定,下列有关车船税计税依据的表述中,正确的有( )。(2016年)

A.商用客车以辆数为计税依据

B.机动船舶以整备质量吨位数为计税依据

C.游艇以艇身长度为计税依据

D.商用货车以净吨位数为计税依据

【答案】AC

【解析】(1)选项B,机动船舶以净吨位数为计税依据;(2)选项D,商用货车以整备质量吨位数为计税依据。

(二)购置的新车船

购置当年的应纳税额自纳税义务发生的当月起按月计算。计算公式为:

应纳税额=年应纳税额÷12×应纳月份数

(三)保险机构代收代缴车船税和滞纳金的计算

对于纳税人在购买"交强险"截止日期以后购买"交强险"的,或以前年度没有缴纳车船税的,保险机构在代收代缴税款的同时,还应代收代缴欠缴税款的滞纳金。

每一年度欠税应加收的滞纳金=欠税金额×滞纳天数×0.5‰。

滞纳天数计算自应购买"交强险"截止日期的次日起到购买"交强险"当日止。

六、车船税税收优惠

1.免税	（1）捕捞、养殖渔船
	（2）军队、武装警察部队专用的车船
	（3）警用车船
	（4）外国驻华使领馆、国际组织驻华代表机构及其有关人员的车船
	（5）新能源车船
	（6）临时入境的外国、港、澳、台车船
	（7）按规定缴纳船舶吨税的机动船舶，自《车船税法》实施之日起5年免征车船税
	（8）依法不需要在车船登记管理部门登记的机场、港口、铁路站场内部行使或者作业的车船，自车船税法实施之日起5年内免征车船税
2.减半	（1）1.6升以下小排量节约能源车船
	（2）拖船、非机动驳船

【注意1】纯电动乘用车和燃料电池乘用车不属于车船税的征税范围，对其不征收车船税。

【注意2】免征车船税的使用新能源的汽车是指纯电动商用车、插电式（含增程式）混合动力汽车、燃料电池商用车。

【例3•单选】根据车船税法律制度的规定，下列车船中，应缴纳车船税的是（　　）。
A.商用客车　　　B.捕捞渔船　　　C.警用车船　　　D.养殖渔船
【答案】A
【解析】选项BCD，免征车船税。

【例4•单选】根据车船税法律制度的规定，下列各项中，免征车船税的是（　　）。
A.自产自用的电车　　　　　　　B.国营企业的公用车
C.外国驻华使领馆的自用商务车　　D.个体工商户自用摩托车
【答案】C
【解析】选项C，依照法律规定应当予以免税的外国驻华使领馆、国际组织驻华代表机构及其有关人员的车船，免征车船税。

七、车船税征收管理

（一）纳税义务发生时间

车船税纳税义务发生时间为取得车船所有权或者管理权的当月。以购买车船的发票或者其他证明文件所载日期的当月为准。

【例5·判断】购置的新车船,购置当年车船税的应纳税额自纳税义务发生的次月起按月计算。(   )(2015年)

【答案】×

【解析】购置新车船,购置当年车船税的应纳税额自纳税义务发生的当月起按月计算。

(二)纳税地点

车船税由地方税务机关负责征收。车船税的纳税地点为车船的登记地或者车船税扣缴义务人所在地。

扣缴义务人代收代缴车船税的,纳税地点为扣缴义务人所在地。

纳税人自行申报缴纳车船税的,纳税地点为车船登记地的主管税务机关所在地。

依法不需要办理登记的车船,纳税地点为车船的所有人或者管理人所在地。

(三)纳税申报

车船税按年申报,分月计算,一次性缴纳。纳税年度为公历1月1日至12月31日。

从事机动车第三者责任强制保险业务的保险机构为机动车车船税的扣缴义务人,应当在收取保险费时依法代收车船税,并出具代收税款凭证。

纳税人没有按照规定期限缴纳车船税的,扣缴义务人在代收代缴税款时,可以一并代收代缴欠缴税款的滞纳金。

扣缴义务人已代收代缴车船税的,纳税人不再向车辆登记地的主管税务机关申报缴纳车船税。

没有扣缴义务人的,纳税人应当向主管税务机关自行申报缴纳车船税。

【注意1】已缴纳车船税的车船在同一纳税年度内办理转让过户的,不另纳税,也不退税。

【注意2】在一个纳税年度内,已完税的车船被盗抢、报废、灭失的,纳税人可以凭有关管理机关出具的证明和完税凭证,向纳税所在地的主管税务机关申请退还自被盗抢、报废、灭失月份起至该纳税年度终了期间的税款。

【注意3】失而复得的,自公安机关出具相关证明的当月起计算缴纳车船税。

第六节 印花税法律制度

一、印花税纳税人

(一)纳税人

印花税纳税人,是指在中国境内书立、领受、使用税法所列举凭证的单位和个人。根据书立、领受、使用应税凭证的不同,纳税人可分为以下几种:

1. 立合同人——指合同的当事人(不包括合同的担保人、证人、鉴定人)

2. 立账簿人——"账簿"指营业账簿,包括资金账簿和其他营业账簿

3. 立据人——产权转移书据

4. 领受人——权利证照

5. 使用人——国外订立合同国内使用
6. 各类电子应税凭证的签订人

【例1·多选】根据印花税法律制度的规定,下列各项中,属于印花税纳税人的有( )。
A. 立据人　　　　　　　　　　　B. 各类电子应税凭证的签订人
C. 立合同人　　　　　　　　　　D. 立账簿人
【答案】ABCD

二、印花税征税范围

只对《中华人民共和国印花税暂行条例》列举的凭证征收,没有列举的凭证不征税。列举的凭证分为五类,即经济合同、产权转移书据、营业账簿、权利、许可证照和经财政部门确认的其他凭证。

征税范围	具体内容
经济合同(10类)	购销、加工承揽、建设工程勘察设计、建筑安装工程承包、财产租赁、货物运输、仓储保管、借款、财产保险、技术合同
产权转移书据(5项)	财产所有权、版权、商标专用权、专利权、专有技术使用权的转移书据(另包括专利实施许可合同、土地使用权出让合同、土地使用权转让合同、商品房销售合同)
营业账簿(2类)	资金账簿、其他营业账簿
权利、许可证照(4证一照)	房屋产权证、工商营业执照、商标注册证、专利证、土地使用证

【注意1】(1)对发电厂与电网之间、电网与电网之间签订的购销电合同,按购销合同征收印花税。"电网与用户"之间签订的供用电合同不征印花税。(2)财产租赁合同不包括企业与主管部门签订的租赁承包合同。(3)借款合同不包括银行"同业拆借"合同和"借款展期"合同。(4)"专利申请转让、非专利技术转让"属于技术合同;"专利权转让、专利实施许可"属于产权转移书据。(5)"法律、会计、审计"等合同、"出版"合同、"委托代理"合同不属于印花税列举范围,不贴印花。

【注意2】具有合同性质的凭证视同合同贴花(仅有凭证而无合同),既有合同又有凭证,仅就合同贴花;未按期兑现合同亦应贴花,已履行并贴花的合同,实际结算金额与合同记载金额不一致一般不再补贴印花。

【例2·多选】下列各项中,不征收印花税的有( )。(2015年)
A. 甲公司与乙公司签订的货物运输合同
B. 会计咨询合同
C. 企业与主管部门签订的租赁承包合同
D. 电网与用户之间签订的供用电合同
【答案】BCD
【解析】(1)选项B,一般的法律、会计、审计等方面的咨询不属于技术咨询,其所立合同不贴印花。（2）选项C，印花税征税范围中的财产租赁合同，不包括企业与主管部门签订的租赁承包合同。（3）选项D，电网与用户之间签订的供用电合同不征收印花税；对发电厂与电网之间、电网与电网之间签订的购售电合同，应按购销合同征收印花税。

【例3·判断】纳税人签订的商品房销售合同应按照"产权转移书据"税目计缴印花税。（ ）（2016年）

【答案】√

三、印花税税率

印花税的税率有比例税率和定额税率两种形式。

税率		税目或项目
比例税率	0.05‰	借款合同
	0.3‰	购销合同、建筑安装工程承包合同、技术合同
	0.5‰	加工承揽合同、建筑工程勘察设计合同、货物运输合同、产权转移书据合同、营业账簿中记载资金的账簿
	1‰	财产租赁合同、仓储保管合同、财产保险合同
定额税率（5元/件）		权利、许可证照和营业账簿中的其他营业账簿

【例4·单选】根据印花税法律制度的规定，下列凭证中，按件贴花的是（ ）。
A.财产保险合同   B.产权转移书据
C.借款合同   D.权利、许可证照

【答案】D

【解析】权利、许可证照按照每件5元贴花。

四、印花税计税依据

（一）计税依据

1.合同或具有合同性质的凭证，以凭证所载金额作为计税依据

（1）加工承揽合同——加工承揽收入（不包括材料价值）。

（2）租赁合同——租金（不包括租赁财产价值）。

（3）运输合同——运费（不包括装卸费）。

（4）仓储保管合同——保管费（不包括所保管财产的价值）。

（5）借款合同——借款金额（非利息）。

（6）保险合同——保险费（不包括保险物价值）。

【注意】载有两个或两个以上应适用不同税目税率经济事项的同一凭证，如分别记载金额的，应分别计算应纳税额，相加后按合计税额贴花；如未分别记载金额的，

按税率高的计算贴花。

2. 营业账簿记载资金的账簿,以"实收资本"与"资本公积"两项的合计金额为其计税依据,只征一次,金额不变不再纳税,金额增加差额纳税。

3. 不记载金额的营业账簿、政府部门发给的房屋产权证、工商营业执照、专利证等权利许可证照,以及日记账簿和各种明细分类账簿等辅助性账簿,以凭证或账簿的件数作为计税依据(税率5元/件)。

4. 纳税人有以下情形的,地方税务机关可以核定纳税人印花税计税依据

(1)未按规定建立印花税应税凭证登记簿,或未如实登记和完整保存应税凭证的。

(2)拒不提供应税凭证或不如实提供应税凭证致使计税依据明显偏低的。

(3)采用按期汇总缴纳办法的,未按地方税务机关规定的期限报送汇总缴纳印花税情况报告,经地方税务机关责令限期报告,逾期仍不报告的或者地方税务机关在检查中发现纳税人有未按规定汇总缴纳印花税情况的。

【例5·多选】关于印花税计税依据的下列表述中,符合法律制度规定的有( )。

A. 财产租赁合同以租赁金额为计税依据

B. 财产保险合同以保险费为计税依据

C. 工商营业执照以注册资金为计税依据

D. 商标注册证以件数为计税依据

【答案】ABD

【解析】选项C,以件数为计税依据。

五、印花税应纳税额的计算

情形	印花税应纳税额的计算公式
1.实行比例税率的凭证	应纳税额=应税凭证计税金额×比例税率
2.实行定额税率的凭证	应纳税额=应税凭证件数×定额税率
3.营业账簿中记载资金的账簿	应纳税额=(实收资本+资本公积)×0.5‰
4.其他账簿	按件贴花,每件5元

六、印花税税收优惠

项目	下列凭证免税
1.法定凭证免税	(1)已缴纳印花税的凭证的副本或抄本 (2)财产所有人将财产赠给政府、社会福利单位、学校所立的书据 (3)经财政部批准免税的其他凭证
2.免税额	应纳税额不足1角的
3.特定凭证免税	(1)国家指定的收购部门与村民委员会、农民个人书立的农副产品收购合同 (2)无息、贴息贷款合同 (3)外国政府或者国际金融组织向中国政府及国家金融机构提供优惠贷款所书立的合同

续表

项目	下列凭证免税
4.其他	（1）对商店、门市部的零星加工修理业务开具的修理单 （2）电话和网络购物免税 （3）农林作物、牧业畜类保险合同 （4）书、报、刊发行单位之间，发行单位与订阅单位或个人之间书立的凭证 （5）军事物资运输结算凭证 （6）铁路、公路、航运、水路承运快件行李、包裹开具的托运单据 （7）房地产管理部门与个人订立的租房合同，用于生活居住的免税 （8）车间、门市部、仓库设置的不记载金额的登记簿、统计簿、台账等不缴印花税

【例6·判断】财产所有人将财产赠给政府所立的书据免征印花税。（ ）

【答案】√

七、印花税的征收管理

（一）纳税义务发生时间

印花税应当在书立或领受时贴花。

【例7·判断】印花税应自凭证生效日贴花。（ ）（2015年）

【答案】×

【解析】印花税应税凭证应在书立、领受时即行贴花完税，不得延至凭证生效日期贴花。

（二）纳税地点

印花税一般实行就地纳税。

（三）纳税期限

印花税实行自行计算应纳税额，并自行购买印花税票，自行完成纳税义务。

书立、领受时即行贴花完税，不得延至凭证生效日期贴花完税。

（四）缴纳方法

根据税额大小，应税项目纳税次数多少以及税源控管的需要，印花税分别采用自行贴花、汇贴汇缴和委托代征三种缴纳方法。

1.自行贴花

（1）纳税人在书立、领受应税凭证时，自行计算应纳印花税税额，向当地纳税机关或印花税票代售点购买印花税票，在应税凭证上一次自行贴足印花税并自行注销。

（2）已贴用的印花税票不得重用；已贴花的凭证，修改后所载金额有增加的，其增加部分应当补贴印花税。

2.汇贴汇缴

（1）汇贴：一份凭证应纳税额超过500元的，纳税人应向当地税务机关申请填写缴款书或完税证，将其中一联粘贴在凭证上或者税务机关在凭证上加注完税标记代替贴花。

（2）汇缴：同一类应纳税凭证，需频繁贴花的，纳税人应向当地税务机关申请按期汇总缴纳印花税，但最长期限不得超过1个月。

3. 委托代征

对通过国家有关部门发放、鉴证、公证或仲裁的应税凭证，税务部门可以依法委托这些部门代征印花税，发给代征单位代征委托书，明确双方的权利和义务。

【例8·判断】根据印花税法律制度的规定，下列各项中，不属于印花税缴纳方法的是（　　）。（2014年）

A. 自行贴花　　　　　　　　　　B. 汇贴汇缴

C. 委托代征　　　　　　　　　　D. 邮寄申报

【答案】D

【解析】根据税额大小、应税项目纳税次数多少以及税源管控的需要，印花税分别采用自行贴花、汇贴汇缴和委托代征三种缴纳方法。

第七节　资源税法律制度

一、资源税纳税人

资源税纳税人，是指在我国领域及管辖海域开采《中华人民共和国资源税暂行条例》规定的矿产品或者生产盐的单位和个人。

二、资源税征税范围

（一）征税范围

项目	征税	不征税
1. 原油	天然原油	人造石油（不征） 【注意】开采原油过程中用于加热、修井的原油免征
2. 天然气	开出的天然气、与原油同时开采的天然气	煤矿生产的天然气
3. 煤炭	原煤、"未税"原煤加工的洗选煤	已税原煤加工的煤炭制品
4. 其他非金属、金属矿、海盐	√	—

【注意】"水"目前在河北省试点征收，其他地区暂不征收。

【例1·多选】根据资源税法律制度的规定，下列各项中，免征资源税的有（　　）。

A. 开采原油过程中用于修井的原油

B. 开采原油过程中用于加热的原油

C. 开采后出口的原油

D. 开采后销售的原油

【答案】AB

【解析】（1）选项AB，开采原油过程中用于加热、修井的原油免税；（2）选项CD，开采后出口和销售的原油正常纳税。

【例2·单选】根据资源税法律制度的规定，下列产品中，应征收资源税的是（ ）。

A.与原油同时开采的天然气　　　B.人造石油

C.原木地板　　　　　　　　　　D.已税原煤加工的洗煤

【答案】A

【解析】选项BCD均不征收资源税。

(二)纳税环节

1.资源税在应税产品的销售或自用环节计算缴纳

【注意】资源税在生产（开采）销售或自用环节计算缴纳，在进口、批发、零售等环节不缴纳资源税。

2.以自采原矿加工精矿产品的，在原矿移送使用时不缴纳资源税，在精矿销售或自用时缴纳资源税

3.纳税人以自采原矿加工金锭的，在金锭销售或自用时缴纳资源税

4.纳税人销售自采原矿或者自采原矿加工的金精矿、粗金，在原矿或者金精矿、粗金销售时缴纳资源税，在移送使用时不缴纳资源税

【例3·多选】根据资源税法律制度的规定，下列关于资源税纳税环节的表述中，正确的有（ ）。（2017年）

A.纳税人自采原矿销售的，在原矿销售环节缴纳资源税

B.纳税人以自产原矿加工金锭销售的，在金锭销售环节缴纳资源税

C.纳税人以自产原矿加工金锭自用的，在金锭自用环节缴纳资源税

D.纳税人自采原矿加工金精矿销售的，在原矿移送环节缴纳资源税

【答案】ABC

【解析】选项D，金矿以标准金锭为征税对象，纳税人销售金原矿、金精矿的，应将其销售额换算为金锭销售额缴纳资源税。

(三)视同销售

纳税人开采或者生产应税产品，自用于连续生产应税产品的，不缴纳资源税（后端应税产品在销售或自用时缴纳资源税）；自用于其他方面的，视同销售，缴纳资源税。

纳税人将开采的原煤自用于连续生产洗选煤的，在原煤移送使用环节不缴纳资源税；将其开采的原煤加工为洗选煤自用的，视同销售洗选煤，按照规定核定其销售额。

三、资源税税目

现行资源税税目包括原油、天然气、煤炭等非金属矿和金矿、铁矿等金属矿，以及海盐等资源品目。

四、资源税税率

资源税采用比例税率和定额税率两种形式。具体情况见下表。

征收方式	具体品目	计算公式
1.从价定率计征（比例税率）	下列列举名称的金属矿和非金属矿（共27种）： （1）原油、天然气、煤炭 （2）非金属矿，包括：石墨、硅藻土、高岭土、萤石、石灰石、硫铁矿、磷矿、氯化钾、硫酸钾、井矿盐、湖盐、提取地下卤水晒制的盐、煤层（成）气 （3）金属矿，包括：稀土、钨、钼、铁矿、金矿、铜矿、铝土矿、铅锌矿、镍矿、锡矿 （4）海盐（是指海水晒制的盐，不包括提取地下卤水晒制的盐）	应纳税额 =应税产品的销售额×适用的比例税率
	未列举名称的其他金属矿	
2.从量定额计征（定额税率）	粘土、砂石（非金属矿）	应纳税额 =应税产品的销售数量×适用的定额税率
3.按照从价计征为主、从量计征为辅的原则，由省级人民政府确定计征方式	未列举名称的其他非金属矿产品	—

【注意1】纳税人开采或者生产不同税目应税产品的，应当分别核算不同税目应税产品的销售额，未分别核算的从高适用税率。

【注意2】纳税人开采销售共伴生矿，共伴生矿与主矿产品销售额分开核算的，对共伴生矿暂不计征资源税；未分别核算的，全部销售额一并按主矿产品适用税目、税率计征资源税。

【例4·单选】根据资源税法律制度的规定，下列各项中，按照固定税额从量征收资源税的是（　　）。（2016年）

A.天然气　　　　B.粘土　　　　C.煤炭　　　　D.原油

【答案】B

【解析】对非金属矿中的粘土、砂石，采用从量定额方法征收资源税。

五、资源税计税依据

资源税以纳税人开采或者生产应税矿产品的销售额或者销售数量为计税依据。

（一）销售额

1.定义

销售额是指纳税人销售应税产品向购买方收取的全部价款和价外费用，不包括增值税和运杂费用。

（1）价外费用，包括价外向购买方收取的手续费、补贴、基金、集资费、返还利润、奖励费、违约金、滞纳金、延期付款利息、赔偿金、代收款项、代垫款项、包装费、包装物租金、储备费、优质费以及其他各种性质的价外收费。

（2）运杂费用是指应税产品从坑口或洗选（加工）地到车站、码头或购买方指定地点的运输费用、建设基金以及随运销产生的装卸、仓储、港杂费用。

（3）运杂费用应与销售额分别核算，凡未取得相应凭据或不能与销售额分别核算的，应当一并计征资源税。

2. 销售洗选煤时，应税煤炭销售额的确定

（1）将开采的原煤加工为洗选煤销售的，以洗选煤销售额乘以折算率作为应税煤炭销售额，计算缴纳资源税。

（2）洗选煤销售额包括洗选副产品的销售额，不包括洗选煤从洗选煤厂到车站、码头等运输费用。

（3）纳税人同时以自采未税原煤和外购已税原煤加工洗选煤的，应当分别核算；未分别核算的，按上述规定，计算缴纳资源税。

3. 销售额需折算的情形

（1）征税对象为原矿的，纳税人销售自采原矿加工的精矿，应将精矿销售额折算为原矿销售额缴纳资源税。

（2）征税对象为精矿的，纳税人销售原矿时，应将原矿销售额换算为精矿销售额缴纳资源税。

（3）金矿征税对象为标准金锭，纳税人销售金原矿、金精矿的，比照上述规定换算为金锭的销售额缴纳资源税。

4. 销售自采原矿

纳税人销售其自采原矿的，可采用成本法或市场法将原矿销售额换算为精矿销售额计算缴纳资源税。

（1）成本法：

精矿销售额 = 原矿销售额 + 原矿加工为精矿的成本 × （1 + 成本利润率）

（2）市场法：

精矿销售额 = 原矿销售额 × 换算比

换算比 = 同类精矿单位价格 ÷ （原矿单位价格 × 选矿比）

选矿比 = 加工精矿耗用的原矿数量 ÷ 精矿数量

5. 核定销售额

纳税人申报的应税产品销售额明显偏低并且无正当理由的、有视同销售应税产品行为而无销售额的，除财政部、国家税务总局另有规定外，按下列顺序确定销售额：

（1）按纳税人最近时期同类产品的平均销售价格确定。

（2）按其他纳税人最近时期同类产品的平均销售价格确定。

（3）按组成计税价格确定：

组成计税价格 = 成本 × （1 + 成本利润率） ÷ （1 − 税率）

【例5·单选】某铜矿2016年8月销售当月产铜矿石原矿取得销售收入600万元,销售精矿取得收入1 200万元。该矿山铜矿精矿换算比为20%,适用资源税税率为6%,计算该铜矿当月应缴纳资源税正确的是( )。

A.（600+1 200）×20%×6%　　　　B.1 200×6%

C.600×20%×6%　　　　　　　　　D.（600×20%+1 200）×6%

【答案】D

【解析】因为铜矿计税依据是精矿,因此应将原矿销售额换算为精矿销售额。当月应税产品销售额＝600×20%+1 200；当月应纳资源税额＝（600×20%+1 200）×6%。

（二）销售数量

1.纳税人开采或者生产应税产品销售的,以实际销售数量为销售数量

2.纳税人开采或者生产应税产品自用的,以移送时的自用数量为销售数量

3.纳税人不能准确提供应税产品销售数量或移送使用数量的,以应税产品的产量或按主管税务机关确定的折算比换算成的数量为计征资源税的销售数量

4.纳税人将其开采的矿产品原矿自用于连续生产精矿产品,无法提供移送使用原矿数量的,可将其精矿按选矿比折算成原矿数量,以此作为销售数量

六、资源税应纳税额的计算

情形	计算公式
1.从价定率计征	应纳税额＝应税产品的销售额×适用的比例税率
2.从量定额计征	应纳税额＝应税产品的销售数量×适用的定额税率
3.扣缴义务人代扣代缴	代扣代缴应纳税额＝收购未税矿产品的数量×适用定额税率

七、资源税税收优惠

纳税人开采或者生产应税产品过程中,因意外事故或者自然灾害等原因遭受重大损失的,由省、自治区、直辖市人民政府酌情决定减税或者免税。

国务院规定的其他减税、免税项目。

八、资源税征收管理

（一）纳税义务发生时间

具体情形	纳税义务发生时间
1.销售应税产品采取分期收款结算方式的	销售合同规定的收款日期的当天
2.销售应税产品采取预收货款结算方式的	发出应税产品的当天
3.销售应税产品采取其他结算方式的	收讫销售款或者取得索取销售款凭据的当天
4.自产自用应税产品的	移送使用应税产品的当天
5.扣缴义务人代扣代缴税款的	支付首笔货款或者应开具支付货款凭据的当天

【例6·判断】纳税人销售应税产品采用分期收款结算方式的，其资源税纳税义务发生时间，为销售合同规定的收款日期的当天。(　　)（2017年）

【答案】√

（二）纳税地点

1.纳税人应当向矿产品的开采地或盐的生产地缴纳资源税

2.纳税人在本省、自治区、直辖市范围开采或者生产应税产品，其纳税地点需要调整的，由省级地方税务机关决定

3.纳税人跨省开采资源税应税产品，其下属生产单位与核算单位不在同一省、自治区、直辖市的，对其开采的矿产品一律在开采地纳税

4.扣缴义务人代扣代缴的资源税，应当向收购地主管税务机关缴纳

（三）纳税期限

资源税的纳税期限为1日、3日、5日、10日、15日或者1个月。纳税人以1个月为一期纳税的，自期满之日起10日内申报纳税。

第八节　其他相关税收法律制度

一、城市维护建设税和教育费附加法律制度

（一）城市维护建设税

1.纳税人

纳税人是指实际缴纳增值税、消费税的单位和个人。

2.税率

（1）城市维护建设税实行地区差别比例税率，一共3档（7%、5%、1%）。

纳税人所在地区	税率
①市区的	7%
②县城、镇的	5%
③不在市区、县城或者镇的	1%

（2）由受托方代扣代缴、代收代缴"两税"的单位和个人，其代扣代缴、代收代缴的城市维护建设税适用"受托方所在地"税率。

（3）流动经营等无固定纳税地点的单位和个人，在经营地缴纳"两税"的，其城市维护建设税的缴纳按经营地适用税率执行。

3.计税依据

城市维护建设税的计税依据，是纳税人实际缴纳的增值税、消费税税额。

【注意】纳税人因违反"两税"有关规定而加收的滞纳金和罚款，不作为城市维护建设税的计税依据；但纳税人在被查补"两税"和被处以罚款时，应同时对其城市维护建设税进行补税、征收滞纳金和罚款。

4. 应纳税额的计算

应纳税额 =（实际缴纳的增值税 + 实际缴纳的消费税）× 适用税率

【例1·单选】2016年10月，甲公司向税务机关实际缴纳增值税70 000元、消费税50 000元；向海关缴纳进口环节增值税40 000元、消费税30 000元。已知城市维护建设税适用税率为7%，计算甲公司当月应缴纳城市维护建设税税额的下列算式中，正确的是（　　）。（2017年）

A.（70 000+50 000+40 000+30 000）×7% = 13 300（元）
B.（70 000+40 000）×7% = 7 700（元）
C.（50 000+30 000）×7% = 5 600（元）
D.（70 000+50 000）×7% = 8 400（元）

【答案】D

【解析】（1）城市维护建设税的计税依据是纳税人实际缴纳的增值税、消费税税额；（2）甲公司当月应缴纳城市维护建设税税额 =（70 000+50 000）×7% = 8 400（元）。

5. 税收优惠（进口不征，出口不退）

（1）海关对进口产品代征的增值税、消费税，不征收城市维护建设税。

（2）对由于减免增值税、消费税而发生退税的，可同时退还已征收的城市维护建设税，但对出口产品退还增值税、消费税的，不退还已缴纳的城市维护建设税。

（3）对增值税、消费税实行先征后返、先征后退、即征即退的，除另有规定外，对随其附征的城市维护建设税，一律不予退还。

【例2·判断】对由于减免增值税、消费税而发生退税的，已征收的城市维护建设税不予退还。（　　）（2017年）

【答案】×

【解析】由于减免增值税、消费税而发生退税的，可同时退还已征收的城市维护建设税。

【例3·判断】对出口产品退还增值税、消费税的，应同时退还已缴纳的城市维护建设税。（　　）（2014年）

【答案】×

【解析】对出口产品退还增值税、消费税的，不退还已缴纳的城市维护建设税。

6. 征收管理

（1）纳税义务发生时间：与增值税、消费税同时缴纳。

（2）纳税地点：缴纳增值税、消费税的地点。有特殊情况的，按下列原则和办法确定纳税地点：

①代扣代缴、代收代缴增值税、消费税的单位和个人，同时也是城市维护建设税的代扣代缴、代收代缴义务人，其纳税地点为代扣代收地。

②对流动经营等无固定纳税地点的单位和个人，应随同增值税、消费税在经营地纳税。

7.纳税期限

分别与增值税、消费税的期限一致。根据增值税和消费税暂行条例规定，增值税、消费税的纳税期限分别为1日、3日、5日、10日、15日、1个月或者1个季度。

(二)教育费附加

1.征收范围

税法规定征收增值税、消费税的单位和个人。

2.计税依据

纳税人实际缴纳的增值税、消费税税额之和。

3.征收比率

征收比率为3%。

4.计算公式

应纳教育费附加＝（实际缴纳的增值税＋实际缴纳的消费税）×3%

5.教育费附加分别与增值税、消费税税款同时缴纳

6.减免规定（进口不征、出口不退）

（1）海关对进口产品代征的增值税、消费税，不征收教育费附加。

（2）对出口产品退还增值税、消费税的，不退还已征的教育费附加；但对由于减免增值税、消费税而发生退税的，可同时退还已征收的教育费附加。

二、关税法律制度

关税是对进出国境或关境的货物、物品征收的一种税。一般分为进口关税、出口关税和过境关税。我国目前对进出境货物征收的关税分别为进口关税和出口关税两类。

(一)关税纳税人

1.贸易性商品纳税人是进出口货物的收、发货人

（1）外贸进出口公司。

（2）工贸或农贸结合的进出口公司。

（3）其他经批准经营进出口商品的企业。

2.物品的纳税人

（1）入境旅客随身携带的行李、物品的持有人。

（2）各种运输工具上服务人员入境时携带自用物品的持有人。

（3）馈赠物品以及其他方式入境个人物品的所有人。

（4）个人邮递物品的收件人。

(二)关税课税对象和税目

关税的课税对象是进出境的货物、物品。

关税的税目、税率都由《中华人民共和国海关进出口税则》规定。

(三)关税税率

种类	具体内容	适用
1.出口税率	—	—
2.进口税率	(1)普通税率	①原产于未与我国共同适用或订立最惠国税率，特惠税率或协定税率的国家或地区的进口货物 ②原产地不明的进口货物
	(2)最惠国税率	①原产于共同适用最惠国条款的世贸组织成员国的进口货物 ②原产于与我国签订最惠国待遇双边协定的国家的进口货物 ③原产于我国的进口货物
	(3)协定税率	原产于与我国签订含有"关税优惠条款"的国家的进口货物
	(4)特惠税率	原产于与我国签订含有"特殊关税优惠条款"的国家的进口货物
	(5)关税配额税率	配额与税率结合，配额内税率较低，配额外税率较高（限制进口）
	(6)暂定税率	在最惠国税率的基础上，对特殊货物可执行暂定税率

【例4·单选】根据关税法律制度的规定，原产地不明的进口货物适用的关税税率是（　　）。（2017年）

A.协定税率　　　B.最惠国税率　　　C.特惠税率　　　D.普通税率

【答案】D

【解析】选项D，普通税率适用于原产于未与我国共同适用最惠国条款的世界贸易组织成员国或地区，未与我国订有相互给予最惠国待遇、关税优惠条款贸易协定和特殊关税优惠条款贸易协定的国家或者地区的进口货物，以及原产地不明的进口货物。

（四）关税计税依据

我国对进出口货物征收关税，主要采取从价计征的办法，以商品价格为标准征收关税。关税主要以进出口货物的完税价格为计税依据。

1.进口货物的完税价格

应计入完税价格	不应计入完税价格
（1）货价	向境外采购代理人支付的买方佣金
（2）货物运抵我国关境内输入地点起卸前的包装费、运费、保险费和其他劳务费	进口货物运抵境内输入地点起卸之后的运输及其相关费用、保险费
（3）进口人在成交价格外另支付给卖方的佣金	卖方付给进口人的正常回扣，应从成交价格中扣除。但是卖方延期交货的罚款，不得从成交价格中扣除
（4）为了在境内生产、制造、使用或出版、发行的目的而向境外支付的与该进口货物有关的专利、商标、著作权，以及专有技术、计算机软件和资料等费用	

2.出口货物的完税价格

出口货物应当以海关审定的该货物的成交价格为基础审查确定。计算公式为：

出口货物完税价格 = 离岸价格 ÷（1+ 出口税率）

（五）关税应纳税额的计算

类型	适用范围	计算公式
1.从价税	一般的进（出）口货物	应纳税额 =应税进(出)口货物数量×单位完税价格×适用税率
2.从量税	进口啤酒、原油等	应纳税额=应税进口货物数量×关税单位税额
3.复合税	进口的广播用录像机、放像机、摄像机等	应纳税额 =应税进口货物数量×关税单位税额+应税进口货物数量×单位完税价格×适用税率
4.滑准税	适用滑准税的进口货物	进口商品价格越高，比例税率越低；税率与商品进口价格反方向变动

【例5·多选】下列各项中，属于关税的计税方法有（　　）。（2015年）

A.从价税计算法　　　　　　B.从量税计算法

C.复合税计算法　　　　　　D.滑准税计算法

【答案】ABCD

【解析】关税应纳税额的计算方法包括：从价税计算方法、从量税计算方法、复合税计算方法和滑准税计算方法。

【例6·单选】根据关税法律制度的规定，下列进口货物中，实行从量计征进口关税的是（　　）。（2016年）

A.啤酒　　　B.汽车　　　C.高档手表　　　D.化妆品

【答案】A

【解析】选项BCD实行从价计征进口关税。

【例7·单选】2015年6月，甲公司进口一批货物。海关核定的货价为90万元，货物运抵我国关境内输入地点起卸前的包装费2万元，运费5万元，保险费0.3万元。已知关税税率为10%。甲公司当月进口该批货物应缴纳关税税额的下列计算列式中，正确的是（　　）。（2016年）

A.（90+2+5）×10% = 9.7(万元)

B.（90+5+0.3）×10% = 9.53(万元)

C.（90+2）×10% = 9.2(万元)

D.（90+2+5+0.3）×10% = 9.73(万元)

【答案】D

【解析】（1）一般贸易项下进口货物以海关审定的"成交价格"为基础的"到岸价格"作为完税价格。到岸价格是指包括货价以及货物运抵我国关境内输入地点起卸前的包装费、运费、保险费和其他劳务费等费用构成的一种价格；（2）甲公司进口该批货物应纳关税税额 =（90+2+5+0.3）× 10% = 9.73(万元)。

（六）关税税收优惠

关税的减税、免税分为法定性减免税、政策性减免税和临时性减免税。

1. 法定性减免税

下列情形经海关审查无误后可免税：

（1）一票货物关税税额、进口环节增值税或者消费税税额在人民币 50 元以下的。

（2）无商业价值的广告品及货样。

（3）国际组织、外国政府无偿赠送的物资。

（4）进出境运输工具装载的途中必需的燃料、物料和饮食用品。

（5）因故退还的中国出口货物，可以免征进口关税，但已征收的出口关税不予退还。

（6）因故退还的境外进口货物，可以免征出口关税，但已征收的进口关税不予退还。

2. 酌情减免税的情形

（1）在境外运输途中或者在起卸时，遭受到损坏或者损失的。

（2）起卸后海关放行前，因不可抗力遭受损坏或者损失的。

（3）海关查验时已经破漏、损坏或者腐烂，经证明不是保管不慎造成的。

3. 其他

为境外厂商加工、装配成品和为制造外销产品而进口的原材料、辅料、零件、部件、配套件和包装物料，海关按照实际加工出口的成品数量免征进口关税；或者对进口料、件先征进口关税，再按照实际加工出口的成品数量予以退税。

【例 8·判断】无商业价值的广告品及货样，经海关审核无误后可以免征关税。（　　）

【答案】√

（七）关税征收管理

关税是在货物实际进出境时，即在纳税人按进出口货物通关规定向海关申报后、海关放行前一次性缴纳。进出口货物的收发货人或其代理人应当在海关签发税款缴款凭证次日起 15 日内（星期日和法定节假日除外），向指定银行缴纳税款。逾期不缴的，除依法追缴外，由海关自到期次日起至缴清税款之日止，按日征收欠缴税额 0.5‰的滞纳金。

1. 税款的补征和追征

（1）进出口货物完税后，如发现少征或漏征税款（非因收发货人或其代理人违规），海关有权在 1 年内予以补征。如因收发货人或其代理人违反规定而造成少征或漏征税款的，海关在 3 年内可以追缴。

（2）由于海关误征，多缴税款的，纳税人可以从缴纳税款之日起 1 年内，书面声明理由，连同纳税收据向海关申请退税，逾期不予受理。

2. 海关暂不予放行旅客行李物品的有关事项

（1）旅客不能当场缴纳进境物品税款的。

（2）进出境的物品属于许可证件管理的范围，但旅客不能当场提交的。

（3）进出境的物品超出自用合理数量，按规定应当办理货物报关手续或其他海关手续,其尚未办理的。

(4)对进出境物品属性、内容存疑,需要由有关主管部门进行认定、鉴定、验核的。

(5)按规定暂不予以放行的其他行李物品。

三、环境保护税

(一)纳税人

环境保护税的纳税人为在中华人民共和国领域和中华人民共和国管辖的其他海域,直接向环境排放应税污染物的企业事业单位和其他生产经营者。

【注意】按照规定征收环境保护税,不再征收排污费。

(二)征税范围

1.征税范围

《中华人民共和国环境保护税法》所附《环境保护税税目税额表》《应税污染物和当量值表》规定的大气污染物、水污染物、固体废物和噪声等应税污染物。

【例9·单选】以下不征收环境保护税的是( )。(2018年)
　　A.光源污染　　B.噪音污染　　C.水污染　　D.大气污染
【答案】A

2.不缴纳环境保护税的情形

(1)企业事业单位和其他生产经营者向依法设立的污水集中处理、生活垃圾集中处理场所排放应税污染物的。

(2)企业事业单位和其他生产经营者在符合国家和地方环境保护标准的设施、场所贮存或者处置固体废物的。

①依法设立的城乡污水集中处理、生活垃圾集中处理场所超过国家和地方规定的排放标准向环境排放应税污染物的,应当缴纳环境保护税。

②企业事业单位和其他生产经营者贮存或者处置固体废物不符合国家和地方环境保护标准的,应当缴纳环境保护税。

(三)税率

环境保护税实行定额税率。税目、税额依照《环境保护税税目税额表》执行。

(四)计税依据

1.应税大气污染物按照污染物排放量折合的污染当量数确定

2.应税水污染物按照污染物排放量折合的污染当量数确定

3.应税固体废物按照固体废物的排放量确定

4.应税噪声按照超过国家规定标准的分贝数确定

(五)应纳税额的计算

1.应税大气污染物的应纳税额=污染当量数 × 具体适用税额

2.应税水污染物的应纳税额=污染当量数 × 具体适用税额

3.应税固体废物的应纳税额=固体废物排放量 × 具体适用税额

4. 应税噪声的应纳税额 = 超过国家规定标准的分贝数对应的具体适用税额

（六）税收优惠

暂予免征环境保护税	农业生产（不包括规模化养殖）排放应税污染物的
	机动车、铁路机车、非道路移动机械、船舶和航空器等流动污染源排放应税污染物的
	依法设立的城乡污水集中处理、生活垃圾集中处理场所排放相应应税污染物，不超过国家和地方规定的排放标准的
	纳税人综合利用的固体废物，符合国家和地方环境保护标准的
	国务院批准免税的其他情形

【注意】纳税人排放应税大气污染物或者水污染物的浓度值低于国家和地方规定的污染物排放标准30%的，减按75%征收环境保护税。浓度值低于国家和地方规定的污染物排放标准50%的，减按50%征收环境保护税。

（七）征收管理

环境保护税由税务机关依照《中华人民共和国税收征收管理法》和《中华人民共和国环境保护税法》的有关规定征收管理。

纳税义务发生时间为纳税人排放应税污染物的当日。纳税人应当向应税污染物排放地的税务机关申报缴纳环境保护税。

环境保护税按月计算，按季申报缴纳。不能按固定期限计算缴纳的，可以按次申报缴纳。纳税人按季申报缴纳，自季度终了之日起十五日内。纳税人按次申报缴纳，自纳税义务发生之日起十五日内。

四、车辆购置税

（一）纳税人

纳税人为在我国境内购置规定的车辆（简称"应税车辆"）的单位和个人。

【注意】"购置"包括：购买、进口、自产、受赠、获奖、其他（拍卖、抵债、走私、罚没等）方式取得并"自用"的行为。

【例10·多选】下列各项中，属于车辆购置税纳税人的有（　　）。

A. 购进农用运输车自用的个体工商户
B. 进口高档小汽车自用的外商投资企业
C. 获奖取得汽车自用的运动员
D. 购买汽车自用的国有机关

【答案】ABCD

【例11·判断】个人受赠的自用摩托车应缴纳车辆购置税。（　　）

【答案】√

（二）征收范围

应税车辆包括汽车、摩托车、电车、挂车、农用运输车。

【例12·单选】根据车辆购置税法律制度的规定，下列各项中，不属于车辆购置税征税范围的是（　　）。（2017年）

A.电动自行车 　　　　　　　　B.三轮农用运输车

C.挂车　　　　　　　　　　　　D.无轨电车

【答案】A

【解析】车辆购置税的"应税车辆"包括：汽车、摩托车、电车、挂车、农用运输车，不包括电动自行车。

(三)税率

车辆购置税采用10%的比例税率。

(四)计税依据

计税依据为应税车辆的计税价格。

1.基本规定

情形	计税依据
购买自用	购买应税车辆而支付的全部价款和价外费用，不包括增值税税款
进口自用	计税价格＝关税完税价格＋关税＋消费税

【注意】价外费用是指销售方价外向购买方收取的基金、集资费、违约金（延期付款利息）和手续费、包装费、储存费、优质费、运输装卸费、保管费以及其他各种性质的价外收费，但不包括销售方代办保险等而向购买方收取的保险费，以及向购买方收取的代购买方缴纳的车辆购置税、车辆牌照费。

2.其他规定

（1）纳税人自产、受赠、获奖或者以其他方式取得并自用的应税车辆的计税价格，由主管税务机关参照国家税务总局规定的最低计税价格核定。

（2）纳税人购买自用或者进口自用应税车辆，申报的计税价格低于同类型应税车辆的最低计税价格，又无正当理由的，计税价格为国家税务总局核定的最低计税价格。

（3）国家税务总局未核定最低计税价格的车辆，计税价格为纳税人提供的有效价格证明注明的价格；有效价格证明注明的价格明显偏低的，主管税务机关有权核定应税车辆的计税价格。

【例13·单选】购进自用车辆缴纳车辆购置税不属于价外费用的是（　　）。

A.运输装卸费 　　　　　　　　B.延期付款利息

C.牌照费　　　　　　　　　　　D.优质费

【答案】C

【解析】价外费用不包括销售方代办保险等而向购买方收取的保险费，以及向购买方收取的代购买方缴纳的车辆购置税、车辆牌照费。

(五)应纳税额计税

车辆购置税实行从价定率的方法计算应纳税额。计算公式如下：

应纳税额 = 计税依据 × 税率

(六)税收优惠

1. 外国驻华使馆、领事馆、国际组织驻华机构及其外交人员自用的车辆,免税
2. 中国人民解放军和中国人民武装警察部队列入军队武器装备订货计划的车辆,免税
3. 设有固定装置的非运输车辆,免税
4. 自 2016 年 1 月 1 日起至 2020 年 12 月 31 日止,对城市公交企业购置的公共汽电车免征
5. 自 2017 年 1 月 1 日起至 12 月 31 日止,对购置 1.6 升及以下排量的乘用车减按 7.5% 的税率征收车辆购置税,自 2018 年 1 月 1 日起恢复按 10% 的法定税率征税
6. 自 2014 年 9 月 1 日起至 2017 年 12 月 31 日,对购置的符合条件的纯电动汽车、插电式(含增程式)混合动力汽车、燃料电池汽车免征
7. 有国务院规定予以免税或者减税的其他情形的,按照规定免税或者减税

【例 14·判断】外国使馆购买的自用的汽车免征车辆购置税。(　　)
【答案】√

(七)征收管理

1. 纳税申报

(1)车辆购置税实行一次征收制度,税款应当一次缴清。

(2)购置已征车辆购置税的车辆,不再征收车辆购置税。

(3)纳税人购买自用应税车辆的,应当自购买之日起 60 日内申报纳税;进口自用应税车辆的,应当自进口之日起 60 日内申报纳税;自产、受赠、获奖或者以其他方式取得并自用应税车辆的,应当自取得之日起 60 日内申报纳税。

2. 纳税环节

(1)纳税人应当在向公安机关车辆管理机构办理车辆登记注册前,缴纳车辆购置税。

(2)免税、减税车辆因转让、改变用途等原因不再属于免税、减税范围的,应当在办理车辆过户手续前或者办理变更车辆登记注册手续前缴纳车辆购置税。

3. 纳税地点

(1)纳税人购置需要办理车辆登记注册手续的应税车辆,应当向车辆登记注册地的主管税务机关申报纳税。

(2)购置不需要办理车辆登记注册手续的应税车辆,应当向纳税人所在地的主管税务机关申报纳税。

五、耕地占用税

(一)纳税人

纳税人为在我国境内占用耕地建房或者从事非农业建设的单位或者个人。

(二)征税范围

包括纳税人为建房或从事其他非农业建设而占用的国家所有和集体所有的耕地。

耕地是指用于种植农作物的土地,包括菜地、园地。其中,园地包括花圃、苗圃、茶园、果园、桑园和其他种植经济林木的土地。

占用鱼塘及其他农用土地建房或从事其他非农业建设,也视同占用耕地,必须依法征收耕地占用税。

占用林地、牧草地、农田水利用地、养殖水面、渔业水域滩涂及其他农用土地建房或从事其他非农业建设,也视同占用耕地,必须依法征收耕地占用税。

建设直接为农业生产服务的生产设施占用上述农用地的,不征收耕地占用税。

纳税人临时占用耕地,应当缴纳耕地占用税。纳税人在批准临时占用耕地的期限内恢复所占用耕地原状的,全额退还已经缴纳的耕地占用税。

(三)税率

实行定额税率。根据不同地区的人均耕地面积和经济发展情况实行有地区差别的幅度税额标准。

(四)计税依据

耕地占用税以纳税人实际占用的耕地面积为计税依据。一次性缴纳。

(五)应纳税额的计算

计算公式为:

应纳税额=实际占用耕地面积(平方米)×适用定额税率

(六)税收优惠

1.免征	(1)军事设施占用耕地 (2)学校、幼儿园、养老院、医院占用耕地
2.减按每平方米2元	铁路线路、公路线路、飞机场跑道、停机坪、港口、航道占用耕地
3.减半征收	农村居民经批准在户口所在地按照规定标准占用耕地建设自用住宅

【注意1】学校内经营性场所和教职工住房占用耕地的,应当按照当地适用税率征收耕地占用税。

【注意2】医院内职工住房占用耕地的,应当按照当地适用税率征收耕地占用税。

【注意3】按规定免征或者减征耕地占用税后,纳税人改变原占地用途,不再属于免征或者减征耕地占用税情形的,应当补缴耕地占用税。

【例15·单选】2016年7月,甲公司开发住宅社区经批准共占用耕地150 000平方米,其中800平方米兴建幼儿园,5 000平方米修建学校,已知耕地占用税适用税率为30元/平方米,甲公司应缴纳耕地占用税税额的下列算式中,正确的是( )。(2017年)

A. 150 000×30 = 4 500 000(元)

B. (150 000 - 800 - 5 000)×30 = 4 326 000(元)

C. (150 000 - 5 000)×30 = 4 350 000(元)

D. (150 000 - 800)×30 = 4 476 000(元)

【答案】B

【解析】（1）学校、幼儿园占用耕地，免征耕地占用税。（2）甲公司应缴纳耕地占用税=（150 000－800－5 000）×30＝4326 000（元）。

【例16·多选】根据耕地占用税法律制度的规定，下列免征耕地占用税的有（　　）。

A.公立学校教学楼占用耕地　　　　B.厂区内机动车道占用耕地
C.军事设施占用耕地　　　　　　　D.医院内职工住房占用耕地

【答案】AC

【解析】选项BD，照章征收耕地占用税。

（七）征收管理

1.纳税义务发生时间

（1）经批准占用耕地的，纳税人收到土地管理部门办理占用农用地手续通知的当天。

（2）未经批准占用耕地的，纳税人实际占用耕地的当天。

2.纳税地点和征收机构

（1）纳税地点：在耕地或其他农用地所在地申报纳税。

（2）征收机构：由地方税务机关负责征收。土地管理部门在通知单位或者个人办理占用耕地手续时，应当同时通知耕地所在地同级地方税务机关。获准占用耕地的单位或个人应当在收到土地管理部门的通知之日起30日内缴纳耕地占用税。

六、烟叶税

要素	具体规定
1.纳税人	中华人民共和国境内收购烟叶的单位 （一般是有权收购的烟草公司或受委托收购烟叶的单位）
2.征税范围	晾晒烟叶、烤烟叶
3.税率	实行比例税率，税率20%
4.计税依据	烟叶收购金额，包括纳税人支付给烟叶销售者的烟叶收购价款和价外补贴。价外补贴统一暂按烟叶收购价款的10%计入收购金额 收购金额=收购价款×（1+10%）
5.应纳税额的计算	应纳税额=烟叶收购金额×税率=收购价款×（1+10%）×税率
6.纳税义务发生时间	收购烟叶的当天；在收购环节征收
7.纳税期限	纳税人应当自纳税义务发生之日起30日内申报纳税，具体纳税期限由主管税务机关核定
8.纳税地点	收购地的主管税务机关（指县级地方税务局或其所指定的税务分局、所）
9.征税机关	地方税务机关征税

【例17·判断】烟叶税的纳税人为在中华人民共和国境内收购烟叶的单位和个人。(   )

【答案】×

【解析】烟叶税的纳税人为在中华人民共和国境内收购烟叶的单位。

第七章 税收征收管理法律制度

第一节 税务管理

一、税务管理的概念

税务管理,是指税收征收管理机关为了贯彻执行国家税收法律制度,加强税收工作,协调征税关系而对纳税人和扣缴义务人实施的基础性的管理制度和管理行为。

二、税务登记

(一)税务登记申请人

1. 从事生产、经营的纳税人

企业,企业在外地设立的分支机构和从事生产、经营的场所,个体工商户和从事生产、经营的事业单位,都应当办理税务登记。

2. 非从事生产经营但依照规定负有纳税义务的单位和个人

(1)国家机关、个人和无固定生产经营场所的流动性农村小商贩,不办理税务登记。

(2)其他非从事生产经营但依法负有纳税义务的单位和个人也应当办理税务登记。

3. 扣缴义务人

依法负有扣缴税款义务的扣缴义务人,也应当办理扣缴税款登记。

(二)税务登记主管机关

县以上(含本级)国家税务局(分局)、地方税务局(分局)是税务登记的主管机关,负责税务登记的设立登记、变更登记、注销登记以及非正常户处理、报验登记等有关事项。

(三)"多证合一"登记制度改革

自2015年10月1日起,登记制度改革在全国推行。登记制度从"三证合一"推进为"五证合一",又进一步推进为"多证合一、一照一码"。即在全面实施企业、农民专业合作社工商营业执照、组织机构代码证、税务登记证、社会保险登记证、统计登记证"五证合一、一照一码"登记制度改革和个体工商户工商营业执照、税务登记证"两证整合"的基础上,将涉及企业、个体工商户和农民专业合作社登记、备案等有关事项和各类证照进一步整合于工商营业执照上,实现"多证合一、一照一码"。使"一照一码"营业执照成为企业唯一"身份证",使统一社会信用代码成为企业唯一身份代码,实现企业"一照一码"走天下。

三、账簿和凭证管理

(一)账簿的设置

从事生产、经营的纳税人应当自领取营业执照或者发生纳税义务之日起15日内,按照国家有关规定设置账簿。

生产、经营规模小又确无建账能力的纳税人，可以聘请经批准从事会计代理记账业务的专业机构或者经税务机关认可的财会人员代为建账和办理账务。

扣缴义务人应自扣缴义务发生之日起10日内，设置代扣代缴、代收代缴税款账簿。

【例1·单选】根据税收征收管理法律制度规定，从事生产、经营的纳税人应当自领取营业执照或发生纳税义务之日起一定期限内，按照国家有关规定设置账簿，该期限是（　　）。（2016年）

A.10日　　　　　　B.15日　　　　　　C.7日　　　　　　D.30日

【答案】B

【解析】从事生产、经营的纳税人应当自领取营业执照或者发生纳税义务之日起15日内，按照国家有关规定设置账簿。

(二)纳税人财务会计制度及其处理办法

纳税人使用计算机记账的，应当在使用前将会计电算化系统的会计核算软件、使用说明书及有关资料报送主管税务机关备案。

纳税人、扣缴义务人的财务、会计制度或者财务、会计处理办法与国务院或者国务院财政、税务主管部门有关税收的规定抵触的，依照国务院或者国务院财政、税务主管部门有关税收的规定计算应纳税款、代扣代缴和代收代缴税款。

账簿、会计凭证和报表，应当使用中文。

(三)账簿、凭证等涉税资料的保存

账簿、记账凭证、完税凭证、报表、发票、出口凭证及其他有关涉税资料应保存10年；但是法律、行政法规另有规定的除外。账簿、记账凭证、完税凭证及其他有关资料不得伪造、变造或者擅自损毁。

【例2·多选】根据税收征收管理法律制度的规定，下列财务资料中，除另有规定外，至少要保存10年的有（　　）。（2017年）

A.完税凭证　　　　　　　　　　　　B.账簿
C.发票的存根联　　　　　　　　　　D.发票登记簿

【答案】AB

【解析】(1)选项AB，账簿、记账凭证、报表、完税凭证、发票、出口凭证以及其他有关涉税资料应当保存10年；(2)选项CD，已开具的发票存根联和发票登记簿，应当保存5年。

四、发票管理

(一)发票的类型和适用范围

1.发票的类型

(1)增值税专用发票：包括增值税专业发票和机动销售统一发票。

(2)增值税普通发票：包括增值税普通发票、增值税电子普通发票和增值税普通发票（卷票）。

（3）其他发票：包括农产品收购发票、农产品销售发票、门票、过路（过桥）费发票、定额发票、客运发票和二手车销售统一发票等。

2.发票的适用范围

（1）增值税纳税义务人从事生产经营等活动发生增值税纳税义务时，应使用增值税发票管理新系统，开具相应的增值税发票。

（2）2017年1月1日起启用两张不同规格的增值税普通发票（卷票），纳税人可自愿选择使用。

（3）门票、过路（过桥）费发票等其他发票继续使用。

（4）餐饮行业增值税一般纳税人购进农业生产者自产农产品时，可使用正规农产品收购发票，并按规定计算抵扣进项税额。

（5）采取汇总纳税的金融机构，可按政府管辖不同，开具各类增值税发票。

（6）国税、地税机关使用新系统代开增值税专用和普通发票。

（二）发票的开具和使用

1.发票的开具

（1）一般情况下收款方应向付款方开具发票，特殊情况下也可由付款方向收款方开具发票。

（2）取得发票时，不得要求变更品名和金额。

（3）禁止虚开发票行为包括：

①为他人、为自己开具与实际经营业务情况不符的发票。

②让他人为自己开具与实际经营业务情况不符的发票。

③介绍他人开具与实际经营业务情况不符的发票。

【例3·多选】虚开发票行为的有（　　）。（2018年）

A.为他人开具与实际经营不符的发票

B.介绍他人开具与实际经营不符的发票

C.为自己开具与实际经营不符的发票

D.让他人为自己开具与实际经营不符的发票

【答案】ABCD

2.发票的使用和保管

（1）发票使用中的禁止行为：

①转借、转让、介绍他人转让发票、发票监制章和发票防伪专用品。

②知道或者应当知道是私自印制、伪造、变造、非法取得或者废止的发票而受让、开具、存放、携带、邮寄、运输。

③拆本使用发票。

④扩大发票使用范围。

⑤以其他凭证代替发票使用。

（2）开具发票的单位和个人应当建立发票使用登记制度，设置发票登记簿，并定期向主管税务机关报告发票使用情况。

（3）已经开具的发票存根联和发票登记簿，应当保存5年，保存期满，报经税务机关查验后销毁。

【例4·单选】已开发票存根联和发票登记簿应保留（　　）年。（2018年）
A.5　　　　　　B.10　　　　　　C.15　　　　　　D.20
【答案】A
【解析】已经开具的发票存根联和发票登记簿，应当保存5年。

（三）增值税发票开具和使用的特别规定

自2017年7月1日起，购买方为企业的，索取增值税普通发票时，应向销售方提供纳税人识别号或统一社会信用代码；销售方为其开具增值税普通发票时，应在"购买方纳税人识别号"栏填写购买方的纳税人识别号或统一社会信用代码。不符合规定的发票，不得作为税收凭证。

（四）发票的检查

1. 税务机关在发票管理中有权进行的检查
（1）检查印制、领购、开具、取得、保管和缴销发票的情况。
（2）调出发票查验。
（3）查阅、复制与发票有关的凭证、资料。
（4）向当事各方询问与发票有关的问题和情况。
（5）在查处发票案件时，对与案件有关的情况和资料，可以记录、录音、录像、照相和复制。

2. 税务机关进行检查时，应当出示税务检查证

3. 税务机关需要将已开具的发票调出查验时，应当向被查验的单位和个人开具发票换票证

4. 税务机关需要将空白发票调出查验时，应当开具收据，经查无问题的，应当及时返还

【例5·多选】关于税务机关对发票的检查权有（　　）。
A.向当事各方询问与发票有关的问题与情况
B.检查印制、领购、开具、取得、保管和缴销发票的情况
C.调出发票查验
D.查阅、复制与发票有关的凭证、资料
【答案】ABCD

五、纳税申报

（一）纳税申报的内容

主要包括：税种、税目；应纳税项目或者应代扣代缴、代收代缴税款项目；计税

依据；扣除项目及标准；适用税率或者单位税额；应退税项目及税额、应减免税项目及税额；应纳税额或者应代扣代缴、代收代缴税额；税款所属期限、延期缴纳税款、欠税、滞纳金等。

(二)纳税申报的方式

1. 自行申报，即直接申报
2. 邮寄申报以寄出的邮戳日期为实际申报日期
3. 数据电文申报的申报日期以税务机关计算机网络系统收到该数据电文的时间为准
4. 其他方式申报（如简易申报、简并征期）

【例6·单选】根据税收征收管理法律制度的规定，下列关于纳税申报方式的表述中，不正确的是（　）。（2014年）

A. 数据电文方式的申报日期以税务机关计算机网络系统收到该数据电文的时间为准
B. 邮寄申报以税务机关收到的日期为实际申报日期
C. 实行定期定额缴纳税款的纳税人，可以实行简易申报、简并征期等方式申报纳税
D. 自行申报是指纳税人、扣缴义务人按照规定的期限自行直接到主管税务机关办理纳税申报手续

【答案】B

【解析】邮寄申报以寄出的邮戳日期为实际申报日期。

(三)纳税申报的其他要求

1. 纳税人在纳税期内没有应纳税款的，也应当按照规定办理纳税申报
2. 纳税人享受减税、免税待遇的，在减税、免税期间应当按照规定办理纳税申报
3. 办理纳税申报确有困难，需要延期的，应当在规定的期限内向税务机关提出书面申请，并在核准的期限内办理
4. 纳税人、扣缴义务人因不可抗力，不能按期办理纳税申报或报送税款报告表的，可以延期办理，但是应当在不可抗力情形消除后立即向税务机关报告

【例7·判断】纳税人享受减税、免税待遇的，在减税、免税期间可以不办理纳税申报。（　）（2014年）

【答案】×

【解析】纳税人享受减税、免税待遇的，在减税、免税期间应按照规定办理纳税申报。

六、涉税专业服务

(一)涉税专业服务机构

涉税专业服务机构是指税务师事务所和从事涉税专业服务的会计师事务所、律师事务所、代理记账机构、税务代理公司、财税类咨询公司等机构。

(二)涉税专业服务的业务范围

1. 纳税申报代理
2. 一般税务咨询
3. 专业税务顾问
4. 税收策划
5. 涉税鉴证
6. 纳税情况审查
7. 其他税务事项代理
8. 其他涉税服务

【例8·单选】不属于涉税专业服务机构的涉税业务的是（　　）。（2018年）
A. 公证服务　　　　　　　　B. 涉税鉴证
C. 涉税中一般代理　　　　　D. 税收策划
【答案】A
【解析】涉税专业服务机构业务范围：（1）纳税申报代理；（2）一般税务咨询；（3）专业税务顾问；（4）税收策划；（5）涉税鉴证；（6）纳税情况审查；（7）其他税务事项代理；（8）其他涉税服务。

(三)涉税专业服务机构从事涉税专业服务的要求

1. 涉税专业服务的限制

上述列举专业服务业务范围的第3、4、5、6项涉税业务，应当由具有税务师事务所、会计师事务所、律师事务所资质的涉税专业服务机构从事，相关文字应由税务师、注册会计师、律师签字，并承当相应的责任。

2. 税务代理委托协议（内容）

（1）委托人及涉税专业服务机构名称和住址。
（2）委托代理项目和范围。
（3）委托代理的方式。
（4）委托代理的期限。
（5）双方的义务及责任。
（6）委托代理费用、付款方式及付款期限。
（7）违约责任及赔偿方式。
（8）争议解决方式。
（9）其他需要载明的事项。

【注意】税务代理人员由涉税专业服务机构委派，不得以个人名义直接接受委托。

3. 涉税报告和文书

（1）涉税专业服务机构为委托人出具的各类涉税报告和文书，由双方留存备查。
（2）税务代理业务档案保存应不少于5年。

(四)税务机关对涉税专业服务机构的监管

税务机关对涉税专业服务机构在我国境内从事涉税专业服务进行监管。

税务机关通过建立行政登记、实名制管理、业务信息采集、检查和调查、信用评价、公告与推送等制度，同时加强对税务师行业协会的监督指导，形成较为完整的涉税专业服务机构监管体系。

第二节　税款征收与税务检查

一、税款征收

（一）税款征收的方式

征收方式	适用范围
1.查账征收	适用于财务会计制度健全、能够如实核算和提供生产经营情况，并能正确计算应纳税款和如实履行纳税义务的纳税人
2.查定征收	适用于生产经营规模较小、产品零星、税源分散、会计账册不健全，但能控制原材料或进销货的小型厂矿和作坊
3.查验征收	适用于纳税人财务制度不健全，生产经营不固定，零星分散、流动性大的税源
4.定期定额征收	适用于经主管税务机关认定和县以上税务机关（含县级）批准的生产、经营规模小，达不到规定设置账簿标准，难以查账征收，不能准确计算计税依据的个体工商户（包括个人独资企业）

【例1·单选】根据税收征收管理法律制度的规定，纳税人财务制度不健全，生产经营不固定，零星分散、流动性大，适合采用的征收方式是（　　）。（2015年）

A.查验征收　　　　　　　　B.查账征收
C.定期定额征收　　　　　　D.查定征收

【答案】A

【解析】查验征收适用于纳税人财务制度不健全，生产经营不固定，零星分散、流动性大的税源。

（二）应纳税额的核定与调整

1.核定的情形

（1）依照法律、行政法规的规定可以不设置账簿的。

（2）依照法律、行政法规的规定应当设置但未设置账簿的。

（3）擅自销毁账簿或者拒不提供纳税资料的。

（4）虽设账簿，但账目混乱或成本资料、收入凭证、费用凭证残缺不全，难以查账。

（5）发生纳税义务，未按照规定的期限办理纳税申报，经税务机关责令限期申报，逾期仍不申报的。

（6）纳税人申报的计税依据明显偏低，又无正当理由的。

2.核定方法

一种方法不足以正确核定应纳税额时，可同时采用两种以上的核定方法。

（1）参照当地同类行业或者类似行业中经营规模和收入水平相近的纳税人的税负水平核定。
（2）按照营业收入或者成本加合理的费用和利润的方法核定。
（3）按照耗用的原材料、燃料、动力等推算或者测算核定。
（4）按照其他合理方法核定。

【例2·判断】纳税人发生纳税义务，未按照规定的期限办理纳税申报，经税务机关责令限期申报，逾期仍不申报，税务机关有权核定其应纳税额。（　　）
【答案】√

(三)税款征收措施
1.责令缴纳
（1）前提条件——应税未税：
①纳税人未按照规定期限缴纳税款。
②扣缴义务人未按照规定期限解缴税款。
③纳税担保人未按照规定期限缴纳所担保的税款。
④未办理税务登记及临时经营的纳税人，税务机关核定其应纳税额的。
⑤税务机关有根据认为纳税人有逃避缴纳税款义务的行为。
（2）滞纳金加收标准：从滞纳税款之次日起，按日加收滞纳税款0.5‰的滞纳金。
（3）加收滞纳金的起止时间：自税款法定缴纳期限届满次日起至纳税人、扣缴义务人实际缴纳或者解缴税款之日止。

【例3·单选】甲公司按照规定，最晚应于2017年1月15日缴纳应纳税款30万元，该公司却迟迟未缴。主管税务机关责令其于当年2月28日前缴纳，并加收滞纳金。但直到3月15日，该公司才缴纳税款。甲公司应缴纳的滞纳金金额是（　　）元。
A.8 850　　　　B.8 700　　　　C.9 000　　　　D.6 600
【答案】A
【解析】该企业应缴税款期限是1月15日，即从1月16日滞纳税款，从1月16日至3月15日，共计16+28+15＝59（天）。根据税收征收管理法律制度的规定，纳税人未按照规定期限缴纳税款的，扣缴义务人未按照规定期限解缴税款的，税务机关可从滞纳税款之日起，按日加收滞纳税款万分之五的滞纳金。

2.纳税担保
（1）担保方式：保证、抵押、质押。
（2）适用纳税担保的情形：
①税务机关有根据认为从事生产、经营的纳税人有逃避纳税义务行为，在规定的纳税期之前责令其限期缴纳应纳税款，在"限期内"发现纳税人有明显的转移、隐匿其应纳税的商品、货物以及其他财产或者应纳税收入的迹象，责成纳税人提供纳税担保。
②欠缴税款、滞纳金的纳税人或者其法定代表人需要出境的。

③纳税人同税务机关在纳税上发生争议而未缴清税款，需要申请行政复议的。
④税收法律、行政法规规定可以提供纳税担保的其他情形。
（3）纳税担保的范围：税款、滞纳金和实现税款、滞纳金的费用。

【例4·多选】根据税收征收管理法律制度的规定，下列各项中，适用纳税担保的情形有（　　）。（2014年）
　　A. 纳税人在税务机关责令缴纳应纳税款限期内，有明显转移、隐匿其应纳税的商品、货物以及应纳税收入的迹象的
　　B. 纳税人同税务机关在纳税上发生争议而未缴清税款，需要申请行政复议的
　　C. 从事生产、经营的纳税人未按规定期限缴纳税款，税务机关责令限期缴纳，逾期仍未缴纳的
　　D. 欠缴税款、滞纳金的纳税人或者其法定代表人需要出境的
【答案】ABD
【解析】从事生产、经营的纳税人未按规定期限缴纳税款，税务机关责令限期缴纳，逾期仍未缴纳的（选项C），税务机关会采取以下强制执行措施：（1）书面通知其开户银行或者其他金融机构从其存款中扣缴税款；（2）扣押、查封、依法拍卖或者变卖其价值相当于应纳税款的商品、货物或者其他财产，以拍卖或变卖所得抵缴税款。

【例5·单选】根据税收征收管理法律制度的规定，对欠缴税款、滞纳金的纳税人或者其法定代表人需要出境的，税务机关可以采取的措施是（　　）。（2015年）
　　A. 书面通知其开户银行从其存款中扣缴税款
　　B. 责令提供纳税担保
　　C. 核定、调整应纳税额
　　D. 依法拍卖其价值相当于应纳税款的商品
【答案】B
【解析】欠缴税款、滞纳金的纳税人或者其法定代表人需要出境的，税务机关可以要求其提供纳税担保。

3. 采取税收保全措施
（1）适用税收保全措施的情形及措施。
税务机关责令具有税法规定情形的纳税人提供纳税担保而纳税人拒绝提供纳税担保或无力提供纳税担保的，经县以上税务局（分局）局长批准，税务机关可以采取下列税收保全措施：
①书面通知纳税人开户银行或其他金融机构冻结纳税人金额相当于应纳税款的存款。
②扣押、查封纳税人的价值相当于应纳税款的商品、货物或者其他财产。
（2）不适用税收保全措施的财产。
①个人及其所扶养家属维持生活必需的住房和用品（不包括机动车辆、金银饰品、

古玩字画、豪华住宅或者一处以外的住房）。

②税务机关对单价 5 000 元以下的其他生活用品，不采取税收保全措施。

【例 6·多选】根据税收征收管理法律制度的规定，下列各项中，属于税收保全措施的有（　　）。（2014 年）

A. 要求纳税人以抵押的方式为其应当缴纳的税款及滞纳金提供担保

B. 书面通知纳税人开户银行或者其他金融机构冻结纳税人的金额相当于应纳税款的存款

C. 扣押、查封纳税人的价值相当于应纳税款的商品、货物或者其他财产

D. 依法拍卖纳税人的价值相当于应纳税款的商品，以拍卖所得抵缴税款

【答案】BC

【解析】（1）选项 A 属于责令纳税人提供纳税担保；（2）选项 BC 属于税收保全措施；（3）选项 D 属于税收强制执行措施。

【例 7·单选】根据税收征收管理法律制度的规定，下列个人财产中，不适用税收保全措施的是（　　）。（2014 年）

A. 豪华住宅　　　　　　　　B. 金银首饰

C. 古玩字画　　　　　　　　D. 维持生活必需的住房

【答案】D

【解析】个人及其所扶养家属维持生活必需的住房和用品，不在税收保全措施的范围之内（选项 D）。需要注意的是，个人及其所扶养家属维持生活必需的住房和用品不包括机动车辆、金银饰品、古玩字画、豪华住宅或者一处以外的住房（选项 ABC）。

4. 采取强制执行措施

（1）适用强制执行的情形及措施。

从事生产、经营的纳税人、扣缴义务人未按照规定的期限缴纳或者解缴税款，纳税担保人未按照规定的期限缴纳所担保的税款，由税务机关责令限期缴纳，逾期仍未缴纳的，经县以上税务局（分局）局长批准，税务机关可以采取下列强制执行措施：

①强制扣款，即书面通知其开户银行或者其他金融机构从其存款中扣缴税款。

②拍卖变卖，即扣押、查封、依法拍卖或者变卖其价值相当于应纳税款的商品、货物或者其他财产，以拍卖或者变卖所得抵缴税款。

（2）范围。

①对象：对纳税人、扣缴义务人、纳税担保人未缴纳的滞纳金同时强制执行。

②不适用强制执行措施（同税收保全措施）。

【例 8·单选】根据税收征收管理法律制度的规定，税务机关依法采取强制执行措施时，对个人及其所扶养家属维持生活必需的住房和用品，不在强制执行措施的范围之内。

对单价在一定金额以下的其他生活用品，不采取强制执行措施。该金额为（　　）。

A.5 000元　　　　B.10 000元　　　　C.20 000元　　　　D.15 000元

【答案】A

【解析】税务机关对单价5 000元以下的其他生活用品，不采取强制执行措施。

5.阻止出境

欠缴税款的纳税人或者其法定代表人在出境前未按规定结清应纳税款、滞纳金或者提供纳税担保的，税务机关可以通知出境管理机关阻止其出境。

二、税务检查

（一）税务机关在税务检查中的职权和职责

税务检查中税务机关主要有6项权利：查账权、场地检查权、责成提供资料权、询问权、交通邮政检查权、存款账户查询权。

税务机关调查税务违法案件时，对与案件有关的情况和资料，可以记录、录音、录像、照相和复制。

税务机关采取税收保全的期限一般不得超过6个月；重大案件需要延长的，应当报国家税务总局批准。

税务机关依法进行税务检查时，有权向有关单位和个人调查纳税人、扣缴义务人和其他当事人与纳税或者代扣代缴、代收代缴税款有关的情况。

税务人员进行税务检查应当出示税务检查证和税务检查通知书，未出示税务检查证和税务检查通知书的，被检查人有权拒绝检查。

（二）被检查人的义务

纳税人、扣缴义务人必须接受税务机关依法进行的税务检查，如实反映情况，提供有关资料，不得拒绝、隐瞒。

【例9·多选】根据税收征收管理法律制度的规定，税务机关在实施税务检查时，可以采取的措施有（　　）。（2015年）

A.检查纳税人的会计资料

B.检查纳税人货物存放地的应纳税商品

C.检查纳税人托运、邮寄应纳税商品的单据、凭证

D.到车站检查旅客自带物品

【答案】ABC

【解析】税务机关有权到车站、码头、机场、邮政企业及其分支机构检查纳税人托运、邮寄应纳税商品、货物或者其他财产的"有关单据、凭证和有关资料"，不包括自带物品。

第三节 税务行政复议

一、税务行政复议的概念

税务行政复议，是指纳税人和其他税务当事人对税务机关的税务行政行为不服，依法向上级税务机关提出申诉，请求上一级税务机关对原具体行政行为的合理性、合法性作出审议，复议机关依法对原行政行为的合理性、合法性作出裁决的行政司法活动。

二、税务行政复议范围

申请人对税务机关作出的征税行为不服的，应当先向行政复议机关申请行政复议；对行政复议决定不服的，才可以向人民法院提起行政诉讼。

征税行为	税收实体法的构成要素	确认纳税主体、征税对象、征税范围、减税、免税、退税、抵扣税款、适用税率、计税依据、纳税环节、纳税期限、纳税地点
	税款征收方式	征收税款、代扣代缴、代收代缴、委托代征
	加收滞纳金	—

【注意】纳税人对除征税行为以外的其他情形不服的，可以申请行政复议，也可以直接向人民法院提起行政诉讼。

【例1·多选】根据税收征收管理法律制度的规定，纳税人对税务机关的下列行政行为不服时，可以申请行政复议的有（　　）。（2017年）
A.罚款　　　　　　　　　　B.确认适用税率
C.加收滞纳金　　　　　　　D.制定具体贯彻落实税收法规的规定
【答案】ABC
【解析】（1）选项A，属于税务机关作出的行政处罚行为，纳税人不服时，可以申请行政复议；（2）选项BC，属于税务机关作出的征税行为，纳税人不服时，可以申请行政复议；（3）选项D，不属于具体行政行为，不得申请行政复议。

【例2·单选】根据税收征收管理法律制度的规定，税务机关作出的下列具体行政行为中，申请人不服，应当先向复议机关申请行政复议，对行政复议决定不服的，可以再向人民法院提起行政诉讼的是（　　）。（2017年）
A.征收税款行为　　　　　　B.税收保全行为
C.发票管理行为　　　　　　D.行政处罚行为
【答案】A
【解析】（1）选项A属于征税行为，纳税人不服的，必须先申请行政复议，对行政复议决定不服的，可以向人民法院提起行政诉讼；（2）选项BCD不属于征税行为，纳税人不服的，可以申请行政复议，也可以直接向人民法院提起行政诉讼。

三、税务行政复议管辖

(一)复议管辖的一般规定

	行政机关	复议机关
一般规定	国家税务局	上一级国家税务局
	地方税务局	上一级地方税务局
		本级人民政府
	国家税务总局	国家税务总局

(二)复议管辖的特殊规定

	行政机关	复议机关
特殊规定	计划单列市国家税务局	国家税务总局
	计划单列市地方税务局	省地方税务局或本级人民政府
	税务所(分局)、稽查局	其所属税务局
	两个以上税务机关	共同上一级税务机关
	税务机关与其他行政机关	共同上一级行政机关
	被撤销的税务机关	继续行使其职权的税务机关的上一级税务机关

【例3·单选】设立于M省Y市(计划单列市)的甲公司对Y市国家税务局作出的行政处罚不服申请行政复议。下列机关中,受理该申请的是( )。(2017年)

A.国家税务总局　　　　　　　　B.M省人民政府
C.M省国家税务局　　　　　　　D.Y市人民政府

【答案】A

【解析】对计划单列市国家税务局的具体行政行为不服的,向国家税务总局申请行政复议;对计划单列市地方税务局的具体行政行为不服的,可以选择向省地方税务局或者本级人民政府申请行政复议。

四、税务行政复议申请与受理

(一)税务行政复议申请

申请人可以在知道税务机关作出具体行政行为之日起60日内提出行政复议申请。申请人申请行政复议,可以书面申请,也可以口头申请。

(二)税务行政复议受理

复议机关收到行政复议申请后,应当在5个工作日内进行审查,决定是否受理。

行政复议机关决定不予受理或者受理以后超过行政复议期限不作答复的,申请人可以自收到不予受理决定之日起或者行政复议期满之日起15日内,依法向人民法院提起行政诉讼。

【例4·单选】根据税收征收管理法律制度的规定,复议机关收到行政复议申请后,应当在( )日内进行审查,决定是否受理。
A.5   B.15   C.30   D.45
【答案】A

五、税务行政复议审查和决定

(一)税务行政复议审查

对重大、复杂的案件,申请人提出要求或者行政复议机构认为必要时,可以采取听证的方式审理。听证应当公开举行,但是涉及国家秘密、商业秘密或者个人隐私的除外。

行政复议机关应当全面审查被申请人的具体行政行为所依据的事实证据、法律程序、法律依据和设定的权利义务内容的合法性、适当性。

行政复议期间被申请人改变原具体行政行为的,不影响行政复议案件的审理。但是,申请人依法撤回行政复议申请的除外。

【例5·单选】根据税收征收管理法律制度的规定,下列关于税务行政复议审查的表述中,不正确的是( )。(2017年)
A.对重大案件,申请人提出要求或行政复议机构认为必要时,可采取听证方式审理
B.对国家税务总局具体行政行为不服申请行政复议的案件,由国务院提出书面答复
C.行政复议机构审理行政复议案件,应当由2名以上行政复议工作人员参加
D.行政复议原则上采用书面审查的办法
【答案】B
【解析】对国家税务总局的具体行政行为不服的,向国家税务总局申请行政复议。

(二)税务行政复议决定

复议机关责令被申请人重新作出具体行政行为的,被申请人应当在60日内重新作出具体行政行为;情况复杂,经复议机关批准,可以适当延期,但是延期不得超过30日。

行政复议书一经送达,即发生法律效力。

第四节 税收法律责任

一、税务管理相对人实施税收违法行为的法律责任

(一)违反税务管理规定的法律责任

1.账簿、凭证管理

纳税人未按照规定设置、保管账簿或者保管记账凭证和有关资料,由税务机关责令限期改正,可以处2 000元以下的罚款;情节严重的,处2 000元以上1万元以下的罚款。

2. 纳税申报

纳税人未按照规定的期限办理纳税申报和报送纳税资料的，由税务机关责令限期改正，可以处2 000元以下的罚款；情节严重的，处2 000元以上1万元以下的罚款。

3. 非法印制、转借、倒卖、变造或者伪造完税凭证。

非法印制、转借、倒卖、变造或者伪造完税凭证的，由税务机关责令改正，处2 000元以上1万元以下的罚款；情节严重的，处1万元以上5万元以下的罚款；构成犯罪的，依法追究刑事责任。

4. 违反税收法律、行政法规。

税务代理人违反税收法律、行政法规，造成纳税人未缴或少缴税款的，除由纳税人缴纳或补缴应纳税款、滞纳金外，对税务代理人处纳税人未缴或少缴税款50%以上3倍以下的罚款。

（二）逃避税务机关追缴欠税行为的法律责任

纳税人欠缴应纳税款，采取转移或者隐匿财产的手段，妨碍税务机关追缴欠缴的税款的，由税务机关追缴欠缴的税款、滞纳金，并处罚款。构成犯罪的，依法追究刑事责任。

扣缴义务人应扣未扣、应收而不收税款的，由税务机关向纳税人追缴税款，对扣缴义务人处以应扣未扣、应收而未收税款50%以上3倍以下的罚款。

（三）偷税行为的法律责任

1. 偷税行为
（1）纳税人采取伪造、变造、隐匿、擅自销毁账簿、记账凭证。
（2）在账簿上多列支出或者不列、少列收入。
（3）经税务机关通知申报而拒不申报或者进行虚假的纳税申报手段。
（4）不缴或者少缴应纳税款的行为。

2. 法律责任

对于纳税人的偷税行为，由税务机关追缴其不缴或少缴的税款、滞纳金，并处罚款；构成犯罪的，依法追究刑事责任。

【例1·多选】下列属于税法规定的偷税手段的有（　　）。（2016年）
A. 伪造变造账簿、记账凭证
B. 以暴力拒不缴纳税款
C. 隐匿、擅自销毁账簿和记账凭证
D. 转移或者隐匿财产
【答案】AC
【解析】偷税，是指纳税人采取伪造、变造、隐匿、擅自销毁账簿、记账凭证，或者在账簿上多列支出或者不列、少列收入，或者经税务机关通知申报而拒不申报或者进行虚假的纳税申报的手段，不缴或者少缴应纳税款的行为。

【例2·多选】纳税人发生偷税行为时，税务机关可以行使的权力有（　　）。

A.追缴税款　　　B.加收滞纳金　　　C.处以罚款　　　D.处以罚金

【答案】ABC

【解析】根据税收征收管理法律制度的规定，对于偷税行为，税务机关可以追缴税款和滞纳金，并处以罚款。但不能处以罚金，因为罚金是刑事责任形式。

（四）抗税行为的法律责任

抗税，是指纳税人、扣缴义务人以暴力、威胁方法拒不缴纳税款的行为。

对抗税行为，除由税务机关追缴其拒缴的税款、滞纳金外，依法追究刑事责任。情节轻微，未构成犯罪的，由税务机关追缴其拒缴的税款、滞纳金，并处以罚款。

（五）骗税行为的法律责任

骗税行为是指纳税人以假报出口或其他欺骗手段，骗取国家出口退税款的行为。

纳税人有骗税行为，由税务机关追缴其骗取的退税款，并处骗取税款1倍以上5倍以下的罚款；构成犯罪的，依法追究刑事责任。

【例3·判断】纳税人有骗税行为，由税务机关追缴其骗取的退税款并按照规定处以罚款，构成犯罪的依法追究刑事责任。（　　）（2014年）

【答案】√

【例4·单选】根据税收征收管理法律制度的规定，纳税人有骗税行为，由税务机关追缴其骗取的退税款，并处骗取税款一定倍数的罚款，该倍数为（　　）。（2016年）

A.5倍以上10倍以下　　　　　　B.1倍以上5倍以下

C.10倍　　　　　　　　　　　　D.10倍以上15倍以下

【答案】B

【解析】纳税人有骗税行为，由税务机关追缴其骗取的退税款，并处骗取税款1倍以上5倍以下的罚款；构成犯罪的，依法追究刑事责任。

（六）纳税人、扣缴义务人不配合税务检查的法律责任

税务检查期间，纳税人、扣缴义务人发生不配合税务机关进行税务检查的下列行为，由税务机关责令改正，可以处1万元以下的罚款；情节严重的，处1万元以上5万元以下的罚款。

1.逃避、拒绝或者以其他方式阻挠税务机关检查的

2.提供虚假资料，不如实反映情况，或者拒绝提供有关资料的

3.拒绝或阻止税务机关记录、录音、录像、照相和复制与案件有关的情况和资料的

4.转移、隐匿、销毁有关资料的

5.有不依法接受税务检查的其他情形的

第八章 劳动合同与社会保险法律制度

第一节 劳动合同法律制度

一、劳动关系与劳动合同

（一）劳动关系

1. 概念

劳动关系是指劳动者与用人单位依法签订劳动合同而在劳动者与用人单位之间产生的法律关系。

2. 特征

与一般民事关系不同，劳动关系有其自身独特的特征。

（1）劳动关系的主体具有特定性。一方是劳动者，一方是用人单位。

（2）劳动关系的内容具有较强的法定性。劳动者签订劳动合同后，隶属于用人单位，受到用人单位的管理。

（3）劳动者在签订和履行劳动合同时的地位是不同的。签订时遵循平等、自愿、协商一致的原则，双方法律地位是平等的；签订完毕在履行劳动合同的过程中，用人单位和劳动者成了支配与被支配、管理与服从的从属关系。

（二）《劳动合同法》的适用范围

劳动合同是劳动者与用人单位之间依法确立劳动关系，明确双方权利义务的协议。

用人单位	适用范围
中国境内的企业、个体经济组织、民办非企业单位	与劳动者建立劳动关系，订立、履行、变更、解除或终止劳动合同
依法成立的会计师事务所、律师事务所等合伙组织和基金会	
国家机关、事业单位、社会团体	

二、劳动合同的订立

（一）订立劳动合同的原则

订立劳动合同的原则包括：合法、公平、平等自愿、协商一致、诚实信用。

（二）劳动合同订立的主体

1.劳动者	（1）禁止用人单位招用未满16周岁的未成年人 （2）文艺、体育、特种工艺单位招用未满16周岁的未成年人，必须依照国家有关规定，履行审批手续，并保障其接受义务教育的权利
2.用人单位	（1）依法取得营业执照或者登记证书的，可以作为用人单位与劳动者订立劳动合同 （2）未依法取得营业执照或者登记证书的，受用人单位委托可以与劳动者订立劳动合同 （3）不得扣押证件、收取财物，不得要求劳动者提供担保 （4）告知劳动者工作内容、工作条件、工作地点、职业危害、安全生产状况、劳动报酬等情况

【注意】并不是所有16周岁的人都不能签订劳动合同,比如文体特单位。

【例1·判断】M公司招用符某时,要求其缴纳600元的工作服押金,M公司的做法不符合法律规定。( )(2015年)
【答案】√

【例2·多选】根据劳动合同法律制度的规定,下列各项中,用人单位需承担的义务有( )。(2015年)
A. 告知劳动者工作内容、工作条件、工作地点、职业危害、安全生产状况、劳动报酬等情况
B. 不得扣押劳动者相关证件
C. 不得向劳动者索取财物
D. 不得要求劳动者提供担保
【答案】ABCD
【解析】(1)用人单位招用劳动者时,应当如实告知劳动者工作内容、工作条件、工作地点、职业危害、安全生产状况、劳动报酬,以及劳动者要求了解的其他情况(选项A);(2)用人单位招用劳动者,不得扣押劳动者的居民身份证和其他证件,不得要求劳动者提供担保或者以其他名义向劳动者收取财物(选项BCD)。

(三)劳动关系的建立
劳动关系自用人单位"用工"之日起建立。

【例3·单选】2013年4月,赵某应聘到甲公司工作,双方口头约定了1个月试用期,但未订立书面劳动合同。根据劳动合同法律制度的规定,关于双方劳动关系建立的下列表述中,正确的是( )。(2014年)
A. 甲公司应与赵某补签劳动合同,双方之间的劳动关系自合同补签之日起建立
B. 赵某与甲公司未订立劳动合同,双方之间未建立劳动关系
C. 赵某与甲公司之间的劳动关系自赵某进入甲公司开始工作时建立
D. 赵某与甲公司之间的劳动关系自试用期满时建立
【答案】C
【解析】用人单位自"用工之日"起即与劳动者建立劳动关系,与是否签订书面的劳动合同无关。

(四)劳动合同订立的形式
1. 书面劳动合同

(1)用工之日起1个月内	用人单位	应当自用工之日起1个月内订立书面劳动合同
	劳动者不签	①用人单位应当书面通知劳动者终止劳动关系
		②无需向劳动者支付经济补偿
		③应当依法向劳动者支付其实际工作时间的劳动报酬

续表

（2）用工之日起超过1个月不满1年	用人单位未签	①应当向劳动者每月支付2倍的工资（1倍正常工资+1倍工资补偿）【注意】每月支付2倍的工资起算时间为用工之日起满1个月的次日，截止时间为补订书面劳动合同的前1日
		②与劳动者补订书面劳动合同
	劳动者不签	①用人单位应当书面通知劳动者终止劳动关系
		②应向劳动者支付经济补偿
（3）用工之日起满1年	用人单位未签	①自用工之日起满1个月的次日至满1年的前1日应当向劳动者每月支付2倍的工资（11个月）
		②视为自用工之日起满1年的当日已经与劳动者订立无固定期限劳动合同，应当立即与劳动者补订书面劳动合同
（4）违反《中华人民共和国劳动合同法》	用人单位不签	自应当订立无固定期限劳动合同之日起向劳动者每月支付2倍的工资

2. 非全日制用工双方当事人可以订立口头协议

（1）劳动关系	从事非全日制用工的劳动者可以与一个或者一个以上用人单位订立劳动合同，但是后订立的劳动合同不得影响先订立的劳动合同的履行
（2）试用期	非全日制用工双方当事人不得约定试用期
（3）合同终止	任何一方都可以随时通知对方终止用工
（4）经济补偿	用人单位不向劳动者支付经济补偿
（5）报酬支付	①小时计酬标准不得低于用人单位所在地人民政府规定的最低小时工资标准
	②用人单位可以按小时、日或周为单位结算工资，但非全日制用工劳动报酬结算支付周期最长不得超过15日

（五）劳动合同的效力

1.生效		劳动合同经用人单位与劳动者在劳动合同文本上签字或者盖章生效
2.无效	（1）全部或部分无效情形	①以欺诈、胁迫的手段或者乘人之危，使对方在违背真实意思的情况下订立或者变更劳动合同的
		②用人单位免除自己的法定责任、排除劳动者权利的
		③违反法律、行政法规强制性规定的
	（2）无效有争议	由劳动争议仲裁机构或者人民法院确认
	（3）法律后果	①无效劳动合同，从订立时起就没有法律约束力
		②劳动合同部分无效，不影响其他部分效力的，其他部分仍然有效
		③劳动者已付出劳动的，用人单位应当向劳动者支付劳动报酬
		④给对方造成损害的，有过错的一方应当承担赔偿责任

【例4·判断】劳动合同被确认无效，劳动者已经付出劳务的，用人单位应向劳动者支付劳动报酬。（　　）（2017年）

【答案】√

三、劳动合同的主要内容

（一）劳动合同必备条款与约定条款

类型	具体条款
1.必备条款	（1）用人单位的名称、住所和法定代表人或者主要负责人
	（2）劳动者的姓名、住址和居民身份证或者其他有效身份证件号码
	（3）劳动合同期限
	（4）工作内容和工作地点
	（5）工作时间和休息休假
	（6）劳动报酬
	（7）社会保险
	（8）劳动保护、劳动条件和职业危害防护
	（9）法律、法规规定应当纳入劳动合同的其他事项
2.约定条款	（1）试用期
	（2）服务期
	（3）保守商业秘密和竞业限制

【例5·多选】根据劳动合同法律制度的规定，下列各项中，属于劳动合同约定条款的有（　　）。（2016年）

A.劳动报酬　　　　B.服务期　　　　C.社会保险　　　　D.试用期

【答案】BD

【解析】选项AC，劳动报酬、社会保险属于劳动合同必备条款。

（二）无固定期限劳动合同

1.劳动者在该用人单位连续工作满10年的

2.用人单位初次实行劳动合同制度或者国有企业改制重新订立劳动合同时，劳动者在该用人单位连续工作满10年且距法定退休年龄不足10年的

3.连续订立2次固定期限劳动合同，且劳动者没有下述情形，续订劳动合同的（劳动者有能力、无过错）

（1）严重违反用人单位的规章制度的。

（2）严重失职，营私舞弊，给用人单位造成重大损害的。

（3）劳动者同时与其他用人单位建立劳动关系，对完成本单位的工作任务造成严重影响，或者经用人单位提出，拒不改正的。

（4）劳动者以欺诈、胁迫的手段或者乘人之危，使用人单位在违背真实意思的情况下订立或者变更劳动合同，致使劳动合同无效的。

（5）被依法追究刑事责任的。

（6）劳动者患病或者非因工负伤，在规定的医疗期满后不能从事原工作，也不能从事由用人单位另行安排的工作的。

（7）劳动者不能胜任工作，经过培训或者调整工作岗位，仍不能胜任工作的。

【例6·多选】2008年以来，甲公司与下列职工均已连续订立2次固定期限劳动合同，再次续订劳动合同时，除职工提出订立固定期限劳动合同外，甲公司应与之订立无固定期限劳动合同的有（　　）。（2016年）
A. 不能胜任工作，经过培训能够胜任的李某
B. 因交通违章承担行政责任的范某
C. 患病休假，痊愈后能继续从事原工作的王某
D. 同时与乙公司建立劳动关系，经甲公司提出立即改正的张某
【答案】ABCD

（三）工时制度

1.标准工时制	每日工作8小时、每周工作40小时		
	特殊情形：每日工作≤8小时，每周工作≤40小时，每周休息≥1天		
2.延长工作时间	（1）程序	由于生产经营需要，经与工会和劳动者协商后可以延长工作时间	
	（2）一般情况	每日不得超过1小时	
	（3）特殊情况	①每日不得超过3小时，每月不得超过36小时	
		②有下列情形之一的，延长时间不受上述规定的限制： a. 发生自然灾害、事故或者因其他原因，威胁劳动者生命健康和财产安全，需要紧急处理的 b. 生产设备、交通运输线路、公共设施发生故障，影响生产和公众利益，必须及时抢修的	

（四）年休假

1.工作时间	满1年不满10年	满10年不满20年	满20年
2.年休假时间	5天	10天	15天
3.不享受年假	病假累计2个月以上	病假累计3个月以上	病假累计4个月以上
	1.依法享受寒暑假，其假期天数多于年休假天数的 2.请事假累计20天以上且单位按照规定不扣工资的		

【例7·单选】王某2012年到公司工作，2017年可以休几天年假（　　）。(2018年）
A.5　　　　B.10　　　　C.15　　　　D.0
【答案】A
【解析】根据国务院《职工带薪年休假条例》第三条规定：职工累计工作已满1年不满10年的，年休假5天；已满10年不满20年的，年休假10天；已满20年的，年休假15天。该职工入职已满2年，可休假5天。

【例8·单选】2013年7月2日，贾某初次就业即到甲公司工作。2015年9月28日，贾某向公司提出当年年休假申请。贾某依法可享受的年休假天数为（　　）。
A.0　　　　B.5天　　　　C.10天　　　　D.15天

【答案】B

【解析】职工累计工作已满1年不满10年的,年休假5天;已满10年不满20年的,年休假10天;已满20年的,年休假15天。

(五)劳动报酬

1. 一般要求

(1)劳动报酬应当以法定货币支付,不得以实物及有价证券替代货币支付。

(2)劳动报酬必须在用人单位与劳动者约定的日期支付。如遇节假日或休息日,则应提前在最近的工作日支付。

(3)劳动报酬至少每月支付一次,实行周、日、小时工资制的可按周、日、小时支付工资。

(4)对完成一次性临时劳动或某项具体工作的,用人单位应按有关协议或合同规定在其完成劳动任务后即支付工资。

(5)加班工资支付标准见下表。

加班时段	补休	加班工资支付标准
①工作日加班	不能以补休作补偿	150%
②休息日加班	可以补休作补偿	200%
③节假日加班	不能以补休作补偿	300%

用人单位安排加班不支付加班费的,由劳动行政部门责令限期支付加班费;逾期不支付的,责令用人单位按应付金额50%以上100%以下的标准向劳动者加付赔偿金。

2. 最低工资制度

(1)国家实行最低工资保障制度。最低工资的具体标准由省、自治区、直辖市人民政府规定,报国务院备案,用人单位支付劳动者的工资不得低于当地最低工资标准。

(2)最低工资不包括延长工作时间的工资报酬,以货币形式支付的住房和用人单位支付的伙食补贴,中班、夜班、高温、低温、井下、有毒、有害等特殊工作环境和劳动条件下的津贴,国家法律、法规、规章规定的社会保险福利待遇。

(3)劳动合同履行地与用人单位注册地不一致的,有关劳动者的最低工资标准,按"劳动合同履行地"的有关规定执行;用人单位注册地的有关标准高于劳动合同履行地的有关标准,且用人单位与劳动者约定按照用人单位注册地的有关规定执行的,从其约定。

(4)劳动者本人原因给用人单位造成经济损失的,用人单位可以按照劳动合同的约定要求其赔偿经济损失。经济损失的赔偿,可从劳动者本人的工资中扣除。但每月扣除的部分不得超过劳动者当月工资的20%。若扣除后的剩余工资部分低于当地月最低工资标准,则按最低工资标准支付。

【例9·单选】2016年5月甲公司安排职工刘某在日标准工作时间以外延长工作时间累计12小时。已知甲公司实行标准工时制度,刘某日工资为160元。分析甲公

司应支付刘某5月最低加班工资的下列算式中，正确的是（　　）。（2017年）

A.160÷8×12×100% = 240（元）　　B.160÷8×12×150% = 360（元）

C.160÷8×12×200% = 480（元）　　D.160÷8×12×300% = 720（元）

【答案】B

【解析】用人单位依法安排劳动者在日标准工作时间以外延长工作时间的，按照不低于劳动合同规定的劳动者本人小时工资标准的150%支付劳动者加班工资。

（六）试用期

双方可以约定，也可以不约定试用期。

试用期期限见下表。

适用情形	试用期期限
（1）劳动合同期限＜3个月 （2）以完成一定工作任务为期限的劳动合同 （3）非全日制用工	不得约定试用期
3个月≤劳动合同期限＜1年	约定的试用期应当≤1个月
1年≤劳动合同期限＜3年	约定的试用期应当≤2个月
（1）3年≤劳动合同期限 （2）无固定期限劳动合同	约定的试用期应当≤6个月

同一用人单位与同一劳动者只能约定一次试用期。

试用期的工资不得低于本单位相同岗位最低档工资或者劳动合同约定工资的80%，并不得低于用人单位所在地的最低工资标准。

违法约定的试用期已经履行的，由用人单位以劳动者试用期满月工资为标准，按已经履行的超过法定试用期的期间向劳动者支付赔偿金。

试用期包含在劳动合同期限内；劳动合同仅约定试用期的，试用期不成立，该期限为劳动合同期限。

【例10·单选】根据劳动合同法律制度的规定，下列关于试用期的表述中，不正确的是（　　）。（2018年）

A.以完成一定工作任务为期限的劳动合同，不得约定试用期

B.劳动合同期限不满3个月的，不得约定试用期

C.试用期内劳动者可随时解除劳动合同，不必提前通知用人单位

D.试用期包含在劳动合同期限内

【答案】C

【解析】选项C，试用期内劳动者提前3日通知用人单位，可以解除劳动合同。

（七）服务期

用人单位为劳动者提供专项培训费用，对其进行专业技术培训的，可以与该劳动者订立协议，约定服务期。

用人单位与劳动者约定服务期的，不影响按正常的工资调整机制提高劳动者在服

务期期间的劳动报酬。

劳动合同期满，但是用人单位与劳动者约定的服务期尚未到期的，劳动合同应当续延至服务期满；双方另有约定的，从其约定。

劳动者违反服务期约定的违约责任：劳动者违反服务期约定的，应当按照约定向用人单位支付违约金。约定的违约金数额不得超过用人单位提供的培训费用。用人单位要求劳动者支付的违约金不得超过服务期尚未履行部分所应分摊的培训费用。

【例11·多选】根据劳动合同法律制度规定，关于用人单位未按劳动合同约定或国家规定支付劳动者劳动报酬应承担法律责任的下列表述中，正确的有（　　）。(2017年)

A. 由用人单位向劳动者支付违约金
B. 劳动报酬低于当地最低工资标准的，用人单位应当支付其差额的部分
C. 用人单位按照应付劳动报酬金额200%的标准向劳动者加付赔偿金
D. 由劳动行政部门责令用人单位限期支付劳动报酬

【答案】BD

【解析】（1）选项A，违约金是劳动者违反服务期和竞业限制的约定向用人单位支付的违约补偿；（2）选项C，责令用人单位按照应付金额50%以上100%以下的标准向劳动者加付赔偿金。

（八）保守商业秘密和竞业限制

1. 限于用人单位的高级管理人员、高级技术人员和其他负有保密义务的人员，而非所有的劳动者
2. 解除或终止劳动合同后，竞业限制人员从事同类业务的期限，不得超过2年
3. 因用人单位的原因导致3个月未支付经济补偿，劳动者请求解除竞业限制的，人民法院应予支持
4. 对竞业限制的司法解释

（1）约定了竞业限制，但未约定解除或者终止劳动合同后给予劳动者经济补偿，劳动者履行了竞业限制义务，要求用人单位按照劳动者在劳动合同解除或者终止前12个月平均工资的30%按月支付经济补偿的，人民法院应予支持。月平均工资的30%低于劳动合同履行地最低工资标准的，按照劳动合同履行地最低工资标准支付。

（2）当事人在劳动合同或保密协议中约定了竞业限制和经济补偿，当事人解除劳动合同时，除另有规定外，用人单位要求劳动者履行竞业限制义务，或劳动者履行了竞业限制义务后要求用人单位支付经济补偿的，人民法院应予支持。

（3）当事人在劳动合同或保密协议中约定了竞业限制和经济补偿，劳动合同解除或终止后，因用人单位的原因导致3个月未支付经济补偿，劳动者请求解除竞业限制约定的，人民法院应予支持。

（4）在解除竞业限制协议时，劳动者请求用人单位额外支付劳动者3个月的竞业限制经济补偿的，人民法院予以支持。

（5）劳动者违反竞业限制约定，向用人单位支付违约金后，用人单位要求劳动者按照约定继续履行竞业限制义务的，人民法院予以支持。

【例12·多选】下列各项中，人民法院适用竞业限制条款处理劳动争议案件时应予支持的有（　　）。（2016年）
　　A．在竞业限制期限内，用人单位解除竞业限制协议时，劳动者要求用人单位额外支付3个月竞业限制经济补偿的
　　B．劳动者违反竞业限制约定，向用人单位支付违约金后，用人单位要求劳动者按照约定继续履行竞业限制义务的
　　C．劳动合同解除后，履行了竞业限制义务的劳动者按照协议约定要求用人单位支付竞业限制经济补偿的
　　D．劳动合同解除后，因用人单位的原因导致3个月未支付竞业限制经济补偿，劳动者要求解除竞业限制约定的
【答案】ABCD

四、劳动合同的履行和变更

（一）劳动合同的履行

用人单位拖欠或者未足额支付劳动报酬的，劳动者可以依法向当地人民法院申请支付令，人民法院应当依法发出支付令。

劳动者拒绝用人单位管理人员违章指挥、强令冒险作业的；不视为违反劳动合同。

用人单位变更名称、法定代表人、主要负责人或投资人等事项，不影响劳动合同的履行。

用人单位发生合并或者分立等情况，原劳动合同继续有效，劳动合同由承继其权利和义务的用人单位继续履行。

（二）劳动合同的变更

变更合同未采用书面形式，但已经实际履行了口头变更合同超过1个月，且变更后的内容不违反法律、行政法规、国家政策以及公序良俗，当事人以未采用书面形式为由主张劳动合同变更无效的，人民法院不予支持。

【例13·单选】2014年10月，李某到M公司工作。2015年11月，M公司与李某口头商定将其月工资由原来的4 500元提高至5 400元。双方实际履行3个月后，M公司法定代表人变更。新任法定代表人认为该劳动合同内容变更未采用书面形式，变更无效，决定仍按原每月4 500元的标准向张某支付工资；李某表示异议，并最终提起诉讼。关于双方口头变更劳动合同效力的下列表述中，正确的是（　　）。（2016年）
　　A．双方口头变更劳动合同且实际履行已超过1个月，该劳动合同变更有效
　　B．劳动合同变更在实际履行3个月期间有效，此后无效
　　C．因双方未采取书面形式，该劳动合同变更无效

D. 双方口头变更劳动合同但实际履行未超过6个月，该劳动合同变更无效

【答案】A

【解析】 变更劳动合同未采用书面形式，但已经实际履行了口头变更的劳动合同超过1个月，且变更后的劳动合同内容不违反法律、行政法规、国家政策以及公序良俗，当事人以未采用书面形式为由主张劳动合同变更无效的，人民法院不予支持。

五、劳动合同的解除和终止

（一）协商解除

用人单位提出解除劳动合同，双方平等自愿协商一致的，用人单位须依法向劳动者支付经济补偿金。

劳动者主动辞职，双方平等自愿协商一致的，用人单位无须支付经济补偿金。

（二）法定解除

1. 劳动者单方面解除劳动合同的情形

类型	适用情形	是否支付经济补偿金
（1）提前通知解除	①劳动者试用期内提前3日通知用人单位 ②劳动者提前30日以书面形式通知用人单位	×
（2）随时通知解除	①用人单位未按照劳动合同约定提供劳动保护或者劳动条件的 ②用人单位未及时足额支付劳动报酬的 ③用人单位未依法为劳动者缴纳社会保险费的 ④用人单位的规章制度违反法律、法规的规定，损害劳动者权益的 ⑤用人单位以欺诈、胁迫的手段或乘人之危，使劳动者在违背真实意思的情况下订立或变更劳动合同的 ⑥用人单位在劳动合同中免除自己的法定责任、排除劳动者权利的 ⑦用人单位违法法律、行政法规强制性规定的 ⑧法律、行政法规规定劳动者可以解除劳动合同的其他情形	√
（3）不需事先告知解除	①以暴力、威胁或者非法限制人身自由的手段强迫劳动者劳动的 ②违章指挥、强令冒险作业危及人身安全的	√

2. 用人单位单方面解除劳动合同的情形

类型	适用情形	是否支付经济补偿金
（1）随时通知解除	①劳动者在试用期间被证明不符合录用条件的 ②劳动者严重违反用人单位的规章制度的 ③劳动者严重失职，营私舞弊，造成重大损害的 ④劳动者同时与其他用人单位建立劳动关系，对完成本单位的工作任务造成严重影响，或者经用人单位提出，拒不改正的 ⑤劳动者以欺诈、胁迫的手段或者乘人之危，使用人单位在违背真实意思的情况下，订立或者变更劳动合同的 ⑥劳动者被依法追究刑事责任的	×

续表

类型	适用情形	是否支付经济补偿金
（2）无过失性辞退	无过失性辞退，是指由于劳动者非过失性原因和客观情况的需要而导致劳动合同无法履行时，用人单位可以在提前通知劳动者或者额外支付劳动者一个月工资后，单方解除劳动合同 有下列情形之一的，用人单位提前30日以书面形式通知劳动者本人或者额外支付劳动者1个月工资后，可以解除劳动合同： ①劳动者患病或者非因工负伤，在规定的医疗期满后不能从事原工作，也不能从事由用人单位另行安排的工作的 ②劳动者不能胜任工作，经过培训或者调整工作岗位，仍不能胜任工作的 ③劳动合同订立时所依据的客观情况发生重大变化，致使劳动合同无法履行，经用人单位与劳动者协商，未能就变更劳动合同内容达成协议的	√
（3）经济性裁员	经济性裁员的适用情形：①依照《中华人民共和国企业破产法》规定进行重整的 ②生产经营发生严重困难的 ③企业转产、重大技术革新或者经营方式调整，经变更劳动合同后，仍需裁减人员的 ④其他因劳动合同订立时所依据的客观经济情况发生重大变化，致使劳动合同无法履行的	√
	特别程序：①需要裁减人员≥20人或者裁减<20人但占企业职工总数≥10%的，用人单位提前30日向工会或者全体职工说明情况，听取工会或者职工的意见后，裁减人员方案经向劳动行政部门报告，可以裁减人员 ②裁减人员<20人且占企业职工总数<10%的，无需执行上述程序	
	裁减人员时，应当优先留下的人员：①订立较长期限的固定期限劳动合同的 ②订立无固定期限劳动合同的 ③家庭无就业人员，要扶养老人或未成年人	
	裁减后：在6个月内重新招用人员的，在同等条件下优先招用被裁减人员	

【例14·判断】劳动者不能胜任工作岗位，用人单位先经过培训或者调整工作岗位，仍不能胜任工作的，方可按程序与其解除劳动合同。（　）（2014年）

【答案】√

【例15·多选】下列情形，用人单位可单方面解除劳动合同的有（　）。（2016年）
A. 张某严重失职，徇私舞弊，给用人单位造成严重损失
B. 胡某被依法追究刑事责任
C. 钱某严重违反用人单位的规章制度
D. 王某因怀孕无法胜任工作

【答案】ABC

【解析】选项ABC，属于"不能用"类型，用人单位有权单方面通知劳动者随时解除劳动合同；选项D，在女职工怀孕期间，用人单位不得解除劳动合同。

(三)劳动合同的终止

1. 劳动合同的终止的情形

劳动合同的终止的情形			是否支付经济补偿
(1)"到期"(合同)	①用人单位不续签		√
	②用人单位续签	降低标准劳动者不同意续签	√
		维持或提高待遇劳动者不同意续签	×
(2)"退休"	①劳动者开始依法享受基本养老保险待遇的		×
	②劳动者达到法定退休年龄的		×
(3)"死了"	①劳动者死亡,或者被人民法院宣告死亡或者宣告失踪的		×
	②用人单位被依法宣告破产、被吊销营业执照、责令关闭、撤销或者用人单位决定提前解散的		√

2. 不能解除、终止劳动合同

限制性规定	①从事接触职业病危害作业的劳动者未进行离岗前职业健康检查,或者疑似职业病病人在诊断或者医学观察期间的
	②在本单位患职业病或者因工负伤并被确认丧失或者部分丧失劳动能力的
	③患病或非因工负伤,在规定的医疗期内的
	④女职工在孕期、产期、哺乳期的
	⑤在本单位连续工作满15年,且距法定退休年龄不足5年的
	⑥法律、行政法规规定的其他情形

(四)经济补偿

劳动合同法律关系中的经济补偿是按照劳动合同法律制度的规定,在劳动者无过错的情况下,用人单位与劳动者解除或终止劳动合同时,应给予劳动者的经济上的补助。

【总结】经济补偿金 VS 违约金 VS 赔偿金。

	经济补偿金	违约金	赔偿金
(1)产生原因	法定	约定	法定/约定
(2)适用情形	劳动关系解除或终止,而劳动者无过错	劳动者违反服务期或者竞业限制的约定	由于自己过错给对方造成损害
(3)支付方	用人单位	劳动者	过错方,可能是用人单位,也可能是劳动者

【例16·单选】根据劳动合同法律制度的规定,下列关于经济补偿金和违约金的表述中,不正确的是( )。(2016年)

A.违约金的支付主体只能是劳动者

B.经济补偿金只能由用人单位和劳动者在劳动合同中约定

C.违约金只能在服务期和竞业限制条款中约定

D. 经济补偿金的支付主体只能是用人单位

【答案】B

【解析】选项B，经济补偿金是法定的，主要是针对劳动关系的解除和终止，如果劳动者无过错，用人单位则应给予劳动者一定的经济补偿。

（五）用人单位应当向劳动者支付经济补偿金的情形

1. 劳动者符合随时通知解除和不需事先通知即可解除劳动合同规定的情形而解除劳动合同的

2. 由用人单位提出解除劳动合同并与劳动者协商一致而解除劳动合同的

3. 用人单位符合提前30日以书面形式通知劳动者本人或者额外支付劳动者1个月工资后可以解除劳动合同规定的情形而解除劳动合同的

4. 用人单位符合可裁减人员规定而解除劳动合同的

5. 除用人单位维持或者提高劳动合同约定条件续订劳动合同，劳动者不同意续订的情形外，劳动合同期满终止固定期限劳动合同的

6. 用人单位被依法宣告破产、被吊销营业执照、责令关闭、撤销或者用人单位决定提前解散而终止劳动合同的

7. 以完成一定工作任务为期限的劳动合同因任务完成而终止的

8. 法律、行政法规规定的其他情形

【例17·多选】根据劳动合同法律制度的规定，因下列情形解除劳动合同的，用人单位应向劳动者支付经济补偿的有（　　）。（2017年）

A. 劳动者不能胜任工作，经过培训或者调整工作岗位，仍不能胜任工作的

B. 用人单位未按照劳动合同约定提供劳动保护或者劳动条件的

C. 劳动者同时与其他用人单位建立劳动关系，经用人单位提出，拒不改正的

D. 用人单位未及时足额支付劳动报酬的

【答案】ABD

【解析】选项C，用人单位可以随时通知解除劳动合同，无需支付经济补偿。

（六）经济补偿的支付

经济补偿金的计算公式为：工作年限 × 月工资		
1. 工作年限	（1）每满1年支付1个月工资标准的经济补偿	
	（2）6个月以上不满1年的，按1年计算，支付1个月工资标准的经济补偿	
	（3）不满6个月的，向劳动者支付半个月工资标准的经济补偿	
2. 月工资	（1）正常工资	月工资是指劳动者在劳动合同解除或终止前12个月的平均工资，按照劳动者应得工资计算
	（2）低工资	劳动者在劳动合同解除或终止前12个月的平均工资低于当地最低工资标准的，按照当地最低工资标准计算
	（3）高工资	月工资高于职工月平均工资3倍的，按职工月平均工资3倍的数额支付，向其支付经济补偿金的年限最高不超过12年

【例18·单选】2010年4月1日,张某到甲公司工作,2016年8月1日,双方的劳动合同期满,甲公司不再与张某续签,已知劳动合同终止前12个月,张某月平均工资5 000元,甲公司所在地职工月平均工资4 500元,计算劳动合同终止后甲公司应向张某支付经济补偿的下列公式中,正确的是(   )。(2017年)

A.4 500×6 = 27 000(元)　　　　B.4 500×7 = 31 500(元)

C.5 000×5.5 = 27 500(元)　　　　D.5 000×6.5 = 32 500(元)

【答案】D

【解析】张某在甲公司工作6年零4个月,工作年限应为6.5年;甲公司应当向张某支付的经济补偿金 = 6.5×5 000 = 325 000(元)。

(七)劳动合同解除双方义务

1.劳动者的义务

劳动合同解除或终止后,劳动者应当按照双方约定,办理工作交接。

2.用人单位的义务

(1)劳动合同解除或终止的,用人单位在15日内为劳动者办理档案和社会保险关系转移手续。解除的劳动合同文本至少保存2年备查。

(2)用人单位应在办结工作交接时支付经济补偿。用人单位未依照规定向劳动者支付经济补偿的,由劳动行政部门责令限期支付经济补偿;逾期不支付的,责令用人单位按应付金额50%以上100%以下的标准向劳动者加付赔偿金。

(3)用人单位违反规定解除或者终止劳动合同,用人单位应当依照《中华人民共和国劳动合同法》规定的经济补偿标准的2倍向劳动者支付赔偿金,支付了赔偿金的,不再支付经济补偿金。

六、集体合同

(一)订立主体

订立主体包括:工会与企业;在上级工会指导下的劳动者代表与企业。

(二)集体合同草案的通过及生效

职工代表大会或者全体职工讨论集体合同草案,应当有2/3以上职工代表或者职工出席,且须经全体职工代表半数以上或者全体职工半数以上同意,方获通过。并由集体协商双方首席代表签字。

集体合同订立后,应当报送劳动行政部门,劳动行政部门自收到集体合同文本之日起15日内未提出异议的,集体合同即行生效。

(三)集体合同的标准

集体合同中劳动报酬和劳动条件等标准不得低于当地人民政府规定的最低标准;用人单位与劳动者订立的劳动合同中劳动报酬和劳动条件等标准不得低于集体合同规定的标准。

七、劳务派遣

（一）劳务派遣的概念

劳务派遣是指劳务派遣单位与劳动者订立劳动合同，与用工单位订立劳务派遣协议，将被派遣劳动者向用工单位给付劳务。

（二）劳务派遣的适用范围

1. 劳务派遣用工是补充形式，只能在临时性（不超过 6 个月）、辅助性或者替代性岗位上实施

2. 用人单位不得设立劳务派遣单位向本单位或者所属单位派遣劳动者，用工单位不得将被派遣劳动者再派遣到其他用人单位

3. 劳务派遣单位不得以非全日制用工形式招用被派遣劳动者

4. 用工单位使用的被派遣劳动者数量不得超过其用工总量（订立劳动合同的人数＋派遣用工的人数）的 10%

【例 19·多选】下列劳务派遣用工形式中，不符合法律规定的有（　　）。（2017 年）

A. 丙劳务派遣公司以非全日制用工形式招用被派遣劳动者

B. 乙公司将使用的被派遣劳动者又派遣到其他公司工作

C. 丁公司使用的被派遣劳动者数量达到其用工总量的 5%

D. 甲公司设立劳务派遣公司向其所属分公司派遣劳动者

【答案】ABCD

【解析】（1）选项 A，劳务派遣单位不得以"非全日制用工"形式招用被派遣劳动者；（2）选项 B，用工单位不得将被派遣劳动者再派遣到其他用人单位；（3）选项 C，用工单位使用的被派遣劳动者数量不得超过其用工总量的 10%；（4）选项 D，用人单位不得设立劳务派遣单位向本单位或者所属单位派遣劳动者。

（三）劳务派遣单位的主要义务

1. 劳务派遣单位应当与被派遣劳动者订立 2 年以上固定期限劳动合同

2. 劳务派遣单位应当按月向劳动者支付报酬，被派遣劳动者在无工作期间，劳务派遣单位应当按照所在地人民政府规定的最低工资标准，向其按月支付报酬

3. 劳务派遣单位不得克扣被派遣劳动者的劳动报酬，不得向其收取费用

（四）劳动者的权利

1. 被派遣劳动者享有与用工单位的劳动者同工同酬的权利

2. 被派遣劳动者有权在劳务派遣单位或者用工单位依法参加或者组织工会，维护自身的合法权益

（五）用工单位的主要义务

1. 用工单位应根据工作岗位的实际需要与劳务派遣单位确定派遣期，不得将连续用工期限分割订立数个短期劳务派遣协议

2. 用工单位不得向被派遣劳动者收取费用

【例20·单选】乙劳务派遣公司应甲公司要求,将张某派遣到甲公司工作。根据劳动合同法律制度的规定,下列关于该劳务派遣用工的表述中,正确的是( )。
A. 乙公司应向张某按月支付劳动报酬
B. 甲公司可以将张某再派遣到其他用人单位
C. 乙公司可以向张某收取劳务中介费
D. 甲公司与张某之间存在劳动合同关系
【答案】A
【解析】(1)选项A,劳务派遣单位(乙公司)应当按月向劳动者(张某)支付劳动报酬;(2)选项B,用工单位(甲公司)不得将被派遣劳动者再派遣到其他用人单位;(3)选项C,劳务派遣单位(乙公司)和用工单位(甲公司)均不得向劳动者(张某)收取费用;(4)选项D,在劳务派遣关系中,劳动合同关系存在于劳务派遣单位(乙公司)与被派遣劳动者(张某)之间。

八、劳动争议的解决

(一)劳动争议及解决方法

1. 劳动争议

(1)因确认劳动关系发生的争议。

(2)因订立、履行、变更、解除和终止劳动合同发生的争议。

(3)因除名、辞退和辞职、离职发生的争议。

(4)因工作时间、休息休假、社会保险、福利、培训以及劳动保护发生的争议。

(5)因劳动报酬、工伤医疗费、经济补偿或赔偿金等发生的争议。

(6)法律、法规规定的其他劳动争议。

2. 解决方法

协商、调解、仲裁和诉讼。

(二)劳动调解

1. 劳动争议调解组织

(1)企业劳动争议调解委员会。

(2)依法设立的基层人民调解组织。

(3)在乡镇、街道设立的具有劳动争议调解职能的组织。

2. 劳动调解程序

(1)自劳动争议调解组织收到调解申请之日起15日内未达成调解协议的,当事人可以依法申请仲裁。

(2)达成调解协议后,一方当事人在协议约定期限内不履行调解协议的,另一方当事人可以依法申请仲裁。因支付拖欠劳动报酬、工伤医疗费、经济补偿或者赔偿金事项达成调解协议,用人单位在协议约定期限内不履行的,劳动者可以持调解协议书依法向人民法院申请支付令。人民法院应当依法发出支付令。

（三）劳动仲裁

1. 劳动仲裁机构

（1）劳动争议仲裁委员会不按行政区划层层设立。

（2）劳动争议仲裁不收费。仲裁委员会的经费由财政予以保障。

2. 劳动仲裁参加人

（1）发生劳动争议的劳动者和用人单位为劳动争议仲裁案件的双方当事人。

（2）劳务派遣单位或用工单位与劳动者发生劳动争议的，劳务派遣单位和用工单位为共同当事人。

（3）劳动者与个人承包经营者发生争议，依法向劳动争议仲裁委员会申请仲裁的，应当将发包的组织和个人承包经营者作为当事人。

（4）发生争议的用人单位未办理营业执照、被吊销营业执照、营业执照到期继续经营、被责令关闭、被撤销以及用人单位解散、歇业，不能承担相关责任的，应当将用人单位和其出资人、开办单位或主管部门作为共同当事人。

3. 劳动仲裁管辖

（1）劳动争议由劳动合同履行地或者用人单位所在地的劳动争议仲裁委员会管辖。

（2）双方当事人分别向劳动合同履行地和用人单位所在地的劳动争议仲裁委员会申请仲裁的，由劳动合同履行地的劳动争议仲裁委员会管辖。

（3）劳动合同履行地不明确的，由用人单位所在地的仲裁委员会管辖。

4. 仲裁时效

（1）从当事人知道或者应当知道其权利被侵害之日起1年。

（2）因拖欠劳动报酬发生争议的，劳动关系存续期间不受仲裁时效期间的限制；劳动关系终止的，自劳动关系终止之日起1年内提出。

【例21·单选】根据劳动争议调解仲裁法律制度的规定，劳动者与用人单位因确认劳动关系发生劳动争议的，应当自知道或应当知道其权利被侵害之日起一定期限内提出仲裁申请。该期限为(　　)。（2016年）

A.3年　　　　　B.6个月　　　　　C.1年　　　　　D.2年

【答案】C

【解析】劳动争议申请仲裁的时效期间为1年，仲裁时效期间从当事人知道或者应当知道其权利被侵害之日起计算。

（四）劳动仲裁制度

1. 仲裁申请

（1）申请人申请仲裁应当提交书面仲裁申请。

（2）书写确有困难的，可以口头申请，经申请人签名、盖章或捺印确认。

2. 公开原则

（1）劳动争议仲裁公开进行。

（2）当事人协议不公开进行或者涉及商业秘密和个人隐私的，经相关当事人书面申请，仲裁委员会应当不公开审理。

3. 仲裁庭

仲裁庭由 3 名仲裁员或 1 名仲裁员组成（简单劳动争议案件）。

4. 回避制度（仲裁员）

（1）是本案当事人或者当事人、代理人的近亲属的。

（2）与本案有利害关系的。

（3）与本案当事人、代理人有其他关系，可能影响公正裁决的。

（4）私自会见当事人、代理人，或者接受当事人、代理人请客送礼的。

5. 裁决原则

（1）按照多数仲裁员的意见作出，少数仲裁员的不同意见应当记入笔录。

（2）仲裁庭不能形成多数意见时，裁决应当按照首席仲裁员的意见作出。

6. 劳动仲裁裁决生效

当事人对终局裁决情形之外的其他劳动争议案件的仲裁裁决不服的，可以自收到仲裁裁决书之日起 15 日内提起诉讼；期满不起诉的，裁决书发生法律效力。

7. 一裁终局案件

（1）追索劳动报酬、工伤医疗费、经济补偿金或者赔偿金，不超过当地月最低工资标准 12 个月金额的争议。如果仲裁裁决涉及数项，对单项裁决数额不超过当地最低工资标准 12 个月金额的事项，应当适用终局裁决。

（2）因执行国家的劳动标准在工作时间、休息休假、社会保险等方面发生的争议。

8. 终局裁决的撤销

有下列情形之一的，可自收到仲裁裁决书之日起 30 日内向劳动争议仲裁委员会所在地的中级人民法院申请撤销仲裁裁决：

（1）适用法律、法规确有错误的。

（2）劳动争议仲裁委员会无管辖权的。

（3）违反法定程序的。

（4）裁决所根据的证据是伪造的。

（5）对方当事人隐瞒了足以影响公正裁决的证据的。

（6）仲裁员在仲裁该案件时有索贿受贿、徇私舞弊、枉法裁决行为的。

（五）劳动诉讼

1. 对劳动争议仲裁委员会不予受理或者逾期未作出决定的，申请人可以就该劳动争议事项向人民法院提起诉讼

2. 劳动者对劳动争议的终局裁决不服的，可以自收到仲裁裁决书之日起 15 日内向人民法院提起诉讼

3. 当事人对终局裁决情形之外的其他劳动争议案件的仲裁裁决不服的，可以自收到仲裁裁决书之日起 15 日内提起诉讼

4. 终局仲裁裁决被人民法院裁定撤销的，当事人可以自收到裁定书之日起 15 日内就该劳动争议事项向人民法院提起诉讼

【例22·多选】一般经济纠纷仲裁和劳动仲裁共同点的下列表述中，正确的有（   ）。
A. 仲裁庭仲裁案件均适用回避制度
B. 当事人均须在事先或事后达成仲裁协议，仲裁委员会方可受理
C. 仲裁委员会均不按行政区划层层设立
D. 当事人对仲裁裁决不服，均可向人民法院起诉
【答案】AC
【解析】（1）选项B，经济纠纷仲裁的当事人须在事先或事后达成仲裁协议，劳动仲裁没有此规定；（2）选项D，经济纠纷仲裁实行一裁终局制度，对仲裁裁决不服的不得提起诉讼。

九、违反劳动合同法的法律责任

（一）用人单位违反《中华人民共和国劳动合同法》的法律责任

用人单位招用与其他单位尚未解除或终止劳动合同的劳动者，给其他用人单位造成损失的，应当承担连带赔偿责任。

用工单位、劳务派遣单位违反《中华人民共和国劳动合同法》有关劳务派遣规定的：（1）由劳动行政部门责令改正；（2）逾期不改正的，以每人5 000元以上1万元以下的标准处以罚款，对劳务派遣单位，吊销其劳务派遣业务经营许可证；（3）给被派遣劳动者造成损害的，劳务派遣单位和用工单位承担连带赔偿责任。

个人承包经营违反劳动合同法规定招用劳动者，给劳动者造成损害的，发包的组织和个人承包经营承担连带赔偿责任。

（二）劳动者违反《中华人民共和国劳动合同法》的法律责任

劳动者违法劳动合同法，给用人单位造成损失的，应当承担赔偿责任。

第二节　社会保险法律制度

一、社会保险概述

我国的社会保险项目主要包括以下几点：
1. 基本养老保险
2. 基本医疗保险
3. 工伤保险
4. 失业保险
5. 生育保险

二、基本养老保险

（一）基本养老保险的覆盖范围

城乡居民基本养老保险制度的参保范围为：年满16周岁（不含在校学生），非国家机关和事业单位工作人员及不属于职工基本养老保险制度覆盖范围的城乡居民。

职工基本养老保险费的征缴范围：国有企业、城镇集体企业、外商投资企业、城镇私营企业和其他城镇企业及其职工，实行企业化管理的事业单位及其职工。由用人单位和职工共同缴纳基本养老保险费。

无雇工的个体工商户、未在用人单位参加基本养老保险的非全日制从业人员以及其他灵活就业人员可以参加基本养老保险，由个人缴纳基本养老保险费。

对于按照《中华人民共和国公务员法》管理的单位、参照《中华人民共和国公务员法》管理的机关（单位）、事业单位及其编制内的工作人员，实行社会统筹与个人账户相结合的基本养老保险制度。

（二）职工基本养老保险基金的组成和来源

基本养老保险基金由用人单位和个人缴费以及政府补贴等组成。基本养老金由统筹养老金和个人账户养老金组成。

个人账户不得提前支取，记账利率不得低于银行定期存款利率，免征利息税。

参加职工基本养老保险的个人死亡后，其个人账户中的余额可以全部依法继承。

个人跨统筹地区就业的，其基本养老保险关系随本人转移，缴费年限累计计算。

【例1·多选】根据社会保险法律制度的规定，下列表述中，不正确的有（   ）。

A. 无雇工个体工商户参加基本养老保险的，缴纳的养老保险金全部划入其个人账户

B. 未在用人单位参加基本养老保险的非全日制从业人员参加基本养老保险的，缴纳的养老保险金全部划入其个人账户

C. 养老保险个人账户中的存款免征利息税

D. 养老保险个人账户不得提前支取

【答案】AB

【解析】（1）无雇工的个体工商户、未在用人单位参加基本养老保险的非全日制从业人员以及其他灵活就业人员参加基本养老保险的，应当按照国家规定缴纳基本养老保险费，分别记入基本养老保险统筹基金和个人账户，故选项AB不正确；（2）基本养老保险的个人账户不得提前支取，并且免征利息税，故选项CD正确。

（三）职工基本养老保险费的缴纳与计算

1. 单位缴费

缴费比例一般不得超过企业工资总额的20%，记入基本养老保险统筹基金。

2. 个人缴费

按照现行政策，职工个人按照本人缴费工资的8%缴费，记入个人账户。但存在以下特殊情况：

（1）低于当地职工月平均工资60%的，按当地职工月平均工资的60%作为缴费基数。

（2）高于当地职工月平均工资300%的，按当地职工月平均工资300%作为缴费

基数。

3. 个人缴费不计征个人所得税。

4. 城镇个体工商户和灵活就业人员的缴费基数为当地上年度在岗职工月平均工资，缴费比例为20%，其中8%（而非全部）记入个人账户。

(四)职工基本养老保险享受条件与待遇

1. 职工基本养老保险享受条件

（1）年龄条件：达到法定退休年龄。

（2）缴费条件：累计缴费满15年。

2. 职工基本养老保险待遇

（1）职工基本养老金：对符合基本养老保险享受条件的人员，国家按月支付基本养老金。

（2）丧葬补助金和遗属抚恤金：因病或者非因工死亡的，其遗属可以领取丧葬补助金和抚恤金。

（3）病残津贴：在未达到法定退休年龄时因病或者非因工致残完全丧失劳动能力的，可以领取病残津贴。

【例2·多选】根据社会保险法律制度的规定，下列关于职工基本养老保险待遇的表述中，正确的有(   )。（2017年）

A. 对符合基本养老保险享受条件的人员，国家按月支付基本养老金

B. 参保职工因病死亡的，其遗属可以领取丧葬补助金

C. 参保职工非因工死亡的，其遗属可以领取抚恤金

D. 参保职工在未达到法定退休年龄时因病致残而完全丧失劳动能力的，可以领取病残津贴

【答案】ABCD

【解析】（1）选项A，对符合基本养老保险享受条件的人员，国家按月支付基本养老金；（2）选项BC，参加基本养老保险的个人，因病或者非因工死亡的，其遗属可以领取丧葬补助金和抚恤金；（3）选项D，参加基本养老保险的个人，在未达到法定退休年龄时因病或者非因工致残完全丧失劳动能力的，可以领取病残津贴。

三、基本医疗保险

(一)职工基本医疗保险费的缴纳

单位缴费：职工工资总额的6%左右。

个人缴费：本人工资收入的2%。

用人单位缴纳的基本医疗保险费分为两部分，一部分用于建立统筹基金，另一部分划入个人账户；用人单位缴费部分划入个人账户的具体比例，一般为30%左右。

基本医疗保险关系转移接续制度：个人跨统筹地区就业的，其基本医疗保险关系随本人转移，缴费年限累计计算。

【例3·单选】M公司职工周某的月工资为6 800元,已知当地职工基本医疗保险的单位缴费率为6%,职工个人缴费率为2%,用人单位所缴医疗保险费划入个人医疗账户的比例为30%。根据社会保险法律制度的规定,关于周某个人医疗保险账户每月存储额的下列计算中,正确的是(   )。(2015年)

A.6 800×6%×30% = 122.4(元)

B.6 800×2%+6 800×6%×30% = 258.4(元)

C.6 800×2% = 136(元)

D.6 800×2%+6 800×6% = 544(元)

【答案】B

【解析】个人账户基金=本人工资收入的2%+单位缴费(工资的6%)×30% = 6 800×2%+6 800×6%×30% = 258.4(元)。

(二)职工基本医疗费用的结算

参保人员符合基本医疗保险药品目录、诊疗项目、医疗服务设施标准以及急诊、抢救的医疗费用,按照国家规定从基本医疗保险基金中支付。

(三)基本医疗保险基金不支付的医疗费用

1. 应当从工伤保险基金中支付的

2. 应当由第三人负担的

3. 应当由公共卫生负担的

4. 在境外就医的

(四)医疗期

企业职工因患病或非因工负伤停止工作。病休期间,公休、假日和法定节日包括在内。医疗期限见下表。

实际工作年限	在本单位工作年限	医疗期期间	计算方法
<10年	<5年	3个月	6个月
	≥5年	6个月	12个月
≥10年	<5年		
	5年≤Y<10年	9个月	15个月
	10年≤Y<15年	12个月	18个月
	15年≤Y<20年	18个月	24个月
	≥20年	24个月	30个月

【例4·单选】甲公司王某实际工作8年,在甲公司工作3年。因患病住院治疗,王某可享受的医疗期期间为(   )。(2017年)

A.12个月   B.3个月   C.6个月   D.9个月

【答案】B

【解析】实际工作年限10年以下,在本单位工作年限5年以下的,医疗期期间为3个月。

【例5·判断】职工非因工负伤享受医疗期待遇的，公休、假日和法定节日不包括在病休期间。（　　）（2016年）

【答案】×

【解析】病休期间，公休、假日和法定节日包括在内。

（五）医疗期内的待遇

1.病假工资		可以低于当地最低工资标准支付，但最低不能低于最低工资标准的80%
2.劳动合同		（1）医疗期内不得解除劳动合同
		（2）医疗期内遇合同期满，则合同必须续延至医疗期满，职工在此期间仍然享受医疗期内待遇
3.解除合同	解除条件	（1）对医疗期满尚未痊愈者
		（2）医疗期满后，不能从事原工作，也不能从事用人单位另行安排的工作
	经济补偿	用人单位需按经济补偿规定给予劳动者经济补偿金

【例6·多选】2008年张某初次就业到甲公司工作。2015年初，张某患重病向公司申请病休。关于张某享受医疗期待遇的下列表述中，正确的有（　　）。

A.医疗期内，甲公司应按照张某病休前的工资待遇向其支付病假工资

B.张某可享受不超过6个月的医疗期

C.公休、假日和法定节日不包括在医疗期内

D.医疗期内，甲公司不得单方面解除劳动合同

【答案】BD

【解析】（1）选项A，企业职工在医疗期内，其病假工资、疾病救济费和医疗待遇按照有关规定执行。病假工资或疾病救济费可以低于当地最低工资标准支付，但最低不能低于最低工资标准的80%。（2）选项C，公休、假日和法定节日包括在医疗期内。

四、工伤保险

（一）工伤保险费的缴纳

职工应当参加工伤保险，由用人单位缴纳工伤保险费，职工不缴纳工伤保险费。

（二）工伤认定

1.应当认定	（1）在工作时间和工作场所内，因工作原因受到事故伤害的	
	（2）工作时间前后在工作场所内，从事与工作有关的预备性或收尾性工作受到事故伤害的	
	（3）在工作时间和工作场所内，因履行工作职责受到暴力等意外伤害的	
	（4）患职业病的	
	（5）因工外出期间，由于工作原因受到伤害或者发生事故下落不明的	
	（6）在上下班途中，受到非本人主要责任的交通事故或者城市轨道交通、客运轮渡、火车事故伤害的	
2.视同工伤	（1）在工作时间和工作岗位，突发疾病死亡或者在48小时内经抢救无效死亡的	
	（2）在抢险救灾等维护国家利益、公共利益活动中受到伤害的	
	（3）原在军队服役，因战、因公负伤致残，已取得革命伤残军人证，到用人单位后旧伤复发的	
3.不认定为工伤	（1）故意犯罪	
	（2）醉酒或者吸毒	
	（3）自残或者自杀	

【例7·单选】根据社会保险法律制度的规定，下列社会保险项目中，仅由用人单位缴纳社会保险费的是（　　）。（2017年）

A.职工基本医疗保险　　　　　　B.失业保险
C.职工基本养老保险　　　　　　D.工伤保险

【答案】D

【解析】选项D，职工应当参加工伤保险，由用人单位缴纳工伤保险费，职工不缴纳工伤保险费。

【例8·单选】根据社会保险法律制度的规定，职工出现伤亡的下列情形中，应当认定为工伤的是（　　）。（2015年）

A.在下班途中受到本人负主要责任交通事故伤害的
B.因本人故意犯罪导致在工作中伤亡的
C.在工作时间和工作岗位，突发疾病72小时后死亡的
D.工作时间前在工作场所内，从事与工作有关的预备性工作受到事故伤害的

【答案】D

【解析】上下班途中，在外受到非本人负主要责任的交通事故应当认定为工伤，故A不选；故意犯罪不认定为工伤，故B不选；在工作时间和工作岗位，突发疾病死亡或在48小时内经抢救无效死亡的，视同工伤，故C不选；工作时间前后在工作场所内，从事与工作有关的预备性或收尾性工作受到事故伤害的，应当认定为工伤，故选D。

（三）工伤保险待遇

种类	待遇
1.工伤医疗待遇	（1）治疗工伤的医疗费用（诊疗费、药费、住院费） （2）住院伙食补助费、交通食宿费 （3）康复性治疗费 （4）停工留薪期工资福利待遇
2.辅助器具装配费	从工伤保险基金支付
3.伤残待遇	（1）生活护理费 （2）一次性伤残补助金 （3）伤残津贴 （4）一次性工伤医疗补助金和一次性伤残就业补助金
4.工亡待遇	（1）丧葬补助金 （2）供养亲属抚恤金 （3）一次性工亡补助金，为上一年度全国城镇居民人均可支配收入的20倍

【例9·判断】职工发生工伤事故但所在用人单位未依法缴纳工伤保险费的，不享受工伤保险待遇。（　　）

【答案】×

【解析】职工所在用人单位未依法缴纳工伤保险费，发生工伤事故的，由用人单位支付工伤保险待遇。

【例10·多选】根据社会保险法律制度的规定，职工因工死亡的，其近亲属可享受遗属待遇。下列各项中，属于该待遇的有（　　）。（2014年）

A.一次性工亡补助金　　　　　　B.供养亲属抚恤金
C.遗属慰问金　　　　　　　　　D.丧葬补助金

【答案】ABD

【解析】职工因工死亡，或者伤残职工在停工留薪期内因工导致死亡的，其近亲属享受从工伤保险基金领取丧葬补助金、供养亲属抚恤金和一次性工亡补助金的待遇（遗属待遇）。

（四）停工留薪期工资福利待遇

职工因工作遭受事故伤害或者患职业病需要暂停工作接受工伤医疗的，在停工留薪期内，职工的原工资福利待遇不变，由所在单位按月支付。

停工留薪期一般不超过12个月。可适当延长，但延长不得超过12个月。

工伤职工评定伤残等级后，停止享受停工留薪期待遇，按照规定享受伤残待遇。

工伤职工在停工留薪期满后仍需治疗的，继续享受工伤医疗待遇。

（五）工伤职工有下列情形之一的，停止享受工伤保险待遇

一是丧失享受待遇条件的。

二是拒不接受劳动能力鉴定的。

三是拒绝治疗的。

(六) 工伤保险基金先行支付制度

职工所在用人单位未依法缴纳工伤保险费,发生工伤事故的,由用人单位支付工伤保险待遇。用人单位不支付的,从工伤保险基金中先行支付,由用人单位偿还。

由于第三人的原因造成工伤,第三人不支付工伤医疗费用或者无法确定第三人的,由工伤保险基金(而非用人单位)先行支付。工伤保险基金先行支付后,有权向第三人追偿。

【总结】医疗期 VS 停工留薪期。

类型	概念	期限	工资支付标准
(1) 医疗期	职工因患病或非因工负伤停止工作,治病休息的,但不得解除劳动合同的期限	根据实际参加工作年限和在本单位工作年限,给予3~24个月的医疗期	病假工资或疾病救济费可以低于当地最低工资标准支付,但最低不能低于最低工资标准的80%
(2) 停工留薪期	职工因工作遭受事故伤害或者患职业病需要停止工作接受工伤医疗的期间	一般不超过12个月;伤情严重或情况特殊,经设区的市级劳动能力鉴定委员会确认,可适当延长,但延长不得超过12个月	(1) 原工资福利待遇不变,由所在单位按月支付 (2) 生活不能自理的工伤职工在停工留薪期需要护理的,由所在地单位负责

【例11·不定项】2014年下半年,实行标准工时制的甲公司在劳动用工方面发生下列事实:

(1) 9月5日,已累计工作6年且本年度从未请假的杨某向公司提出年休假申请。

(2) 因工作需要,公司安排范某在国庆期间加班4天,其中占用法定休假日3天,占用周末休息日1天,范某日工资为200元。

(3) 10月20日,尚处于试用期的马某在上班途中受到非本人主要责任的交通事故伤害,住院治疗2个月。

(4) 11月10日,公司通过口头协议聘用郑某从事非全日制用工,试用期1个月;12月29日,公司发现郑某与乙公司也订立了非全日制用工劳动合同,便通知郑某终止用工。

要求:根据上述资料,分析回答下列问题。

1. 杨某可依法享受的最长年休假期限是( )。
A.15天　　　　　B.5天　　　　　C.20天　　　　　D.10天

【答案】B

【解析】职工累计工作已满1年不满10年的,年休假5天。

2. 甲公司向范某支付国庆期间加班工资拟采取下列方案中,符合法律规定的是( )。
A. 甲公司事后安排范某补休国庆节3天法定休假日,向其支付1 600元的加班工资
B. 甲公司事后安排范某补休国庆节3天法定休假日,向其支付400元的加班工资
C. 甲公司事后未安排范某补休,向其支付2 200元的加班工资

-243-

D. 甲公司事后安排范某补休周末休息日，向其支付1 800元的加班工资

【答案】CD

【解析】（1）国庆加班，无论是否补休，甲公司均应向范某支付加班工资，支付额 = 200×300%×3 = 1 800（元）；（2）周末休息日加班，如果甲公司事后未安排范某补休，则甲公司应向范某支付的加班工资 = 200×200%×1 = 400（元）。

3. 关于马某受伤住院治疗法律后果的下列表述中，正确的是（　　）。

A. 甲公司可按照不低于当地最低工资标准的80%向马某支付治疗期间的工资

B. 因在上班途中，马某此次受伤不能认定为工伤

C. 因尚处于试用期，马某此次受伤不能认定为工伤

D. 甲公司应按照双方在劳动合同中约定的劳动报酬向马某支付治疗期间的工资

【答案】D

【解析】（1）选项BC，试用期包括在劳动合同期内。在上下班途中，职工受到非本人主要责任的交通事故或者城市轨道交通、客运轮渡、火车事故伤害的，应当认定为工伤。（2）选项AD，职工因工作遭受事故伤害或者患职业病需要暂停工作接受工伤医疗的，在停工留薪期内，原工资福利待遇不变，由所在单位按月支付。

4. 关于甲公司与郑某之间非全日制用工劳动关系的下列表述中，正确的是（　　）。

A. 甲公司与郑某可以订立口头用工协议

B. 郑某有权与甲公司和乙公司分别订立劳动合同

C. 甲公司可以随时通知郑某终止用工

D. 甲公司与郑某可以约定试用期

【答案】ABC

【解析】（1）选项A，非全日制用工双方当事人可以订立口头协议；（2）选项B，从事非全日制用工的劳动者可以与一个或者一个以上用人单位订立劳动合同，但后订立的劳动合同不得影响先订立的劳动合同的履行；（3）选项C，非全日制用工双方当事人任何一方都可以随时通知对方终止用工；（4）选项D，非全日制用工双方当事人不得约定试用期。

五、失业保险

（一）享受失业保险条件

1. 失业前用人单位和本人已经缴纳失业保险费满1年的
2. 非因本人意愿中断就业的
3. 已经进行失业登记，并有求职要求的

（二）失业保险金领取期限

1. 失业保险金领取期限自办理失业登记之日起计算

（1）累计缴费年限大于1年不足5年的，领取失业保险金的期限最长12个月。

（2）满5年不足10年的，领取失业保险金的期限最长18个月。

（3）累计缴满10年以上的，领取失业保险金的期限最长24个月。

2.重新就业后，再次失业的

缴费时间重新计算，领取失业保险金的期限与前次失业应当领取尚未领取的失业保险金的期限合并计算，最长不超过24个月。

【例12·判断】失业人员领取失业保险金的期限自失业之日起计算。（　　）

【答案】×

【解析】失业保险金的领取期限自办理失业登记之日起计算。

【例13·单选】吴某因劳动合同终止即失业。已知吴某工作年限已满6年，缴纳失业保险时间已满4年，且符合失业保险待遇享受条件。吴某领取失业保险的最长期限为（　　）。（2015年、2016年）

A.18个月　　　　B.12个月　　　　C.24个月　　　　D.6个月

【答案】B

（三）失业保险发放标准

失业保险不低于城市居民最低生活保障标准，不高于当地最低工资标准，具体数额由省、自治区、直辖市人民政府确定。

（四）失业保险待遇

1.失业保险金

2.领取失业保险金期间享受基本医疗保险待遇

失业人员在领取失业保险金期间，参加职工基本医疗保险，享受基本医疗保险待遇缴纳的基本医疗保险费从失业保险基金中支付，个人不缴纳基本医疗保险费

3.领取失业保险金期间死亡，向其遗属发给一次性丧葬补助金和抚恤金，所需资金从失业保险基金中支付

4.职业介绍与职业培训补贴

5.国务院规定或者批准的与失业保险有关的其他费用

【例14·多选】甲公司职工高某因公司被依法宣告破产而失业。已知高某失业前，甲公司与高某已累计缴纳失业保险满4年，失业后高某及时办理了失业登记，下列关于高某领取失业保险待遇的表述中，正确的有（　　）。（2017年）

A.高某领取失业保险金期间，不参加职工基本医疗保险，亦不享受基本医疗保险待遇

B.高某领取失业保险金的标准，不得低于城市居民最低生活保障标准

C.高某领取失业保险金期限自办理失业登记之日起计算

D.高某领取失业保险金的期限最长为12个月

【答案】BCD

【解析】失业人员在领取失业保险金期间，参加职工基本医疗保险，享受基本医

疗保险待遇。

（五）停止领取失业保险金及其他失业保险待遇的情形

1. 重新就业的
2. 应征服兵役的
3. 移居境外的
4. 享受基本养老保险待遇的
5. 无正当理由，拒不接受当地人民政府指定部门或者机构介绍的适当工作或者提供的培训的

【例15·多选】下列情形中，应停止领取失业保险金并同时停止享受其他失业保险待遇的有（　　）。

A. 重新就业的　　　　　　　　　B. 移居境外的
C. 已享受基本养老保险待遇的　　D. 应征服兵役的

【答案】ABCD

六、社会保险费的征缴与管理

（一）个人社会保险登记

用人单位应当自用工之日起30日内为其职工向社会保险经办机构申请办理社会保险登记。

自愿参加社会保险的无雇工的个体工商户、未在用人单位参加社会保险的非全日制从业人员以及其他灵活就业人员，应当向社会保险经办机构申请办理社会保险登记。

（二）社会保险费缴纳

用人单位：自行申报、足额缴纳，非因不可抗力等法定事由不得缓缴、减免。

职工：由用人单位代扣代缴，用人单位应当按月将缴纳社会保险费的明细情况告知本人。

无雇工的个体工商户、未在用人单位参加社会保险的非全日制从业人员以及其他灵活就业人员，可以直接向社会保险费征收机构缴纳社会保险费。

用人单位未按规定申报应当缴纳的社会保险费数额的，按照该单位上月缴费额的110%确定应当缴纳数额。

【例16·多选】根据社会保险法律制度的规定，下列关于社会保险费征缴的表述中，正确的是（　　）。（2018年）

A. 职工应当缴纳的社会保险费由用人单位代扣代缴

B. 用人单位未按时足额缴纳社会保险费的，由社会保险费征收机构责令其限期缴纳或者补足

C. 未在用人单位参加社会保险的非全日制从业人员可以直接向社会保险征收机构缴纳社会保险费

D. 用人单位应当自用工之日起 30 日内为其职工向社会保险经办机构申请办理社会保险登记

【答案】ABCD

(三) 社会保险基金管理

社会保险基金按照社会保险险种分别建账，分账核算，执行国家统一的会计制度。社会保险基金专款专用，任何组织和个人不得侵占或者挪用。

社会保险基金存入财政专户，通过预算实现收支平衡。

七、违反社会保险法的法律责任

	项目	内容
用人单位	（1）不登记	①责令限期改正 ②逾期不改正处应缴社会保险费1倍以上3倍以下罚款 ③直接对主管及责任人处500元以上3 000元以下罚款
	（2）不缴费	①责令限期缴纳，并按日加收0.05%的滞纳金 ②逾期仍不缴纳处欠缴数额1倍以上3倍以下罚款
	（3）不出具解除劳动关系证明	①责令改正 ②给劳动者造成伤害的，承担赔偿责任
	（4）骗保	①责令退回 ②处骗取金额2倍以上5倍以下罚款